HERIBERT PRANTL

VOM GROSSEN UND KLEINEN WIDERSTAND

© Süddeutsche Zeitung GmbH, München
für die Süddeutsche Zeitung Edition 2018

Projektmanagement: Sabine Sternagel
Gestaltung und Realisation: Sibylle Schug
Herstellung: Thekla Licht, Hermann Weixler
Druck- und Bindearbeiten: CPI – Ebner & Spiegel, Ulm
Printed in Germany
ISBN: 978-3-86497-487-8

HERIBERT PRANTL

VOM GROSSEN UND KLEINEN WIDERSTAND
GEDANKEN ZU ZEIT UND UNZEIT

Süddeutsche Zeitung Edition

INHALT

VORWORT

Der Mantel der Gleichgültigkeit 9

STEHEN UND WIDERSTEHEN

Vom heiligen Umsturz 21

Fritz Gerlich – ein journalistischer Märtyrer 27

Die Weiße Rose 33

Widerstand gegen den Zeitgeist 37

Der Schoß, fruchtbar noch? 43

Vom Judas in uns allen 71

1968 77

Wie 1968 der Aufruhr in die Provinz kam 83

Whistleblower 89

Der Widerstand – heimatlos in Deutschland? 101

Fragen, klagen, bitten, beten 109

ZEIT UND UNZEIT

27. Januar: Holocaust-Gedenktag
Das Vermächtnis des Fritz Bauer 137

8. März: Internationaler Frauentag
Frauenquoten 143

2. April: Tag des Kinderbuchs
Hänsel und Gretel heute 153

4. April: Erzähl-eine-Lüge-Tag
Trug und Trump 157

8. April: Internationaler Tag der Roma
Europas vergessenes Volk 163

1. Mai: Tag der Arbeit
Solidarität, was ist das? 169

9. Mai: Europa-Tag
Europa oder der Untergang 179

15. Mai: Welttag der Informationsgesellschaft
Die digitale Inquisition hat begonnen 185

23. Mai: Tag des Grundgesetzes
Die Kirschen der Freiheit 191

20. Juni: Weltflüchtlingstag
Diese verdammten Zahlen 201

17. Juli: Internationaler Tag der Gerechtigkeit
Irrung, Wirrung, Wahrheit 207

6. August: Frauen-Gleichstellungstag
Aufbruch in eine neue Zeit 217

1. Sonntag im September: Tag der Heimat
Das deutscheste aller deutschen Wörter 223

2. Sonntag im September: Tag des Denkmals
Oh Schilda, mein Vaterland 229

11. September:
Gedenktag zu Ehren der Opfer von Terroranschlägen
Wie aus dem Verfolger ein Opfer wurde 239

15. September: Internationaler Tag der Demokratie
Das Duell der Demokratie 247

21. September: Weltfriedenstag
Entspannungspolitik ist nie zu Ende 253

1. Sonntag im Oktober: Erntedank
Fällt in diesem Jahr aus 261

3. Oktober: Tag der Deutschen Einheit
Vom letzten Tag der DDR 269

10. Oktober: Tag der Obdachlosen
Die Welt wird obdachlos 279

24. Oktober: Tag der Bibliotheken
Widerstand gegen das Vergessen 285

6. November: Tag der Gefangenen
Häftling Nr. 103 301

11. November: Sankt-Martins-Tag
Rabimmel, Rabammel 315

20. November: Tag der Kinderrechte
Wie man ein Kind lieben soll 323

November, elf Tage vor dem 1. Advent: Buß- und Bettag
Feiertage als Erinnerungs- und Widerstandstage 329

10. Dezember: Tag der Menschenrechte
Mahnung und Auftrag 337

18. Dezember: Internationaler Tag der Migranten
Wie viele Flüchtlinge haben Sie schon aufgenommen? 343

28. Dezember: Tag der unschuldigen Kinder
Im Gefängnis 353

Jeder Sonntag
Ein Widerstandstag 359

Wer vom Mut der Weißen Rose spricht,
der tut sich schwer, diesen Wert in einer
Gegenwart zu gebrauchen, in der Mut meist
nicht sehr viel kostet. Umso mehr ist das Handeln
der Geschwister Scholl Verpflichtung. Es ist
Verpflichtung in einer Gegenwart, in der sich
der Neonazismus und der Rassismus aufblasen
wie seit Jahrzehnten nicht mehr.

Der Mantel der Gleichgültigkeit

Vom großen, vom kleinen und vom gemeinen Widerstand

Ich fahre oft am Gefängnis von München-Stadelheim vorbei. Bisweilen schalte ich dann die Musik im Autoradio aus, weil die Gedanken Stille brauchen. Dort, in München-Stadelheim, wurde die Weiße Rose von den Nazis umgebracht. Das ist jetzt rund ein Dreivierteljahrhundert her. Am 22. Februar 1943 wurden die Geschwister Hans und Sophie Scholl zusammen mit ihrem Freund Christoph Probst im Gefängnis von München-Stadelheim ermordet. Sie hatten Flugblätter gegen den Krieg und die Diktatur unter Adolf Hitler verbreitet: »Hitler und das Regime müssen fallen, damit Deutschland lebt«, stand auf dem von Christoph Probst entworfenen Flugblatt, das Hans Scholl bei seiner Verhaftung bei sich trug.

Flugblatt und Fallbeil

Der Münchner Oberbürgermeister legt zu den Jahrestagen an den Grabstätten der Geschwister Scholl im Friedhof am Perlacher Forst einen Kranz nieder. Von hier aus ist es nicht weit bis zum Grab von Alexander Schmorell. Schmorell war Mitgründer der Widerstandsgruppe Weiße Rose, hatte nach der Verhaftung der Scholls vergeblich versucht, über Schloss Elmau in die Schweiz zu fliehen, war nach München zurückgekehrt und am Tag der Beerdigung seiner Freunde in einem Luftschutzkeller erkannt und denunziert worden. Auch er wurde vom sogenannten Volksgerichtshof zum Tod verurteilt und im Juli 1943 zusammen mit Professor Kurt Huber in Stadelheim durch das Fallbeil hingerichtet.

Geschichte, nichts als Geschichte?

Geschichte, lang her? Es stimmt nicht, dass die Weiße Rose Geschichte ist und nichts als Geschichte. Es stimmt nicht, dass aus der Weißen Rose für heute nichts zu lernen sei. Die Sätze aus den Flugblättern der Weißen Rose haben ihre eigene Bedeutung in jeder Zeit, auch in der gegenwärtigen: »Zerreißt den Mantel der Gleichgültigkeit, den Ihr um Euer Herz gelegt!« Und: »Wenn jeder wartet, bis der andere anfängt, werden die Boten der rächenden Nemesis unaufhaltsam näher und näher rücken, dann wird auch das letzte Opfer sinnlos in den Rachen des unersättlichen Dämons geworfen sein.« Also: Wenn jeder wartet, bis der andere anfängt, wird keiner anfangen. Dann werden wir eingeholt von den Folgen unserer Versäumnisse. Jeder und jede muss für sich nachdenken, was ihm und was ihr der Aufruf der Weißen Rose heute sagt und wozu er verpflichtet. Die Gefahr, der Anpassung zu erliegen, wie dies die Weiße Rose angeprangert hat, gibt es heute so wie damals.

Anklage in einer Zeit der globalisierten Gleichgültigkeit

Es gibt, damals wie heute, die Formeln, die man gern zur Beschwichtigung oder zur Tarnung der eigenen Bequemlichkeit benutzt. Dazu gehört der Satz: »Alleine kann man ja doch nichts bewirken.« So oft heißt es also: »Was soll man machen? Das war schon immer so und das wird auch so bleiben.« Es sind Sätze der Gleichgültigkeit, Sätze der Trägheit, der Apathie, der Resignation, manchmal auch der Feigheit. In uns allen stecken solche Sätze: »Was soll man machen? Da kann man gar nichts machen.« Und: »Nach uns die Sintflut«. Eine Demokratie kann man aber mit solchen Sätzen nicht bauen; einen guten Rechtsstaat auch nicht. Und die Menschenrechte bleiben, wenn man solchen Sätzen nachgibt, papierene Rechte.

Der braune Sockel wächst

Man schützt die Menschenrechte nicht, indem man behauptet, man sei immun gegen Rassismus und fremdenfeindliche Gewalt. Die Sachsen seien »immun gegen Rechtsradikalismus«, sagte einst Kurt Biedenkopf, der das Land von 1990 bis 2003 als Ministerpräsident regierte und als »König von Sachsen« bezeichnet wurde. Das war eine, wie die Juristen sagen, »protestatio facto contraria«, eine Leugnung der Fakten. Biedenkopf wusste natürlich, dass es in seinem Land einen Sockel von Rechtsradikalismus gibt. Er stellte sich gravitätisch auf den Sockel, um ihn nicht hochkommen zu lassen. Der Rechtsradikalismus wurde verharmlost, geleugnet, verdrängt. Aber als Biedenkopf abgetreten war, stellte sich heraus, dass dieser Sockel gewachsen, dass er viel höher geworden war – unter der Hand, genauer gesagt unter dem Fuß von Biedenkopf. In den ersten Septembertagen 2018, bei den rechtsextremistischen Machtdemonstrationen in Chemnitz, zeigte sich, dass aus dem braunem Sockel eine große braune Basis geworden ist – präsent, aggressiv, zum Fürchten gefährlich.

Von Erich Kästner, er war ein gebürtiger Dresdner, stammt der Spruch: »Es gibt nichts Gutes, außer man tut es.« Man kann diesen Satz für eine bloße Kalenderspruch-Weisheit halten. Aber das ist falsch. Der Satz ist eine Aufforderung. Und es gibt in Sachsen viele Menschen, die ihr Folge leisten und sich der grassierenden Hetze gegen Flüchtlinge in ihrer Heimat entgegenstellen. Aber sie haben nicht die Aufmerksamkeit, die die braunen Gemeinheiten des vielfach vorbestraften Pegida-Gründers Lutz Bachmnn haben. Es gibt nichts Gutes, außer man tut es: Es wäre gut gewesen, wenn der handgreifliche Hass vom Staat nachhaltig und entschlossen bekämpft worden wäre. Dann hätte die giftige Saat nicht so aufgehen können. Die Menschenwürde, von Hassbürgern getreten, braucht Hilfe, auch von der Polizei, auch von den Strafgerichten. In Sachsen hat sie diese Hilfe noch weniger erhalten als anderswo in den neuen Bundesländern.

»Zerreißt den Mantel der Gleichgültigkeit, den Ihr um Euer Herz gelegt!« Dieser Satz ist ein Satz der Anklage in einer Zeit, in der die Gleichgültigkeit globalisiert ist und in der Tausende von Flüchtlingen im Mittelmeer sterben. Sie verdursten auf dem Wasser. Sie gehen unter. Sie erfrieren in der Kälte der europäischen Flüchtlingspolitik. Papst Franziskus nennt die Gleichgültigkeit »ein Virus, das lähmt, das unbeweglich und unempfindlich macht«.

Nie wieder? Schon wieder!

1994 habe ich für mein Buch »Deutschland, leicht entflammbar« in der Aula der Münchner Universität den Geschwister-Scholl-Preis entgegennehmen dürfen. Das war in einer Zeit, in der viele Flüchtlings- und Ausländerwohnheime angezündet wurden. Ein Jahr zuvor war, nach heftigen politischen Auseinandersetzungen, das alte Asylgrundrecht geändert und eingeschränkt worden. In meiner Dankesrede habe ich mich damals mit dem Wort Mut befasst – vom Mut der Mitglieder der Weißen Rose in einer Zeit, in der das freie Wort Lebensgefahr bedeutet hat.

Wer vom Mut der Weißen Rose spricht, der tut sich schwer, dieses Wort in einer Gegenwart zu gebrauchen, in der Mut nicht gleich lebensgefährlich ist. Umso mehr, so dachte ich damals und so denke ich heute, ist das Handeln der Geschwister Scholl Verpflichtung. Es ist Verpflichtung in einer Gegenwart, in der sich der Neonazismus und der Rassismus wieder aufblasen wie seit Jahrzehnten nicht.

Das Klima der Angst

Damals wussten wir nicht, was wir heute wissen: Damals, es war die Zeit des Pogroms von Rostock-Lichtenhagen, begannen braune Kameradschaften sich zu radikalisieren. In dieser Zeit wurden die Mörder vom Nationalsozialistischen Untergrund NSU erwachsen. In dieser Zeit begann das »Klima der Angst«, das Rechtsextremisten in Teilen Ostdeutschlands geschaffen haben – ein Lagebericht des Bundeskriminalamts nennt das so.

Die zehn Neonazi-Morde durch den NSU wurden im November 2011 aufgedeckt. Erstaunlich schnell sind Politik und Sicherheitsbehörden wieder zum Alltag übergegangen. Das Entsetzen über die Verbrechen des NSU hat sich gelegt. Vor ein paar Jahren gab es noch kleine öffentliche Aufwallungen, wenn bekannt wurde, dass einschlägige Akten vom Verfassungsschutz vernichtet wurden. Und manchmal erinnerte man sich dann an die Erregung, die das ganze Gemeinwesen zur Zeit der RAF-Morde erfasste.

Der alltägliche Rassismus

Der alltägliche gewalttätige Rassismus in Deutschland ist nach der Aufdeckung der NSU-Morde kein großes Thema geworden. Die Bürger, die sich Neonazis entgegenstellten, erhalten nach wie vor wenig Hilfe. Der kleine Widerstand genießt bei den Behörden keinen großen Respekt. Widerstand – das war und ist nicht beliebt bei den Herrschenden, nicht beim Staat, nicht bei der Kirche. Zwar sind die Gedenktage für Märtyrer eigentlich Gedenktage für Widerständler. Und der Buß- und Bettag ist eigentlich ein Gedenktag für Umkehr; und Ostern ist ein Widerstandstag gegen den Tod. Das Schicksal dieser Widerstandstage war es leider, dass man ihnen den Widerstandscharakter austrieb. Aber das widerständige Potenzial, das in ihnen steckt, ist nie ganz berechenbar – so hat das Widerständige, das im Kreuz steckt, die Kirchen jüngst zum Widerstand gegen den Kreuz-Erlass des bayerischen Ministerpräsidenten veranlasst. Es geht hier um den kleinen Widerstand im Alltag, der oft gar nicht so klein ist.

Seit 1952 gibt es in Deutschland am 20. Juli Gedenkveranstaltungen für den großen Widerstand. Die Widerstandskämpfer vom 20. Juli 1944 waren überwiegend keine Demokraten; nicht wenige von ihnen hatten zuvor dem Hitler-Regime gedient, waren selbst in unterschiedlichem Maß schuldig geworden. Sie hatten aber, mit sich ringend, den Weg zum Widerstand gefunden. Mit bemerkenswerter Unerschrockenheit traten sie dem Henker entgegen.

Guter Widerstand, schlechter Widerstand

Das gescheiterte Bombenattentat ist gewogen und nach Interessenlage interpretiert und vereinnahmt worden. Nach dem Ende des NS-Staats wurde Claus Schenk Graf von Stauffenberg in der jungen Bundesrepublik gern und unwidersprochen als »Landesverräter« geschmäht. Erst nach einem Aufsehen erregenden Prozess im Jahr 1952 galten die Widerstandskämpfer posthum als rehabilitiert.

Danach war es dann vielfach so, dass Stauffenberg und seine Mitverschwörer zu den alleinigen Repräsentanten des besseren Deutschlands gemacht wurden. In der DDR wurde ihr Widerstand diskreditiert als der von »Junkern, Militaristen und Reaktionären«, die ihre Pfründe gefährdet gesehen hätten. Widerstand wurde, je nach Ideologie, aufgeteilt in einen guten und einen schlechten.

Aus allen Lagern, aus allen Schichten

Es waren Menschen aus allen politischen Lagern und weltanschaulichen Gruppen, die Widerstand gegen Hitler geleistet haben, es waren Menschen aus allen Schichten des Volkes – Offiziere, Arbeiter, Adlige, Geistliche. Neben den meist aristokratischen Namen vom 20. Juli und dem Generaloberst Ludwig Beck stehen die Namen der kommunistischen und sozialdemokratischen Widerständler, von denen so viele in den Konzentrationslagern umkamen; die Namen der Roten Kapelle zum Beispiel; dazu die Namen der Weißen Rose und die des Nationalkomitees Freies Deutschland, dazu der Name des einsamen Attentäters Georg Elser, der schon 1939 im Münchner Bürgerbräukeller eine Bombe gegen Hitler gezündet hatte; dazu die Namen der christlichen Widerständler, des Kardinals Graf von Galen etwa, des Jesuiten Alfred Delp und des evangelischen Theologen Dietrich Bonhoeffer. Gemeinsam war ihnen die radikale Ablehnung von Totalitarismus, Rassenwahn und Menschenverachtung.

Wem das Grundgesetz zu widmen ist

Ihnen allen ist das Grundgesetz zu widmen. Es wäre der Sinn und das Verdienst einer großen Widmung im Grundgesetz, sie alle, alle Widerständler gegen Hitler, in einem großen Atemzug zu nennen – als Märtyrer für ein besseres Deutschland. Es wäre dies die Ökumene des Widerstands.

Der 20. Juli steht Pate für den Artikel 20 Absatz 4 des Grundgesetzes, in dem es heißt: »Gegen jeden, der es unternimmt, diese Ordnung zu beseitigen, haben alle Deutschen das Recht auf Widerstand, wenn andere Abhilfe nicht möglich ist.« Dieser Satz stand nicht von Anfang an im Grundgesetz, er kam erst 1968/69 mit der Notstandsverfassung hinein – als Kompromissformel angeblich, um der SPD die Zustimmung zu den Notstandsgesetzen zu erleichtern. Wenn es wirklich so war, dann war dieser Artikel das Beste, was die Notstandsgesetze zustande gebracht haben. In diesem Widerstandsartikel steckt die Aufforderung, es nicht so weit kommen zu lassen, dass es den großen Widerstand braucht – dieser Artikel ist auch die Aufforderung zum kleinen Widerstand. Der Gedenktag des 20. Juli lehrt, schon den Anfängen von Menschenverachtung entgegenzutreten.

Die Erbschleicher

Es gehört zu den Perversitäten des neuen Rechtsradikalismus, dass ausgerechnet er sich auf diesen Widerstandsartikel beruft, um seine neue Menschenverachtung zu legitimieren, seinen neuen Rassismus zu begründen und zum Bruch mit dem »System«, also der rechtsstaatlichen Demokratie aufzufordern. Die Pegidisten, die AfDler, die Neorechten und Neonazis, die das tun und sich dafür auf den 20. Juli berufen, betreiben Erbschleicherei. In der Regierungserklärung, die die Widerstandskämpfer für den Fall eines erfolgreichen Umsturzes vorbereitet hatten, heißt es: »Wir wollen die Moral wiederherstellen, und zwar auf allen Gebieten des öffentlichen und privaten Lebens.« Und: »Zur Sicherung des Rechts und des Anstandes gehört die anständige Behandlung aller Menschen.«

Unverstand, nicht Widerstand

Mit dem Geist dieser geplanten Regierungserklärung lassen sich das Schüren von Fremdenfeindlichkeit, die Hetze gegen Flüchtlinge und die nationalistische Propaganda nicht legitimieren. Das ist nicht Widerstand, das ist Unverstand. Es ist dies der Versuch der feindlichen Übernahme des Gedenkens. Es bedarf des Widerstands dagegen. Der Widerstand besteht im immerwährenden Widerspruch gegen die Neobraunen; er besteht in einer Politik, die den Artikel 1 des Grundgesetzes nicht für ein bloßes Sprüchlein nimmt: »Die Würde des Menschen ist unantastbar.« Es ist dies nämlich der innerste Kern des Rechts.

Das sind Gedanken, die mir bisweilen durch den Kopf gehen, wenn ich am Gefängnis von München-Stadelheim vorbeifahre. »Zerreißt den Mantel der Gleichgültigkeit, den Ihr um Euer Herz gelegt!«, heißt es im fünften Flugblatt und danach eindringlich: »Entscheidet Euch, eh' es zu spät ist!« Wenn jeder wartet, bis der andere anfängt, wird keiner anfangen.

Deshalb ist dieses Buch eine Laudatio auf Widerständler und Whistleblower. Es ist ein Lobpreis auf die Unangepassten, auf die Demokraten des Alltags, auf die Verteidiger der Grundrechte. Das Buch ist eine Verbeugung vor den Geschichten und der Geschichte des Widerstands. Es ist ein kleines Denk-Mal für Gedenktage, für Feiertage und für die Sonntage.

Heribert Prantl

STEHEN UND WIDERSTEHEN

Die Frau an der Krippe ist keine demütige Hausfrau. Maria stellt die Hierarchien infrage. Ihr »Magnificat« ist ein Widerstands- und Revolutionslied. Diese Maria hat #MutToo.

Vom heiligen Umsturz

**Der Friede auf Erden, wie er sein soll.
Er ist zu schön, um nicht wahr zu sein.**

Wie gut, dass es Maria gibt. Kein anderer Mensch hat zu so vielen Gesängen, Gebeten, Geschichten und Gedichten angeregt. Kein anderer Mensch ist so oft gemalt worden wie sie, kein anderer so oft besungen. Ohne sie wäre die Geschichte der Kunst anders verlaufen. Ihren Namen tragen Millionen Menschen als Vornamen. Dome, Kirchen, Kapellen, Städte, Inseln und Schiffe sind nach ihr benannt. Maria ist die berühmteste Frau in der Geschichte der Menschheit. Selbst wer nicht viel von ihr weiß, so viel weiß jeder: Sie ist die Mutter des Jesuskindes, die Frau an der Krippe.

Kein betschwesterliches Gesäusel

Viel mehr weiß auch die Bibel nicht über Maria: Nur ein Dutzend Mal wird sie beim Namen genannt, ihre Herkunft bleibt im Dunklen, in den Evangelien kommt sie wenig zu Wort. Aber das, was sie sagt, ist umwerfend. Ihr »Magnificat«, vom Evangelisten Lukas überliefert, ist kein betschwesterliches Gesäusel, es ist das Lied vom heiligen Umsturz. Man muss sich das vorstellen: Die Frau, die schwanger mit dem Heiland geht, kann nicht lesen und schreiben, darf nicht sprechen in der Synagoge. Aber diese Frau erhebt die Stimme und singt das Lied von der göttlichen Revolution: »Gott zerstreut die Hochmütigen. Er stürzt die Mächtigen vom Thron und erhöht die Erniedrigten. Die Hungernden beschenkt er mit seinen Gaben und lässt die Reichen leer ausgehen.«

Ein revolutionärer Hymnus

Diese Maria ist nicht die demütige, heilige Hausfrau, zu der die Prediger sie jahrhundertelang gemacht haben. Da singt die leidenschaftliche, unerschrockene und stolze Maria einen revolutionären Hymnus, der die alten Hierarchien, auch die zwischen Männern und Frauen, infrage stellt: Maria ist hier Prophetin, sie ist Kritikerin von ungerechten Verhältnissen; Maria lobt Gott dafür, dass er ihre »Niedrigkeit« gesehen habe. Sie hat den Mut der Frauen, die sich heute unter »#MeToo« outen. Sie schweigt nicht. Niedrigkeit ist für Maria nicht gottgewollt oder gottgefällig. Wenn die Bibel von Niedrigkeit redet, dann geht es darum, dass Menschen zur Beute von anderen werden; es geht um physische und psychische Gewalterfahrungen. Maria redet vom Sturz der Gewalttäter. Weil sie, die Erniedrigte, mit Großem gewürdigt wird, so der Eingangssatz des Hymnus, preist sie Gott. Auf Lateinisch: Magnificat.

Magnificat und Marx

Das Magnificat kann es an Radikalität und Wucht mit dem jungen Karl Marx aufnehmen, der verlangte, »alle Verhältnisse umzuwerfen, in denen der Mensch ein erniedrigtes, geknechtetes Wesen ist«. Nur: Was für Marx Vollendung seiner Kritik an der Religion ist, das ist für Maria Anfang des Glaubens an den Heiland. Was bei Marx die Lehre ist, dass der

Mensch das höchste Wesen für den Menschen sei, das ist für Christen die Lehre, dass Gott Mensch wird, in einem obdachlosen Kind. Dietrich Bonhoeffer hat das Lied der Maria »das revolutionärste Adventslied« genannt, das je gesungen wurde.

Den meisten theologischen Deutern war das zu wild; sie machten Maria brav, reduzierten sie auf die jungfräuliche Gebärerin. Im Lauf der Jahrhunderte wurde die Botschaft der Maria unter Blumenbergen begraben und vom Kerzenrauch verrußt. Aber die Weihnachtstexte lassen sich nicht zähmen, sonst wären sie vergessen.

Er hebt »den Armen aus dem Dreck«

»Ehre sei Gott in der Höhe und Frieden den Menschen auf Erden«, verkünden die Weihnachtsengel, als Maria ihren Sohn zur Welt gebracht hat. Dieser Engelsgesang hatte ein ähnliches Schicksal wie Marias Magnificat: Es wurde und wird verkitscht. Die große Friedensforderung wurde zum faulen Frieden, hinter dem sich der Unfriede in den Familien, in der Gesellschaft und der Welt für ein paar Weihnachtstage versteckt. Die Engelsbotschaft ist fordernd – denn das Gloria in Excelsis und der Friede auf Erden gehören zusammen. »Ehre sei Gott in der Höhe« verlangt nicht, sich in ein Jenseits zu flüchten oder in die eigene Innerlichkeit; auch nicht, möglichst viele Hallelujas zu singen. Es geht nicht um religiösen Höhenrausch, sondern um irdische und fundamentale Herrschaftskritik. Ehre gibt man Gott durch Widerworte gegen menschlichen Größenwahn – den patriarchalen oder nationalen Größenwahn, den religiösen oder rassistischen. Die Pointe der Texte über Gottes Glorie liegt darin, dass dessen Erhabenheit nicht ein wolkiges Abgehobensein ist, sondern sich darin erweist, dass er sich mit den Erniedrigten identifiziert; er hebt, so in Psalm 113 »den Armen aus dem Dreck«. Es ihm nachzumachen, damit ehrt man Gott am meisten.

Man kann die Provokation, die darin liegt, ein Baby in der Krippe als Retter zu präsentieren, nicht hoch genug einschätzen. Wenn man die Messiasse von heute anschaut, die nicht in Windeln gewickelt, sondern in Unrecht verwickelt sind, die im Privatjet zur Erde kommen oder im Slim-Fit-Anzug einherschreiten – dann versteht man mit einigem Vergnügen die Ironie des Lukas, der die aberwitzige Chuzpe hatte, so von einem Gottessohn und Messias zu reden, und der damit die Welt auf den Kopf stellte.

Zu schön, um nicht wahr zu sein

Wer heute vom Umsturz träumt, wird mitleidig belächelt. Man will keine Experimente. Gleichwohl ist viel Verdruss spürbar und Lust auf radikale Veränderung der Verhältnisse. Es reicht aber nicht, den Wechsel zu wollen, weil einem fad ist. Man braucht Bilder davon, wie eine heile Welt ausschaut. Das beschreibt der Prophet Jesaja in einer überwältigenden Vision: In der heilen Welt »gibt es keinen Säugling mehr, der nur wenige Tage lebt; keinen Greis, der nicht das volle Alter erreicht. Sie werden Häuser bauen und selbst darin wohnen. Sie arbeiten nicht mehr vergebens, sie bringen nicht Kinder zur Welt für einen jähen Tod.« Das ist keine Vorlage für einen Koalitionsvertrag, sondern Realvision eines Friedens, der mehr ist als Waffenstillstand. Das ist der Friede auf Erden, wie er sein soll – und der zu schön ist, um nicht wahr zu sein.

Das Leben würde depressiv ohne diese Widerstandslieder

Der Friede auf Erden ist eine Utopie. Die Lieder, die davon handeln, halten den Glauben an eine radikale Alternative fest. Das Leben würde depressiv ohne diese Widerstandslieder. Und wenn sie einen verstören, weil die Wirklichkeit so entsetzlich anders ist, haben sie Erfolg. Denn nur Menschen, die sich stören lassen und etwas vermissen, sind offen für die Sehnsucht, die nach Veränderung sucht: Das ist Weihnachten.

Erschienen in der Süddeutschen Zeitung vom 23./24./25. und 26. Dezember 2017

Fritz Gerlich wurde von den Nazis umgebracht, weil er die Pressefreiheit zu dem Zwecke nutzte, für den sie da ist: die Würde des Menschen zu schützen.

Fritz Gerlich – ein journalistischer Märtyrer

Ein Chefredakteur als Widerständler gegen Hitler

Vielleicht ist vielen Lesern die Zeile noch nie wirklich aufgefallen. Unter dem Schriftzug *Süddeutsche Zeitung* auf Seite 1 findet man den Untertitel »Neueste Nachrichten aus Politik, Wirtschaft, Kultur und Sport«; jahrzehntelang stand da »Münchner Neueste Nachrichten«. Dieser Untertitel erinnert an eine Zeitung, die 1848 in München gegründet worden ist: Im Kaiserreich waren die *Münchner Neueste Nachrichten, MNN,* eine der führenden liberalen Zeitungen in Deutschland; mit dem Beginn des Ersten Weltkriegs wurde das Blatt deutlich konservativer; 1919 war es für kurze Zeit das Organ des Revolutionären Zentralrates der Münchner Räterepublik; dann färbte es sich katholisch-monarchistisch, war aber sehr hitlerkritisch; von der Unternehmensleitung wurde die Zeitung auf NSDAP-Kurs gedrängt, was aber, bis zu Hitlers Machtergreifung, an der Redaktion scheiterte.

»Nationalsozialismus heißt Lüge«

Die braune Umwandlung der Zeitung scheiterte vor allem an einem Mann namens Fritz Gerlich: Er war von 1920 bis 1928

Chefredakteur der *Münchner Neuesten Nachrichten*; dann wurde er Chefredakteur der katholischen Zeitung *Der gerade Weg,* die laut und eindringlich vor Hitler warnte. Gerlich tat das unter anderem mit dem prophetisch-düsteren Satz: »Nationalsozialismus heißt Lüge, Hass, Brudermord und grenzenlose Not.« Gerlich wurde sofort nach deren Machtergreifung von den Nazis gefangen genommen, gefoltert und in der Nacht zum 1. Juli 1934 ermordet.

Die katholische Kirche will diesen Journalisten selig sprechen. Zur Aufklärung für Nichtkatholiken und Nichtgläubige: Das ist so eine Art Vorstufe zur Heiligkeit, eine Art christliche Gesellenprüfung, der dann die Meisterprüfung folgen kann; der Journalist Fritz Gerlich wäre dann ein Heiliger.

Am 16. Dezember 2017 begann mit einem Gottesdienst im Münchner Liebfrauendom das Verfahren zur Seligsprechung des Fritz Gerlich. Die Seligsprechung führt dazu, dass ein Mensch in den Kirchen öffentlich verehrt werden darf.

Gerlich, Tucholsky, Ossietzky

Der Historiker Hans Mommsen schrieb einmal in einer kraftvollen Analyse über den Aufstieg des Nationalsozialismus in Deutschland: »Nicht überlegene Manipulation und Herrschaftstechnik, sondern mangelnde Widerstandskraft der deutschen Gesellschaft gegen die Zerstörung der Politik« sei die entscheidende Ursache für die deutsche Katastrophe gewesen. Fritz Gerlich wollte diesen Widerstand mobilisieren, er wollte diese Widerstandskraft wecken. Es gelang ihm nicht. Es gab nicht viele seinesgleichen. Und die, die es noch gab, standen in anderen politischen Lagern – Kurt Tucholsky und Carl von Ossietzky zum Beispiel. Das ist die Tragik des Widerstands, auch des publizistischen Widerstands gegen den Nationalsozialismus: Der Widerstand fand nicht zueinander – oder viel zu spät, erst in den Mordlagern der Nazis.

Fritz Gerlich war ein Gewissen seiner Zeit. Er war ein Gewissen in einer Zeit der Gewissenlosigkeit. Dazu noch einmal Hans Mommsen, der in seinen Analysen zum NS-Staat geschrieben hat: »Die große Masse der Staatsbürger war bereit, dem Kabinett Hitler einen Vertrauensvorschuss einzuräumen, was sich bald als verhängnisvoll erwies. Die Vorstellung, das System von innen reformieren zu können, hielt sich auch bei den oppositionellen Gruppen ungewöhnlich lang.« Gerlich hatte eine solche Illusion nie. Viele Kritiker im bürgerlichen Widerstand lehnten Hitlers innenpolitische Methoden ab, stimmten aber in manchen außen- und militärpolitischen Zielsetzungen überein, weil ihnen die Werte »Freiheit« und »Menschenwürde« weniger galten als die Hoffnung auf eine Großmachtstellung Deutschlands. Gerlich war anders; er ließ sich nicht einwickeln, nicht umgarnen, nicht bestechen.

Eine bizarre Persönlichkeit?

Der streng konservative Gerlich mag die Kraft zum kompromisslosen Widerstand aus dem katholischen Glauben geschöpft haben, zu dem der Calvinist übergetreten war. Er nahm seinen Glauben und die Verpflichtung, die daraus folgt, ernster als viele kirchliche Würdenträger. Er sei eine bizarre Persönlichkeit gewesen, hieß es in den Nachkriegsjahren dort und da, ein cholerisches Temperament; manche haben auch von einem angeblichen »Konvertitenfimmel« des Mannes geredet, der über die katholische Mystikerin Therese von Konnersreuth ein zweibändiges Werk geschrieben hatte.

Es wäre aber vielleicht gut gewesen, wenn es ein paar mehr solcher angeblich bizarre Persönlichkeiten mit cholerischem Temperament und Konvertitenfimmel gegeben hätte – und weniger Mitläufer, die erst nachträglich, nach 1945, ihre Distanz zum Nationalsozialismus entdeckten. War Gerlich ein katholischer Tucholsky, ein katholischer Ossietzky? Solche Vergleiche führen nicht viel weiter. Aber es ist bewegend zu lesen, wie Fritz Gerlich alle Waffen des Wortes zu nutzen suchte, um zu verhindern, was nicht mehr zu verhindern war: Er schrieb mit Pathos, mit Ironie, er schrieb Satiren, Pamphlete, Leitartikel, Analysen – seine Zeitschrift, sein *Gerader Weg* war ein Feuerwerk des publizistischen Widerstands. Fritz Gerlich war, Fritz Gerlich ist ein journalistischer Märtyrer. Er wurde von den Nazis verhaftet, gefoltert und ermordet, weil er der Hitlerei, weil er der braunen Staats- und Gesellschaftsordnung ohne Gewissen und ohne Achtung vor der Würde des Menschen unglaublich unerschrocken entgegentrat. Er wurde von den Nazis 16 Monate lang eingesperrt und dann umgebracht, weil er die Pressefreiheit zu dem Zwecke nutzte, für den sie da ist: Die Würde des Menschen zu schützen.

Pressefreiheit ist das tägliche Brot der Demokratie

Pressefreiheit ist nicht die Freiheit zu Larifari und Tandaradei, Pressefreiheit ist nicht die Freiheit zu bequemer Berufsausübung. Die Sache des Journalismus sind die Grundrechte und Grundwerte der Verfassung – dafür nämlich gibt es die Pressefreiheit. Pressefreiheit ist das tägliche Brot der Demokratie. Wenn Journalisten dieses Brot missachten, dann haben sie ihren Beruf verfehlt. Wenn man über die Pressefreiheit, wenn man über das Fundament des Journalismus spricht, wenn es um Selbstbesinnung und Selbstvergewisserung geht, dann gehört es dazu, sich Vorbilder vor Augen zu halten. Es ist wichtig, dass junge Journalisten in den Journalistenschulen nicht nur lernen, wie Crossmedia-Marketing funktioniert, dass sie dort nicht nur lernen, wie man effektiv und schnell schreibt und produziert, sondern dass sie dort auch erfahren, dass es journalistische Vorbilder gibt. Es gibt nicht so viele dieser Vorbilder; erst vor einigen Jahren musste man die neuen Erkenntnisse über die NS-Vergangenheit des SZ-Mitgründers Franz Josef Schöningh lesen.

Wie gesagt: Fritz Gerlich war, bevor er die Zeitschrift *Der gerade Weg* gründete und darin wie kaum ein anderer deutscher Publizist vor Hitler warnte, von 1920 bis 1928 Chefredakteur der *Münchner Neuesten Nachrichten* – also des Blattes, das als Vorläufer der *Süddeutschen Zeitung* gilt. Und wie gesagt: Die *Süddeutschen Zeitung* führt noch heute im Untertitel die Bezeichnung »Neueste Nachrichten«. Das ist eine Verbeugung vor Fritz Gerlich, unabhängig davon, ob er nun vielleicht auch noch ein Heiliger wird. Am ehemaligen Verlagsgebäude der *Süddeutschen Zeitung* in der sogenannten Hofstatt mitten in der Altstadt, hängt an der Nordwand, von Efeu etwas überwuchert, eine bronzene Gedenktafel für Fritz Gerlich. Es ist nicht schlecht für eine Zeitung und ihre Journalisten, so einen zum Ahnherrn zu haben.

Aus dem Newsletter »Prantls Blick« vom 10. Dezember 2017

Was bedeutet der Widerstand der Weißen Rose für die Gegenwart? Er verpflichtet zur Wachsamkeit. Der kleine Widerstand gehört zur wehrhaften Demokratie.

Die Weiße Rose

Das Vermächtnis der Geschwister Scholl

Der Weg Deutschlands zum Grundgesetz führt durch die Abgründe der Geschichte. Er führt vorbei an den Stätten des NS-Terrors, er führt vorbei an den Konzentrationslagern, er führt vorbei auch an Orten, denen man das Unrecht heute nicht mehr ansieht. Zu diesen Orten gehört der Münchner Justizpalast. Dort eröffnete am 22. Februar 1943 Roland Freisler, der Präsident des sogenannten Volksgerichtshofs, den kurzen Prozess gegen Sophie Scholl, Hans Scholl und Christoph Probst. Freisler tobte, er brüllte, er schrie die Angeklagten nieder. Sodann verurteilte er sie zum Tod durch das Fallbeil. Wenige Stunden später wurde sein Urteil im Gefängnis von München-Stadelheim vollstreckt; weitere Todesurteile gegen Mitglieder der Weißen Rose folgten.

Anklage in einer Zeit der globalisierten Gleichgültigkeit

22. Februar 1943 – Jeder Jahrestag ist ein Tag des Innehaltens und Gedenkens; er ist ein Tag des Nachdenkens darüber, was der Widerstand der Weißen Rose für Vergangenheit und Gegenwart bedeutet. Dieser Widerstand ist nicht einfach nur

Geschichte. Die Geschwister Scholl wurden umgebracht, weil sie in ihren Flugblättern gegen die Hitler-Barbarei protestiert hatten. Wer vom Mut der Widerständler gegen Hitler spricht, vom Mut der Weißen Rose, vom Mut des Georg Elser, vom Mut der Verschwörer des 20. Juli 1944 – der tut sich allerdings schwer, dieses Wort in einer Gegenwart zu gebrauchen, in der Mut wenig kostet. Ist der Mut von damals nicht umso mehr Vorbild und Verpflichtung? »Zerreißt den Mantel der Gleichgültigkeit, den Ihr um Euer Herz gelegt habt«, lautet einer der Sätze aus den Flugblättern der Weißen Rose. Ist dieser Satz nicht auch Anklage in einer Zeit, in der die Gleichgültigkeit globalisiert ist und in der Tausende Flüchtlinge im Mittelmeer sterben?

Eine verfassungsrechtliche Weisung

Im Grundgesetz stehen zwei Artikel, die ein Vermächtnis des Widerstands gegen Hitler sind. Da ist der Artikel 1: »Die Würde des Menschen ist unantastbar.« Und da ist der Artikel 20 Absatz 4; er ist eine Verbeugung vor den Widerständlern gegen Hitler, er ist Mahnung und Appell: Gegen jeden, der es unternimmt, die Grundrechte zu beseitigen, so steht es da, »haben alle Deutschen das Recht zum Widerstand, wenn andere Abhilfe nicht möglich ist«. Das ist kein pathetisches Geschwätz, wie manche Juristen meinen, das ist ein Symbol für den Rang der Grundrechte; darin steckt aber auch der Aufruf, nicht so lange zu warten, bis »andere Abhilfe nicht mehr möglich ist«. Es ist dies die verfassungsrechtliche Weisung, den Mantel der Gleichgültigkeit abzuwerfen; es ist der Aufruf zum »kleinen Widerstand«.

Kleiner Widerstand: So hat das der 2001 verstorbene Münchner Rechtsphilosoph Arthur Kaufmann genannt. Der kleine Widerstand sei die bewegende Kraft, deren das Recht und der Rechtsstaat zu ihrer fortwährenden Erneuerung und damit zur

Verhinderung ihrer Entartung bedürfen. Gemeint sind Widerspruch und Zivilcourage, gemeint sind die Whistleblower, gemeint ist das, was oft als Gutmenschentum denunziert wird. Der kleine Widerstand hat die Namen all derer, die Missstände nennen und gegen Unrecht nicht nur im Eigeninteresse anrennen – sei es in Pflege- oder in Flüchtlingsheimen.

Wenn die Würde des Menschen im Konjunktiv steht, wenn der Rassismus wieder auflebt, wenn die Erinnerung an die Nazi-Verbrechen von AfD-Politikern als »Erinnerungs-Diktatur« beschimpft wird, wenn Deutsche mit ausländischen Wurzeln in politischen Reden verhöhnt und ausgeschafft werden – dann ist der kleine Widerstand, dann ist der Aufstand der Enkel und Erben der Weißen Rose aufgerufen. Der kleine Widerstand ist wichtig, weil es nie mehr dazu kommen darf, dass es den großen Widerstand braucht. Der kleine Widerstand gehört daher zur wehrhaften Demokratie.

Wen Sophie Scholl wählen würde

Ein AfD-Kreisverband hat vor einiger Zeit behauptet, »Sophie Scholl würde AfD wählen«. Sie würde es nicht tun; sie würde einer AfD, die im Inneren immer radikaler wird, sagen: »Wir sind euer böses Gewissen.« In braunen Netzwerken wird so getan, als seien die demokratischen Parteien, Alt-Parteien werden sie dort genannt, eine zu stürzende, volksverräterische Herrscherclique.

So wird der Widerstandsbegriff pervertiert; er wird von den Grund- und Menschenrechten getrennt, für die die Geschwister Scholl gekämpft haben; er wird angefüllt mit völkischem Gebräu und populistischem Extremismus. Es ist dies eine Verhöhnung des Andenkens an den Widerstand gegen den Nationalsozialismus. Es bedarf dagegen des kleinen Widerstands.

Erschienen in der Süddeutschen Zeitung vom 22. Februar 2018

Es dauert oft unendlich lange, bis ein Widerstand Erfolg hat. Der Widerstand überlebt den Widerständler –
bei Magnus Hirschfeld war es so.

Widerstand gegen den Zeitgeist

**Der Arzt Magnus Hirschfeld
war ein Pionier der Sexualwissenschaft.**

Er schrieb über Homosexuelle. Er schrieb schon über sie, als Deutschland noch einen Kaiser hatte. Er beschrieb »Das Dritte Geschlecht« – nicht Mann, nicht Frau, sondern irgendetwas dazwischen, forschte über »sexuelle Zwischenstufen«. Er berichtete auch über Männer in Frauenkleidung, was damals so unbekannt war, dass er selbst den Begriff dafür erfinden musste – Transvestiten. »Eine Untersuchung über den erotischen Verkleidungstrieb« heißt seine bahnbrechende Forschungsarbeit aus dem Jahr 1910. Es war eine Forschungsarbeit wider den prüden Zeitgeist.

Mit Wissenschaft zur Gerechtigkeit

Magnus Hirschfeld war Arzt, er war Jude, er war der Sohn des Kolberger Arztes Hermann Hirschfeld, der für seine Verdienste im Sanitätsdienst während des deutsch-französischen Krieges zum Sanitätsrat ernannt worden war. Er war einer der Pioniere der Sexualwissenschaft. Im Jahr 1897, mit 29 Jahren, gründete er das wissenschaftlich-humanitäre Komitee. Es war die weltweit erste Organisation, die sich zum Ziel setzte, sexuelle Handlungen zwischen Männern zu entkriminalisieren. 1919 gründete Hirschfeld das »Institut für Sexualwissenschaft« und warb für einen liberalen Umgang mit Nicht-Heterosexuellen: Mit Wissenschaft zur Gerechtigkeit, das war sein Motto.

»Es sind«, schrieb er, »keine Übeltäter, keine Verbrecher an der Person, keine Verbrecher am Eigentum. Unglückliche, Entrechtete, die den Fluch eines geheimnisvollen Rätsels der Natur durch ihr einsames Leben schleppen. Menschen, die sich im Kampf des Tages ihre geachtete Stellung erobert haben. Redlich Arbeitende, deren Ehrenhaftigkeit niemand anzweifelt, deren Wort und Name seine gute Geltung hat; und die sich doch unter dem Druck eines mittelalterlich grausamen Gesetzesparagrafen scheu und heimlich zusammenfinden müssen...« So steht es in seinem Buch über das Dritte Geschlecht aus dem Jahr 1904. Der Kampf für die Abschaffung des Strafparagrafen 175 gegen Homosexuelle hatte aber erst sechzig Jahre nach Hirschfeld Erfolg.

Ein Sonderling? Ein Aufklärer!

Der »175«: Mit diesem Paragrafen haben das deutsche Kaiserreich und die Weimarer Republik die Homosexuellen verfolgt. Mit diesem Paragrafen haben die Nazis die Schwulen ins KZ geprügelt und ihnen dort den rosa Winkel angenäht. Mit diesem Paragrafen hat die Bundesrepublik mehr als fünfzigtausend Männer verurteilt.

Am 14. Mai 2018 wäre Magnus Hirschfeld 150 Jahre alt geworden. Wenn man seinen Namen heute überhaupt noch kennt, dann gilt er oft als Sonderling. Hirschfeld aber war kein Sonderling, er war ein großer Aufklärer.

Magnus Hirschfeld wollte Homosexuelle vor dem »Verlies Ehe« bewahren. »Lebenslügen«, so sagte er, hätten viele seiner Patienten in den Selbstmord getrieben. 1919 war er Berater und Mitwirkender im ersten Schwulenfilm der Filmgeschichte –

»Anders als die Andern« von Richard Oswald. Der Film handelt von einer Erpressungsgeschichte mit tödlichem Ausgang. Hirschfeld spielt darin sich selbst, einen Arzt, der darlegt, dass Homosexualität keine Krankheit ist. Das Nazi-Hetzblatt *Stürmer* beschimpfte ihn als den »Apostel der Unzucht«, obwohl nicht wenige Nazis Patienten und Ratsuchende in seiner Praxis waren. 1920, nach einem Vortrag in München, lauerten ihm rechtsradikale Schläger auf. Zeitungen meldeten bereits Hirschfelds Tod. Der Arzt überlebte und gehörte zu denen, die Nachrufe auf sich selbst lesen konnten.

Magnus Hirschfelds Bücher wurden 1933 verbrannt. Das ist nun schon mehr als 85 Jahre her. Den Kopf einer zerschlagenen Büste von Magnus Hirschfeld spießten die Nazis auf eine lange Stange auf und trugen ihn auf dem Weg zur Bücherverbrennung mit. Diese Bücherverbrennung war der Höhepunkt der sogenannten »Aktion wider undeutschen Geist«, mit der nach der Machtübernahme der Nazis im März 1933 die systematische Verfolgung der jüdischen, pazifistischen, marxistischen oder sonst unliebsamen Schriftsteller begann.

Eine begehbare Böschung

Rosa von Praunheim hat 1999 einen Film über Magnus Hirschfeld gemacht; der Film trägt den Titel: »Der Einstein des Sex«. An der Spree in Berlin, zwischen Moltke- und Lutherbrücke, wurde ein kleiner Uferstreifen nach Magnus Hirschfeld benannt. Der Wissenschaftler Hirschfeld habe »mehr als eine begehbare Böschung« verdient, befand zu Recht schon vor zehn Jahren der Kollege Jan Feddersen in der Tageszeitung *taz*. Er hat die Verdienste von Hirschfeld bündig beschrieben: »Der Arzt und Politiker, selbst homosexuell, war seit Beginn des vorigen Jahrhunderts für ein Ende von Denunziation, Psychiatrisierung und Bloßstellung aller Menschen, die nicht der heterosexuellen Norm entsprachen.«

Es gehört zu den Schandtaten der jungen Bundesrepublik, dass sie die NS-Verfolgung der Homosexuellen mit rasendem Eifer fortgesetzt hat. Die von den Nazis verschärften Strafvorschriften blieben fast 25 Jahre so scharf, wie die Nazis sie gemacht hatten. Und die Homosexuellen, die die Konzentrationslager überlebt hatten und von den Alliierten befreit worden waren, wurden von den Gerichten der Bundesrepublik »zur Fortsetzung der Strafverbüßung« wieder eingesperrt. »Ein Mann, der mit einem anderen Mann...« – dieser Mann wurde behandelt wie ein gefährlicher Staatsfeind. Keine andere Gruppe ist in der Bundesrepublik vom Staat so systematisch und ausdauernd verfolgt worden wie die Homosexuellen.

Der elende Paragraf 175

Der Homosexuellen-Verfolgungsparagraf 175 Strafgesetzbuch existierte vom 1. Januar 1872 bis zum 11. Juni 1994. Bundesjustizminister Gustav Heinemann (SPD), der spätere Bundespräsident, begann bei der großen Strafrechtsreform von 1969 damit, den »175« zu schleifen. Es dauerte dann noch weitere lange 25 Jahre, bis der Paragraf ganz weggeräumt war. Aber auch dann versank die rigide Strafpraxis der damals sogenannten »männlichen Unzucht« noch nicht im Plusquamperfekt. Denn die alten Strafurteile – sie galten nach wie vor. Es dauerte noch einmal 22 Jahre, bis der Bundestag die Rehabilitierung der Schwulen beschloss und die Bestrafung von Homosexuellen nach Paragraf 175 rückgängig machte.

Ein Mann für den Ruhmestempel

Hirschfeld ist in jüngerer Zeit vorgehalten worden, er habe biologistisch gedacht; und er habe sich vom Jargon der Zeit nicht immer gelöst. Selbst wenn es so ist – das mindert seine Verdienste nicht. Seine Büste sollte dort aufgestellt werden, wo die Büsten verdienter Deutscher stehen: In der Ruhmeshalle Walhalla, hoch über der Donau, bei Regensburg.

Begraben ist Magnus Hirschfeld in Nizza. Dort starb er 1935, auf der Flucht vor den Nazis, an seinem 67. Geburtstag. Auf dem Grabstein steht sein Lebensmotto »Per scientiam ad iustitiam«, auf Deutsch »Durch Wissenschaft zur Gerechtigkeit«. Es ist an der Zeit, dass das Wirken Magnus Hirschfelds Gerechtigkeit erfährt.

Aus dem Newsletter »Prantls Blick« vom 13. Mai 2018

Das vermeintlich Sichere ist nicht sicher.
Demokratie und Aufklärung, die Achtung
von Minderheiten, der Respekt für
Andersdenkende – das alles muss man
lernen, immer und immer wieder.

Der Schoß, fruchtbar noch?

Der aufhaltsame Aufstieg von populistischem Extremismus, von Rassismus und Nazismus

Im Jahr 1948 hat Heinrich Böll eine Erzählung geschrieben, die »Das Vermächtnis« heißt. Sie spielt in den Nachkriegsjahren und handelt von einem Hauptmann Schnecker, der es sich in der Heimat wohl ergehen lässt. Böll beschreibt diesen Hauptmann Schnecker als feigen Widerling und Mörder an der Front – und als frisch promovierten Juristen auf den Pfaden der beginnenden Aufbau- und Wirtschaftswunderjahre. Schnecker ist eine der Figuren Bölls, die das Prinzip Globke veranschaulichen: Hans Globke – unter Hitler hatte er die Nürnberger NS-Rassegesetze kommentiert – wurde Staatssekretär in Konrad Adenauers Kanzleramt. Er war die Personifikation derer, die aus dem Nazireich und seiner Verbrechensgeschichte ausstiegen wie aus einer Straßenbahn, und sich sogleich ans Aufräumen und ans Geldverdienen machten.

Eine oberflächliche Befreiung

Das war für viele ihre Befreiung, eine Befreiung ganz eigener Art. Befreit wurden im Frühjahr 1945 nur einige hunderttausend Überlebende des Massen- und Völkermordes. Die Deutschen außerhalb der befreiten Konzentrationslager mussten in ihrer großen Mehrzahl erst einmal lernen, dass auch sie sich zu befreien hatten. Das war und ist ein mühsamer Prozess – der mit einer Farce begann, mit einer wahrhaft oberflächlichen Befreiung. Im Westen, in der späteren Bundesrepublik, war es so: Die Nazirichter rissen sich das Hakenkreuz von der Robe und machten einfach weiter. Die Professoren tilgten die braunen Sätze aus ihren Büchern und blieben auf ihren Lehrstühlen oder kehrten alsbald auf diese zurück. Vergeblich forderte der Philosoph Karl Jaspers eine konsequente Entnazifizierung unter den Professoren. Die Beamten hängten Hitler von der Wand, gelobten einem neuen Dienstherrn die Treue und verwalteten weiter.

Der Tag der Befreiung war ein Tag der Befreiung von den Äußerlichkeiten des alten Regimes; viele streiften einfach die alte braune Haut ab. Entnazifizierung hieß, das alte Parteibuch zu verbrennen und so zu tun, als sei man schon immer dagegen gewesen: Die Täter erklärten sich zu Verführten, die Mitläufer machten aus sich Opfer. Die »Stunde Null« wurde zum Symbol nicht für einen Neuanfang, sondern für die Verdrängung der Vergangenheit; man wollte nicht wissen, was gewesen – und manche wollen es heute immer noch nicht oder nicht mehr wissen. Stunde Null hieß: Ein Vorher hatte es nicht gegeben. Erst später, viel später hat die Generation der Achtundsechziger nicht mehr lockergelassen, ihre Eltern zu fragen: »Und was habt ihr damals gemacht?« Damals bekam der Prozess der Befreiung einen neuen Anstoß.

Die Resozialisierung der »Verführten«

Aber erst einmal erklärten die Täter sich zu Verführten, die Mitläufer stilisierten sich zu Opfern. Die Gesetze halfen ihnen dabei; nie wieder seitdem hat Resozialisierung so einvernehmlich und so umfassend funktioniert. Die Parteien in der alten Bundesrepublik konkurrierten um die »nach Millionen zählenden Verführten«, wie das Eugen Gerstenmaier, CDU-Abgeordneter und Bundestagspräsident, 1954 formulierte; er selbst hatte zur Widerstandsgruppe des Kreisauer Kreises gehört. Man sei nicht gewillt, so Gerstenmaier, beim »Neuaufbau des deutschen Vaterlandes« auf diese »Verführten« zu verzichten. Und als dieser Neuaufbau erreicht und das Wirtschaftswunder erschaffen war, attestierte der CSU-Chef Franz Josef Strauß dem Volk, »das diese wirtschaftlichen Leistungen erbracht hat«, ein Recht, »von Auschwitz nichts mehr hören zu wollen«.

An der Seite des östlichen Befreiers

Während die frühe Bundesrepublik vor der Vergangenheit in die Gegenwart des Wirtschaftswunders flüchtete, flüchtete die DDR vor einer oft bedrückenden Gegenwart in die Geschichte. An der Seite des östlichen Befreiers, der Sowjetunion, fühlte man sich nämlich wie ein Sieger; das Thema Flucht und Vertreibung wurde daher komplett umgangen. Die DDR klinkte sich aus der deutschen gesamtschuldnerischen Haftung für die NS-Vergangenheit aus, setzte den Widerstand gegen Hitler und den Sieg über das Dritte Reich als moralisches Kapital ein. Die DDR nahm für sich in Anspruch, »der braunen Vergangenheit energischer entgegengetreten zu sein und deren Restbestände durchschlagender bereinigt zu haben als der westliche Nachbar«, wie ihr dies der frühere israelische Botschafter in Bonn, Yohanan Meroz, 1986 attestierte.

Der angeblich ausgerottete Rassismus

Das hatte anfangs auch wirklich gestimmt – bis der staatlich verordnete Antifaschismus zum heroisch-hohlen Ritual wurde. Die SED erklärte einfach mit der Abschaffung des Monopolkapitals die Wurzel des braunen Übels für ausgerottet. Nach der Wiedervereinigung musste man freilich erleben, dass der angeblich ausgerottete Rassismus und der angeblich ausgerottete Antisemitismus nur überlebt hatten – und nun, in Rostock-Lichtenhagen, Hoyerswerda und anderswo, gewalttätige Urständ feierten; Neonazis konnten »ausländerfreie Zonen« proklamieren. Und die Westdeutschen, die angewidert in den Osten zeigten, vergaßen darüber nur zu gerne die Wahlerfolge rechtsextremer Parteien auch in der alten Bundesrepublik. Das war die Lage, bevor Pegida kam – die rechtsextremistische Bewegung, die sich »Patriotische Europäer gegen die Islamisierung des Abendlandes« nennt.

Gut überwintert

Der Rechtsextremismus im Osten fand gute Bedingungen vor. Erstens: Antisemitismus und Rassismus hatten, wie gesagt, in Ostdeutschland seit dem Zweiten Weltkrieg überwintert und waren nach der Wende wieder virulent geworden. Zweitens: Weil sich die alte Homogenität der DDR-Gesellschaft aufgelöst hatte, wurde und wird ihr Andenken durch Abwehr alles Fremden verteidigt. Drittens: Die DDR war ein Ort autoritärer Sozialisation, es fehlte nach der Wiedervereinigung eine demokratische Tradition. Viertens: Politik und Gesellschaft traten den Menschenrechtsverletzungen nicht klar genug entgegen. Fünftens: Soziale Spannungen prägten das gesellschaftliche Klima nach der Wiedervereinigung. All diese Faktoren wirkten und wirken zusammen – bis heute, bis Pegida. All diese Faktoren zeigen sich darin.

Als das Grundgesetz 1948/49 formuliert wurde, war niemandem nach Feiern und großen Worten zumute. In dem Satz, mit dem es, kurz wie eine SMS, beginnt, steckt noch das Entsetzen über die Nazi-Barbarei: »Die Würde des Menschen ist unantastbar.« Das Grundgesetz ist nicht, wie fast alle anderen

Verfassungen, ein Liebesbrief an ein Land, es ist ein Liebeskummerbrief. Unter miserableren Voraussetzungen ist kaum je eine Verfassung geschrieben worden. Die dreißig Fachleute, die seinerzeit aus den zerbombten Städten der Westzonen zum Verfassungskonvent in der Idylle der Insel Herrenchiemsee zusammenkamen, haben sich an Martin Luther gehalten: Sie haben befürchtet, dass die Welt untergeht – und trotzdem das Bäumchen gepflanzt. Es war die erfolgreichste Pflanzaktion der deutschen Geschichte: Glaubensfreiheit, Gewissensfreiheit, Meinungsfreiheit, Pressefreiheit, Versammlungsfreiheit, Koalitionsfreiheit, Berufsfreiheit – Freiheit war das Zauberwort nach den Jahren der Unfreiheit, die Freiheiten waren Garantie und Verheißung zugleich. Von der Kraft der Hoffnung, von der die Mütter und Väter des Grundgesetzes getragen waren, könnte man heute auch wieder einiges brauchen. Ohne dieses Grundgesetz wäre das wiedervereinigte Land nicht, was es geworden ist: eine leidlich lebendige Demokratie, ein passabel funktionierender Rechtsstaat, ein sich mühender Sozialstaat. Das Grundgesetz kann nicht weggedacht werden, ohne dass der Erfolg der Bundesrepublik wegfiele.

Demokratie lernen, immer und immer wieder

Demokratie und Aufklärung, Rechtsstaatlichkeit, Grundrechtsbewusstsein, die Achtung von Minderheiten und der Respekt für Andersdenkende sind nicht vom Himmel gefallen und dann für immer da. Das alles muss man lernen, immer und immer wieder. Demokratie ist leider nicht vererbbar. Auch das vermeintlich Sichere ist nicht sicher.

Der 24. September 2017, ein Bundestags-Wahlsonntag, hat uns das wieder gelehrt: Es war und ist nicht damit getan, dass ein Bundespräsident – es war im Jahr 1985 Richard von Weizsäcker – den Tag des Endes des Zweiten Weltkriegs zum »Tag der Befreiung« erklärt. Die Befreiung von der Gesinnung, die einst in die Katastrophe geführt hatte, war und ist nicht die Aufgabe eines Tages, sondern eine Daueraufgabe. Sie ist ein Auftrag, kein Ritual. Und der Befreiungsauftrag darf nicht umgedeutet werden in eine Befreiung von der Befreiung.

Gewiss: Zwischen der bundesdeutschen Vergangenheitsflucht in den fünfziger und sechziger Jahren und dem Heute liegen Jahrzehnte der angestrengten und anstrengenden Vergangenheitsbewältigung, dazwischen liegen der Auschwitz-Prozess von 1963, der Kniefall von Kanzler Willy Brandt vor dem Ehrenmal des jüdischen Gettos in Warschau von 1970, das Verjährungsaufhebungsgesetz von 1979; hier bleibt freilich anzumerken, dass die Aufhebung der Verjährung 1979 nicht nur für NS-Morde, sondern für alle Morde galt und gilt.

Die Massenmörder der Konzentrationslager wurden also damals dem normalen Mörder gleichgestellt, die NS-Verbrechen wurden sozusagen nivelliert, indem man sie dem allgemeinen Mord gleichstellte – ein Vorgang, dessen Kern einige Jahre später im sogenannten Historikerstreit wieder auftauchte.

Kein Gedenken ist felsenfest

Zwischen der Vergangenheitsflucht der fünfziger und der sechziger Jahre und dem Heute liegen viele Jahre, in denen die vielen Defizite der Vergangenheitsbewältigung eingestanden wurden und in denen nachgeholt wurde, was noch nachholbar war: Der Film »Schindlers Liste« und die Entschädigung der Zwangsarbeiter, die Rehabilitierung von verurteilten Widerstandskämpfern, die Anerkennung der zwangssterilisierten Frauen, der Homosexuellen und der Euthanasie-Geschädigten als NS-Opfer. Die Achtundsechziger-Generation hat ihre Eltern geschüttelt. Eine Wehrmachtsausstellung ist heftig diskutiert, geschlossen und wieder eröffnet worden.

1995 hat der Bundesgerichtshof ein Geständnis abgelegt und sich von seiner bisherigen Rechtsprechung distanziert: »Eine Vielzahl ehemaliger NS-Richter hätte wegen Rechtsbeugung in Tateinheit mit Kapitalverbrechen zur Verantwortung gezogen werden müssen.« 2005 wurde das Holocaust-Mahnmal in Berlin errichtet. Die eigene Täterschaft ist im historischen Gedächtnis der Deutschen angekommen – und aufgenommen worden. Sie ist verankert im Zentrum der Hauptstadt, sie spricht aus jeder Stele des Holocaust-Mahnmals.

Völkisches Getöne

Und doch – kein Gedenken ist felsenfest. Der Neonazi Björn Höcke, Vorsitzender der AfD-Fraktion im Landtag von Thüringen, hat in seiner berüchtigten Rede vom Januar 2017 im Dresdener Ballhaus Watzke das Berliner Holocaust-Denkmal als »Denkmal der Schande« geschmäht. Er hat die Kultur der Erinnerung als »mies und lächerlich« beschimpft. »Erbärmliche Apparatschiks« nannte er die Politiker der anderen Parteien, denen er vorwarf, »unser liebes Volk« in den Untergang zu führen. Dann folgte der Aufruf: »Wir können Geschichte schreiben. Tun wir es.« Viele Wähler am 24. September 2017 haben es getan.

Sie haben eine Partei gewählt, die im Inneren immer brauner wird. Die AfD hat es nicht geschafft, den Neonazi Höcke auszuschließen. Im Gegenteil: Sein völkisches Getöne hat in dieser Partei immer mehr Echo gefunden. Viel zu viele Wähler haben sich davon nicht abschrecken lassen, weil sie »der Merkel« und »der Flüchtlingspolitik« eins auf den Deckel geben wollten – und weil sie wussten, dass die Stimme für die AfD eine Schockkraft hat. Gewiss, man muss nicht in Panik verfallen. Der Magen der bundesdeutschen Demokratie ist robust, er hat auch schon andere Rechtsaußen-Parteien verdaut; in den frühen Jahren der Bundesrepublik hat Konrad

Adenauer mit solchen Kräften sogar koaliert. Aber: In der AfD sammeln sich nicht, wie früher in den Rechtsaußen-Parteien, Altnazis; die neue Partei ist kein Überrest. Hier sammeln sich, neben aufrechten Konservativen, neue Nationalisten und auch Rassisten.

Deutschland in der Situation des früheren Alkoholikers

Nun ist das keine deutsche Spezialität. Man könnte sich damit beruhigen, dass Deutschland nachvollzieht, was in den anderen europäischen Staaten gang und gäbe ist: dass populistische Extremisten im Parlament sitzen und sogar, wie in Ungarn und Polen, regieren. In Österreich und Dänemark, in Finnland, Norwegen, den Niederlanden oder in Frankreich sind solche Parteien schon lange Nummer drei oder gar zwei – vereint im »Nein« zu Europa, zum Islam, zur offenen Gesellschaft. Sie haben Anziehungskraft für Wähler, die mit Globalisierung und Moderne nicht zurechtkommen. Doch der Hinweis auf den populistischen Rechtsradikalismus und Rechtsextremismus anderswo taugt nicht zur Beschönigung der Situation hierzulande. Deutschland ist in der Situation des ehemaligen Alkoholikers. Wenn der wieder trinkt, wird es gefährlich – für sich und die anderen.

Neonazis rüsten fleißig

Früher, als der Ostblock und der Kommunismus noch existierten, gab es in der Bundesrepublik zweimal im Jahr einen Testlauf aller Sirenen. »Probealarm« hieß das. Hunderttausende Sirenen heulten auf den Dächern von Schul- und Rathäusern. Das diente der Vorbereitung auf Angriff und Ernstfall; man saß in der Schule und überspielte sein Unbehagen durch Feixereien. Nach dem Ende des Kalten Krieges wurde das Sirenennetz abgebaut. Seit 1992 heult nichts mehr. Es gibt jetzt aber neue Gefahren; die kommen aus dem Inneren der Gesellschaft. Nun muss man selber heulen – aber es nicht dabei belassen. Heulen ändert nichts.

Vor Jahrzehnten, als die NPD Wahlerfolge hatte, klebten an den Unis Aufkleber mit dem Satz »Neonazis rüsten fleißig für ein neues 33«. Der Reim ist zu billig, um damit heute viel auszurichten. Die Auseinandersetzung heute wird fantasievoller und energischer sein müssen. Da ist auch politische Bildung gefragt.

Rostock-Lichtenhagen, ein Exempel

Die Historiker Etienne Françoise und Hagen Schulze haben ein beliebtes dreibändiges Werk herausgegeben, das »Deutschlands Erinnerungsorte« heißt. Man findet darin die Paulskirche und den Reichstag, die Wartburg und das Bauhaus, das Bürgerliche Gesetzbuch und den Volkswagen, den Schrebergarten, den Führerbunker und Neuschwanstein. Rostock-Lichtenhagen findet man darin nicht. Rostock-Lichtenhagen ist ein Erinnerungsort besonderer Art, weil er nicht nur für Vergangenheit, sondern auch für Gegenwart steht. Der Ort erinnert an ein anhaltendes Versagen deutscher Politik.

Rostock-Lichtenhagen steht zum einen für die schwersten rassistischen Ausschreitungen der deutschen Nachkriegszeit. Im August 1992 randalierten dort fünf Nächte lang Hunderte Neonazis vor einem Ausländerheim, ohne dass die Polizei eingriff; im Gegenteil, als das Haus angezündet wurde, zog die Polizei ab, unter dem Beifall der begeisterten Zuschauermenge. Rostock-Lichtenhagen steht daher auch für eine Politik des Wegschauens und Wegduckens, für eine Politik, die Fremdenfeindlichkeit, Ausländerhass und Neonazismus nicht ernst nimmt. Rostock-Lichtenhagen war und ist schließlich ein Exempel dafür, wohin es führt, wenn demokratische Parteien das Vokabular und die Themen der Rechtsextremisten übernehmen, um ihnen angeblich so das Wasser abzugraben.

Die frühen Neunzigerjahre: Es waren die Jahre hoher Asylbewerberzahlen (oder genauer gesagt die Jahre von Asylbewerberzahlen, die damals als exorbitant hoch galten, 168 023 waren es im Jahr 1992), es waren die Jahre einer hysterischen Debatte über das Asylgrundrecht, das damals noch kurz, stolz und bündig so im Grundgesetz stand: »Politisch Verfolgte genießen Asylrecht«. Seit 1989, seit der Deutschen Einheit, waren die politischen Angriffe auf dieses Asylrecht immer massiver geworden. Zugleich nahmen die Gewalttaten zu. Als die Rechtsaußen-Partei »Die Republikaner« 1989 in Berlin mit einer extrem ausländerfeindlichen Kampagne und der Titelmelodie des Westerns »Spiel mir das Lied vom Tod« im Wahlspot acht Prozent der Wählerstimmen errungen hatte, wurde das Wort »Asylmissbrauch« zum beliebtesten Wort deutscher Politiker.

Eine braune Linie

Die Angst vor der »Überfremdung«, die Angst vor den »Flüchtlingsmassen« wurde von da an politisch so gefördert, wie früher die Angst vor dem Kommunismus gefördert worden war. Ausländer wurden zum Angstgegenstand. Die Politik glaubte, diese Affekte steuern zu können, indem sie das Asylgrundrecht zum Symbol für die angebliche Überfremdung machte – und die öffentliche Zerschlagung dieses Symbols ankündigte. Die Tage von Rostock-Lichtenhagen und die Reaktionen der Politik darauf sind lange her; sie könnten, sollten, müssten eine Lehre sein: Die Politik tat damals so, als könne man mit einer aggressiven Rhetorik gegen Flüchtlinge und mit einem zerknüllten Grundgesetzartikel den Rechtsextremisten den Mund stopfen. Es war dies wohl einer der folgenschwersten Irrtümer der politischen Geschichte der Bundesrepublik.

Es gibt eine braune Linie, die von Rostock-Lichtenhagen zu den Pegidisten von heute führt.

Trump'sche Politik in Deutschland

Im August 2017, nach einem gewalttätigen Neonazi-Aufmarsch in Charlottesville in den USA, wussten viele Politiker hierzulande sehr gut, was der US-Präsident dazu richtigerweise hätte sagen, wie er den Rassismus hätte verurteilen müssen. 25 Jahre früher war Charlottesville in Mecklenburg-Vorpommern. Damals geißelten nur sehr wenige deutsche Politiker den Rassismus. Damals gab die Politik hierzulande dem Druck der Straße, den sie selbst miterzeugt hatte, nach. Die Offensive gegen das Asylrecht wurde als Offensive gegen ausländerfeindliche Gewalt ausgegeben. Das war quasi Trump'sche Politik. Und viele politische Erklärungen von damals waren von den Trump-Interviews von heute nicht so weit weg: die Täter wurden zu Opfern erklärt, die Opfer zu Tätern.

Als die Mörder vom NSU erwachsen wurden

Wir wussten damals, im Sommer 1982, noch nicht, was wir heute wissen: In der Zeit des Pogroms von Rostock-Lichtenhagen begannen braune Kameradschaften, sich zu radikalisieren. In dieser Zeit wurden die Mörder vom NSU erwachsen. In dieser Zeit begann das »Klima der Angst«, das Rechtsextremisten in Teilen Ostdeutschlands geschaffen haben – ein Lagebericht des Bundeskriminalamts nennt das so. Die Aufdeckung der zehn Neonazi-Morde durch den Nationalsozialistischen Untergrund NSU 2011 ist nun einige Jahre her. Erstaunlich schnell sind Politik und Sicherheitsbehörden wieder zum Alltag übergegangen. Das Entsetzen über die Verbrechen des NSU hat sich gelegt. Die Aufregung ist abgeflaut, der

Ruf nach Konsequenzen verstummt. Der Bundesinnenminister hat ein paar Spitzenbeamte ausgewechselt, das war es dann. Eine Zeitlang hörte man noch makabre Nachrichten aus den Untersuchungsausschüssen über das unsägliche Versagen der Sicherheitsbehörden; deren Vertreter reden das dann schön.

Der Staat kann sich nicht ent-schulden für die Verbrechen, die seine Behörden ermöglicht haben. Die Schuld daran bleibt, auch bei noch so akribischer Aufklärungsarbeit. Der Staat kann die Angehörigen der zehn Opfer, die vom Nationalsozialistischen Untergrund ermordet wurden, nur um Verzeihung und Vergebung bitten. Das hat der Landtag in Erfurt in bewegender Weise getan. Man steht erschüttert vor der Erkenntnis, die der Untersuchungsausschuss dieses Landtags in 68 Sitzungen gefunden, auf 1800 Seiten niedergelegt und im August 2014 publiziert hat: Der Staat hat sich schuldig gemacht – zumindest durch brutale Untätigkeit.

Verdacht gezielter Sabotage

Die NSU-Morde hätten verhindert werden können, wenn der Landesverfassungsschutz das nicht verhindert hätte. Der Verfassungsschutz hat es ermöglicht, dass gesuchte und flüchtige Neonazis im Untergrund bleiben konnten. Er hat die Neonazi-Szene vor Ermittlungen der Polizei gewarnt. Er hat mit dieser Szene in einer Weise gearbeitet, die die Juristen Kollusion nennen: Er hat verdunkelt und verschleiert. Gäbe es ein Unternehmensstrafrecht für Behörden, dieser Verfassungsschutz verdiente die Höchststrafe – seine Auflösung. Und die Polizei? Sie hat nicht ermittelt, wo ermittelt hätte werden müssen. Es herrschte ein Klima des Wegschauens. Der Bericht des Untersuchungsausschusses stellte fest: Die Behörden haben nicht nur versagt, sie waren nicht nur unfähig. Sie waren offenbar dazu fähig, die Ermittlungen und die Ergreifung der Verbrecher bewusst fahrlässig oder bedingt vorsätzlich zu verhindern. Es gibt, so der Bericht, »den Verdacht gezielter Sabotage«. Es ist dies ein Verdacht, der einen schier verrückt werden lässt.

Aufdeckung ohne Konsequenzen

Die Geschichte der Bundesrepublik ist mit Untersuchungsausschüssen gepflastert. Es haben gut vierhundert Untersuchungsausschüsse in Bund und Ländern gearbeitet. Das, was der NSU-Untersuchungsausschuss in Thüringen recherchiert hat, ist das Schlimmste, was je einer dieser Ausschüsse aufgedeckt hat. Strafrechtliche Konsequenzen hatte diese Aufdeckung nicht. Ermittlungen der Staatsanwaltschaft wegen Verfolgungsvereitelung und Helfershelferei – ich habe nichts davon gehört. Im NSU-Verfahren in München hat stattdessen die Bundesanwaltschaft behauptet, es hätten sich keine Hinweise auf eine strafrechtliche Verstrickung staatlicher Stellen ergeben. Das war grob daneben; die Untersuchung staatlichen Fehlverhaltens war leider nicht Gegenstand des Prozesses.

Die Morde und der Alltag

Der alltägliche gewalttätige Rassismus in Deutschland ist nach der Aufdeckung der NSU-Morde kein großes Thema geworden. Die Bürger, die sich Neonazis entgegenstellten, erhalten nach wie vor wenig Hilfe. Wenn Neonazis couragierten Leuten zur Einschüchterung das Auto demolierten, wurde das von der Polizei wie eine ganz normale Sachbeschädigung behandelt. Die Morde der NSU haben keine neue Sensibilität der Behörden ausgelöst. Es gab keine Anweisungen, gegen braune Gewalt mit aller Energie vorzugehen. Es gab keine neuen Prioritäten in der Politik der inneren Sicherheit. Es gab keine Indizien für neue Verve, neue Tatkraft, neue Courage im Kampf gegen den Rechtsextremismus. Man tat und man tut so, als seien die NSU-Morde das eine – und die alltäglichen Gewalttätigkeiten gegen Ausländer etwas ganz anderes.

Diejenigen Politiker, die Neonazis engagiert entgegentraten, erlebten merkwürdige Dinge. Gegen sächsische Abgeordnete, die an Protesten gegen einen Neonazi-Aufmarsch teilgenommen hatten, ermittelte die Staatsanwaltschaft in Dresden wegen »Sprengung« einer genehmigten Versammlung. Und das Parlament in Sachsen hob bei den demonstrierenden Anti-Nazi-Abgeordneten die Immunität auf. Sind das die Zeichen, die wir brauchen? Selbst Wolfgang Thierse musste, er war damals Bundestagsvizepräsident, seltsame Erfahrungen machen: Als er sich an einer Sitzblockade gegen Neonazis beteiligte, wurde ihm vorgeworfen, er habe die »Würde des Amtes verletzt«. Wer Zivilcourage zeigt, muss mit Unbill rechnen. Thierse teilt eine Erfahrung, die viele couragierte Bürger machen.

Die Wolken der Ahnungslosigkeit

Seit der Aufdeckung der zehn Neonazi-Morde und seit den Erkenntnissen über das braune verbrecherische Netzwerk – seitdem ist klar, dass ein berühmter Satz von Bertolt Brecht nicht nur Bedeutung hat für den Deutschunterricht an Gymnasien. Seit fünfzig Jahren kennen die Deutschen diesen Satz: »Der Schoß ist fruchtbar noch, aus dem das kroch«. Er steht im Epilog des Theaterstücks »Der aufhaltsame Aufstieg des Arturo Ui«, das die Hitlerei und den Nazismus in die Welt des Gangstertums transferiert. Es ist dies, so hat sich grausam gezeigt, ein Satz von kriminalistischer Wahrheit. Ralph Giordano, der vor drei Jahren verstorbene jüdische Publizist, hat nach der Aufdeckung der NSU-Morde auf der Jahrestagung des Bundeskriminalamts festgestellt, die Bundesrepublik sei »aus allen Wolken ihrer Ahnungslosigkeit gefallen«. Und er fügte fragend hinzu, was gewesen wäre, wenn die von den Neonazis Ermordeten nicht kleine Leute mit Migrationshintergrund gewesen wären, sondern stattdessen hochkarätige Vertreter aus Politik, Wirtschaft, Kirche oder Wissenschaft wie damals, in den Mordzeiten der RAF? Die Frage beantwortet sich von selbst.

Unbegreiflich und verstörend

Mord und Mord und Mord und Mord. Es ist immer noch, auch nach Abschluss des Prozesses, unbegreiflich und unendlich verstörend: Jahrelang konnte eine rassistische Terrorbande durch Deutschland ziehen und Einwanderer exekutieren. Sie konnte Anschläge planen, Bomben bauen und werfen. Sie konnte all das auch deswegen tun, weil Polizei, Staatsschutz und Staatsanwaltschaft rassistische Motive überwiegend ausgeschlossen haben. Die Verbrechen wurden als Terrorakte nicht erkannt, es hieß, es handele sich um Einzeltaten von Einzeltätern, sie seien nicht zusammengehörig, angeblich nicht politisch motiviert.

Diese Fehlbeurteilung erinnert an weit zurückliegende Verbrechen. Mörderische Flammenzeichen gab es schon früh: Schon 1980, also lange vor der Deutschen Einheit, kamen bei Anschlägen neonazistischer Gruppen 17 Menschen ums Leben. Im August 1980 starben in einem Hamburger Ausländerlager zwei vietnamesische Flüchtlinge nach einem rechtsextremistischen Attentat. Im September 1980 folgte das Bombenattentat des Rechtsextremisten Köhler auf dem Münchner Oktoberfest – 13 Tote, 200 Verletzte. Im Dezember 1981 wurden in Erlangen ein jüdischer Verleger und seine Lebensgefährtin umgebracht. Später brannten die Ausländerwohnheime.

Ausländerfeindliche Verbrechen wurden zu oft und zu lange mit bagatellisierenden Vokabeln belegt – das waren »Vorkommnisse«, das war »Randale«. Vielleicht muss man das als trauriges Vorspiel sehen, wenn man fragt, wie es sein konnte, dass brauner Terror unentdeckt blieb – und auch noch weiter unentdeckt geblieben wäre, wenn zwei Täter sich nicht selbst umgebracht hätten. Die Mordserie, derer sie sich in einem Video brüsten, mag an RAF-Zeiten erinnern. Aber es ist dies eine falsche Erinnerung. Von der Existenz der RAF wusste jeder. Von der braunen »Zelle Zwickau« wusste keiner, ausgenommen vielleicht der thüringische Verfassungsschutz. Die RAF wurde mit gewaltiger staatlicher Anstrengung verfolgt. Von solch gewaltiger Anstrengung bei der Verfolgung des Rechtsterrorismus war und ist nichts bekannt.

Die Wurzel in der Münchner Theresienwiese

Ein Einzeltäter war er, hieß es damals über Gundolf Köhler, den Oktoberfestattentäter. Und von dieser obsessiven Sicht ließ sich der Staat nicht abbringen. Diese Sicht prägte den Blick auf den Rechtsextremismus – jahrzehntelang. Politik und Justiz waren fixiert auf die RAF und uninteressiert am Vorgehen gegen den Terrorismus von rechts. Zu lange glaubte die Polizei, sie habe es bei den Braunen nur mit irregeleiteten Dummköpfen zu tun. Linksextreme galten als gefährlich. Rechtsextremisten tat man mit einer Handbewegung ab. Umtriebe von rechts wurden als Kinderei und Blödheit entschuldigt – solange, bis diese Blödheit über Deutschland verbrecherisch zusammenschlug, bei den mörderischen Anschlägen auf Ausländer, für die die Namen Rostock-Lichtenhagen, Hoyerswerda, Mölln und Solingen stehen. Diese Verbrechen haben Wurzeln, eine große Wurzel steckt in der Münchner Theresienwiese. Der Münchner Journalist Ulrich Chaussy und der Münchner Rechtsanwalt Werner Dietrich haben diese Wurzel ausgegraben; ihnen, allein ihnen ist es zu verdanken, dass der Generalbundesanwalt die Ermittlungen wieder aufgenommen hat, weil auch ihm klar wurde, dass sich die Einzeltätertheorie nicht halten lässt.

Und die Theresienwiese in München steht für erschütternde Fehlsichtigkeit der deutschen Politik und der deutschen Sicherheitsbehörden. Der Staat stand sich bei der Aufklärung des schlimmsten Terroranschlags der Nachkriegsgeschichte selbst im Weg. Bei den Ermittlungen damals wurde den Zeugen das Wort im Mund umgedreht, wichtige Aussagen wurden nicht verwendet, Zeugen nach Hause geschickt. Alles, was die Einzeltäter-Theorie gefährdete, war tabu. Es war ein Fiasko.

Und es wäre immer noch ein Fiasko, wenn da nicht Ulrich Chaussy und Werner Dietrich gewesen wären. Es gab Zeiten, da wurden die beiden für Staatsfeinde gehalten, weil sie nach rechtsradikalen Hintermännern des Anschlags forschten, weil sie sich die Einzeltätertheorie nicht aufbinden ließen. Jahrelang wurden die beiden von den staatlichen Stellen als Querulanten und Verschwörungstheoretiker hingestellt, als verbohrte Spinner. Man darf fragen: Wer hat eigentlich »gesponnen«?

Nostra Culpa

Die NSU-Verbrechen. Nostra Culpa. Unser aller Schuld. Unser Gemeinwesen, unser Staat hat die braune Gewalt nicht ernst genommen. Ich habe mich bei den geschilderten Verbrechen immer wieder gefragt: Wie hätte eigentlich ein Fritz Bauer darauf reagiert? Ohne Fritz Bauer, ohne diesen jüdischen Generalstaatsanwalt von Frankfurt, hätte es 1963 den großen Frankfurter Auschwitzprozess nicht gegeben. Ohne diesen Prozess gegen ehemalige Bewacher des Konzentrationslagers wäre die deutsche Öffentlichkeit noch viel länger davongelaufen vor den NS-Verbrechen. Ohne diesen Prozess hätte die Loyalität der Nachkriegsgesellschaft mit den NS-Verbrechern noch viel länger gedauert.

Wie kaum ein anderer hat sich Fritz Bauer um die Aufklärung von NS-Verbrechen verdient gemacht, unentmutigt, ernsthaft, rastlos. Für Bauer waren die NS-Verfahren Prüfsteine eines demokratischen Neubeginns. Deswegen initiierte er den Auschwitzprozess, deswegen ermittelte er gegen den Euthanasie-Arzt Heyde, deswegen verfolgte er die Schreibtischtäter, deswegen nahm er es auf sich, als Nestbeschmutzer beschimpft zu werden. Wie hätte er reagiert auf die Brandanschläge von Mölln und Solingen, auf den Pogrom von Rostock-Lichtenhagen, auf die Verbrechen des NSU?

Juristische Aufarbeitung der NS-Vergangenheit? Ohne Fritz Bauer könnte man wohl das Wort »Arbeit« gar nicht benutzen. Er, vor allem und vor allen, hat sich diese Arbeit gemacht. Er hat zu Beginn der sechziger Jahre des letzten Jahrhunderts die großen NS-Verfahren, wie man in der Juristerei so schön sagt, »an sich gezogen«. Er hat, als andere abwartend die Arme verschränkten, als andere abwinkten und abwimmelten, die Prozesse aufgenommen. Nicht weil er ein Wichtigtuer war; er war ein bescheidener Mann. Nicht weil er rachsüchtig war; er hoffte vielmehr auf die Reue der Täter. Er tat es, weil er ein Humanist und Demokrat war. Innerhalb der Nachkriegsjustiz, die die personale Kontinuität mit dem Dritten Reich wiederhergestellt hatte, war Fritz Bauer ein Ketzer. Er war ein Mann, der wenig über sich selbst sprach. Aber einmal hat er seinen Gefühlen Luft gemacht, als er – in einem berühmt gewordenen Satz – bemerkte, er betrete feindliches Ausland, wenn er sein Dienstzimmer verlasse.

Die Veralltäglichungsformeln der Verharmlosung

Bauer setzte die Aufhebung der Verjährungsfrist für die NS-Morde durch. Weil er aber die stille Solidarität seiner deutschen Kollegen mit den Verbrechern fürchtete, erfolgte sein Hinweis auf den Aufenthaltsort Adolf Eichmanns in Argentinien, den er im Zuge von Ermittlungen herausgefunden hatte, bloß diskret an den israelischen Geheimdienst Mossad. Zur jungen Bundesrepublik hatte er – beschämend für sie – wenig Vertrauen.

Bauer hasste die Verteidigungs-, Entschuldigungs- und Veralltäglichungsformeln der Verharmlosung: »Ruhe ist die erste Bürgerpflicht«, »Gehorsam ist des Christen Schmuck«. Das waren lange Zeit die Merksprüche im kollektiven Hintergrundbewusstsein der Deutschen. Und weil Gehorsam die erste Vorbedingung aller Ordnung ist, war der Gehorsam gegenüber der Obrigkeit, der staatlichen wie der kirchlichen, zur deutschen Nationaltugend erwachsen. Wenn Gehorsam höchste Tugend war, dann konnte die Erfüllung der Tugend nichts Schlechtes sein – und so ist aus der Tugend die deutsche Not entstanden, begleitet von Sätzen wie »Dienst ist Dienst« und »Befehl ist Befehl« – verbale Einkleidung der blinden, braven Pflichterfüllung. Gegen solche Sprüche, gegen solches Denken und gegen solches Handeln ist Fritz Bauer angetreten, Jahre vor 1968.

Missionar des Rechtsstaats

Der Untertanengeist trieb ihn um, brachte ihn auf, da er dazu geführt hatte, dass brave Bürger verwerfliche Anweisungen blind befolgt hatten, weil es Anweisungen waren; dass brave Soldaten verbrecherische Befehle befolgt hatten, weil es Befehle waren; dass brave Richter ungerechte Gesetze befolgt hatten, weil es Gesetze waren. Sie alle folgten ohne Gewissensbisse – und Bauer wollte, dass das endlich aufhört. Er warb für Wachsamkeit, auch in den demokratischen Zeiten. Wie hätte sein wacher juristischer Geist reagiert auf die Rechtsextremisten der letzten zwei, drei Jahrzehnte? Fritz Bauer war ein Missionar des Rechtsstaats. In der Bundesrepublik von heute fehlen solche Missionare, wie er einer war.

Ich war ein Verfechter des Verbots der NPD – und ich hatte mir immer gedacht, Fritz Bauer hätte das auch verfochten. Das Bundesverfassungsgericht war anderer Meinung; im Januar 2017 hat sie auf dreihundert Seiten den Verbotsantrag abgelehnt. Die NPD gilt den Richtern zwar als verfassungsfeindlich; ausdrücklich wurde die Wesensverwandtschaft mit der NSDAP festgestellt. Aber die NPD war den Richtern nicht groß, nicht einflussreich, also nicht gefährlich genug, um sie zu verbieten; die NPD habe nicht genügend Wirkkraft.

Würde die NPD bei Wahlen die Prozente erreichen, die derzeit die AfD erreicht – die Richter hätten sie wohl verboten. Für die Richter ist also ein Verbot aufgrund Verfassungswidrigkeit eine Frage der Zahl: Es zählen Wahlergebnisse, es zählt nicht der Wille der Partei, Grundordnung und Grundwerte zu beseitigen; es zählt nur, ob sie auch die realistische Möglichkeit hat, dieses Ziel zu erreichen. Ich halte eine solche Zählung für falsch: Eine Demokratie, die sich erst wehrt, wenn es hochgefährlich wird, ist keine wehrhafte, sondern eine naive Demokratie. Mit der Parteiendemokratie verhält es sich wie mit einem Pilzgericht: Ein giftiger Pilz kann das ganze Essen verderben.

Vorbeugender Opferschutz

Gewiss: Die staatlichen Institutionen in Deutschland sind gefestigt und stark genug, um eine verfassungsfeindliche Partei auszuhalten. Aber die Menschen, gegen die Neonazis hetzen, sind es nicht; sie sind verletzlicher als der Staat. Ein Verbot der NPD wäre vorbeugender Opferschutz gewesen. Natürlich schaltet ein Verbot den Rechtsextremismus nicht aus. Dieser verschwindet nicht, wenn eine Partei, die ihn propagiert, verboten wird. Der Rechtsextremismus bleibt da, er löst sich nicht mit der Partei auf. Wer aber mit dieser Begründung auf ein Parteiverbot verzichtet, der könnte ja auch auf Strafgerichte verzichten: Auch Kriminalität löst sich mit den Urteilen, die Kriminelle bestrafen, nicht auf. Gleichwohl sind Strafurteile ein Beitrag gegen die Verrohung und für die Zivilität einer Gesellschaft.

Was das Verfassungsgericht am Beispiel der NPD hätte sagen können

Die NPD hätte verboten werden können und müssen – nicht, obwohl sie derzeit klein und bei Wahlen unbedeutend ist, sondern gerade deswegen. Niemand hätte beim Verbot behaupten können, dass da eine Art Konkurrentenschutz für die anderen Parteien betrieben wird. An einer kleinen, zerstrittenen, aber bösartigen Partei hätte gezeigt werden können, dass es eine Linie gibt, die eine Partei, ob klein oder groß, nicht überschreiten kann, ohne das Parteienprivileg zu verlieren. Es hätte gezeigt werden können, dass eine Partei, ob klein oder groß, nicht unter dem Schutz dieses Privilegs aggressiv kämpferisch gegen das Grundgesetz und seine Grundwerte auftreten darf.

Karlsruhe hätte am Beispiel der kleinen NPD sagen können: Da wird eine Linie weit überschritten. Das wäre nicht etwa lächerlich gewesen, sondern gerade in Zeiten des aggressiven Rechtspopulismus notwendig und vorbildlich. Es wäre ein Signal gewesen gegen diesen aggressiven Rechtspopulismus. Dessen Gehässigkeiten sind ja zum Teil identisch mit denen, die in der AfD propagiert werden. Ein Parteiverbot wäre ein Akt der Prävention gewesen. Vielleicht auch eine Offensive gegen die Verrohung der politischen Auseinandersetzung, wie sie sich bei den Pegida-Demonstrationen zeigte und zeigt.

Bei diesen Demonstrationen zeigte sich im Jahr 2016 eine Rohheit, die man 2014, als der Pegida-Spuk begann, noch kaum für möglich gehalten hätte. Die Sprüche wurden gemeiner, die Parolen aggressiver, die Hetze gegen Flüchtlinge wurde manifest. Ein Galgen wurde mitgetragen, bestimmt für die Kanzlerin Angela Merkel und den Vizekanzler Sigmar Gabriel. Das war, das ist die Sprache der Gosse, das ist die Primitivierung des Abendlandes. Die Besucher der Dresdner Semperoper sahen bisweilen peinlich berührt zu, wie bei Pegida-Umzügen vor den Fenstern gepöbelt wurde. Drinnen, auf der Bühne, sang die Königin der Nacht, draußen forderten die Sprechchöre »Abschiebung«. Auf dem Bühnenvorhang standen die Wörter »Vernunft« und »Weisheit«, draußen brach sich die Unvernunft Bahn. Auch die Polizei hatte bei all dem zugeschaut, sie hat sich auch an dem Galgen nicht gestört – jedenfalls nicht so, dass sie eingegriffen hätte.

Bei der Einheitsfeier am 3. Oktober des Jahres 2016 konnte dann eine entsetzte Nation am Bildschirm mit beobachten, wie weit die Dinge getrieben wurden. Ein dunkelhäutiger Mann, der zum Festgottesdienst ging, wurde mit Affenlauten begrüßt, die politischen Repräsentanten der Bundesrepublik mit »Hau ab« und zotenhaften Beleidigungen. Der Dresdner Politikwissenschaftler Hans Vorländer sprach von der »hässlichen Fratze der Politikverachtung«. Die Frau des sächsischen Wirtschaftsministers brach angesichts der aggressiven Flegeleien in Tränen aus.

Volkssport Volksverhetzung

Meinungsfreiheit? Nein, Schmähungen gehören nicht zur Meinungsfreiheit. Ja, das Wort »Volksverräter« ist ein hetzendes und strafbares Wort. Nein, es stimmt nicht, dass gegen die Verrohung kein Kraut gewachsen ist. Ja, die Polizei kann die Personalien der Pöbler feststellen. Ja, die Staatsanwaltschaft kann Verfahren gegen sie einleiten. Die einschlägigen Paragrafen heißen: Beleidigung, üble Nachrede, Verunglimpfung des Staats, Volksverhetzung. Es ist ungut, wenn die Polizei unterstellt, dass ja »eh nichts herauskommt«. Auch deshalb ist es zur Veralltäglichung der Unverschämtheiten gekommen, auch deshalb ist das Internet partiell eine braune Kloake geworden. Wenn Volksverhetzung Volkssport wird, darf der Staat nicht einfach zuschauen. Wenn der Staat nur zuschaut, kann Volksverhetzung zum Volkssport werden.

Das Wort »Populismus« ist eine niedliche, unzulässig verallgemeinernde Bezeichnung für eine gefährliche Sache – für eine extreme Politik, die auf Grund- und Menschenrechte, die auf die Achtung von Minderheiten pfeift. Le Pen und Co sind extremistische Nationalisten. Sie hetzen, sie schüren Hass, sie tun so, als seien nur ihre Anhänger das wahre Volk.

Diese Extremisten spalten die Gesellschaft. Sie sagen, sie nähmen die Ängste der Menschen ernst, aber sie tun es nicht wirklich. Sie machen vielmehr die Ängste ernsthaft gefährlich. Sie beginnen ihr Erniedrigungswerk mit der Abwertung und Verhöhnung aller bisherigen Politik, nennen es verächtlich »das System«. Dieses System aber ist unser Rechtsstaat, unsere Demokratie. Natürlich: Die rechtsstaatliche Demokratie hat Fehler, sie macht Fehler – aber der Nationalismus ist ein einziger großer Fehler.

Niedrige Instinkte

Nicht der Populismus macht die Gesellschaft kaputt, sondern der populistische Extremismus. Der Populismus ist nur eine Art und Weise, für Politik zu werben. Jeder gute Politiker muss auch Populist sein, weil er seine Ideen, seine Politik so darlegen, vortragen und vertreten muss, dass sie verstanden werden und begeistern können. Ein demokratischer Populist ist einer, der an Kopf und Herz appelliert; ein demokratischer Populist ist einer, der die Emotionen nicht den extremistischen Populisten überlässt. Ein demokratischer Populist verteidigt die Grundrechte und den Rechtsstaat gegen dessen Verächter. Populistische Extremisten dagegen appellieren nicht an Herz und Verstand, sondern an niedrige Instinkte. Das ist der Unterschied. In dem, was Rechtspopulismus genannt wird, verbirgt sich Extremismus – ein rassistischer Nationalismus, Xenophobie und Verfassungsverachtung.

Wer, wie dies die Extremisten tun, die Feinderklärung in die Demokratie trägt, wer dem Volk das »Anti-Volk« als Feind gegenüberstellt, wer behauptet, das Monopol der authentischen Repräsentation zu haben, wer für sich allein die Führerschaft beansprucht und sich anmaßt, die alleinige Stimme des Volkes zu sein, wer ein moralisches Monopol für sich behauptet und damit Grundrechte und Grundwerte aushebeln will – der ist ein Feind der Demokratie. Man soll, man darf ihn nicht zum Populisten verharmlosen.

Great again

In den Gesellschaften vieler Länder, in Europa wie in den USA, werden aggressive, verachtende und dummdreiste Reden geführt; in vielen Staaten haben Parteien Zulauf, die mit solchen Tönen werben. Warum haben sie Erfolg damit? Weil diese Töne vom Auditorium auch als Protest gegen grassierende Missstände und als Indiz für Tatkraft gewertet werden, weil das Vertrauen in die herrschende Politik ge- und verschwunden ist. Die Sehnsucht nach einer Politik, die Hoffnung macht auf eine gute Zukunft, auf Arbeit, Sicherheit und Heimat in einer globalisierten Welt, darauf also, dass die persönliche »future great again« wird – diese Hoffnung wird von der klassischen Politik zu wenig befriedigt. Weil es dort keine große Zukunftspolitik gibt, halten sich viele Wähler an sogenannte Populisten, an Großversprecher also, an solche, die nur ihr eigenes Land – Amerika, Großbritannien, Frankreich, Ungarn, Polen oder Österreich – »great again« machen wollen.

Das Versprechen, diesen Wunsch zu erfüllen, muss nicht per se schlecht sein; es ist nichts Verwerfliches daran, Menschen Bedeutung und Ansehen zu verschaffen. Es ist ein Grundbedürfnis der Menschen, gehört, gesehen und beachtet zu werden. Genau darauf reagieren extremistische Agitatoren. Viele der Hetzer, die sich »besorgte Bürger« nennen, neiden den Flüchtlingen, dass diese vermeintlich viel mehr Aufmerksamkeit, Unterstützung und Sympathie bekommen als sie. Die Klage, die Migranten bekämen mehr und bessere Sozialleistungen, ist absolut falsch. Richtig ist aber dies: Es hat nie eine ähnliche Sympathie und Hilfsbereitschaft der Zivilgesellschaft für die Nöte der Hartz-Bezieher und der Geringverdiener gegeben wie für die Flüchtlinge im Sommer und Herbst 2015. Hartz-Bezieher und Geringverdiener erlebten und erleben seit Jahren, dass sich ihr Wunsch, die Unterstützung und Solidarität der Gesellschaft zu bekommen, nicht erfüllt.

Negative Renaissance

Wann ist das »great again«-Versprechen schlecht? Wann ist es gefährlich? Wenn es sich mit der Erniedrigung von Menschen verbindet, oft sogar mit der Erniedrigung der Menschen, die den Erniedrigern zujubeln – die Erniedrigten aber glauben, sich ebenfalls über andere erheben zu können und den Freibrief zu haben, wiederum andere zu erniedrigen.

Wir leben in einer Zeit der negativen Renaissance, einer Zeit der Wiedergeburt von alten Wahnideen und Idiotien. Man liest nachdenklich den Satz, den Franz Grillparzer 1849 geschrieben hat: »Von der Humanität durch Nationalität zur Bestialität«. Und man ahnt und weiß, dass die Humanität wieder bedroht ist, massiv wie schon Jahrzehnte nicht mehr. Sie ist bedroht von gemeiner Rede und gemeiner Tat, von der Lust an politischer Grobheit, Flegelei und Unverschämtheit, von der Verhöhnung von Anstand und Diplomatie, sie ist bedroht von einer oft sehr rabiaten Missachtung des Respekts und der Achtung, die jedem Menschen zustehen, dem einheimischen Arbeitslosen, dem Flüchtling wie dem politischen Gegner. Diese Bedrohung ist da – aber sie ist nicht schicksalhaft, man kann etwas dagegen tun.

Wohin will die Gesellschaft gehen?

Der populistische Extremismus und der neue aggressive Nationalismus sind keine Naturgewalten, sie sind nicht zwangsläufig, sie kommen nicht einfach unausweichlich auf uns zu. Es gibt keine Zukunft, von der man sagen könnte, dass es sie einfach gibt, dass sie einfach über uns kommt. Zukunft ist nichts Feststehendes, nichts Festgefügtes, Zukunft kommt nicht einfach – es gibt nur eine Zukunft, die sich jeden Augenblick formt: je nachdem, welchen Weg ein Mensch, welchen eine Gesellschaft wählt, welche Entscheidungen die Menschen treffen, welche Richtung die Gesellschaft einschlägt. Die Frage ist nicht, welche Zukunft man hat oder erduldet, die Frage ist, welche Zukunft man haben will und wie man darauf hinlebt und hinarbeitet. Die Frage ist nicht, was auf die Gesellschaft zukommt, sondern wohin sie gehen will. Dies ist der Appell an jeden Einzelnen, sich für eine andere Zukunft als die mit den populistischen Extremisten zu entscheiden, für eine, in der die Menschenrechte Recht bleiben, für eine Zukunft in sozialer Sicherheit, für eine Zukunft in friedlicher europäischer Nachbarschaft. Dies ist ein Appell, gegen die neue Veralltäglichung von Rassismus und Antisemitismus anzutreten.

»Vor dem Antisemitismus ist man nur noch auf dem Monde sicher«, hat Hannah Arendt einst voller ironischem Pessimismus gesagt. Das gilt auch heute noch, das gilt auch heute wieder. Vor dem Antisemitismus und dem Rassismus ist man nur noch auf dem Monde sicher. Das darf nicht sein. Wenn es aber wirklich so ist, wenn wir den Mond brauchen – dann brauchen wir die Versuche, den Mond auf die Erde zu holen. Das ist Aufgabe nicht nur einer demokratischen und rechtsstaatlichen Politik, das ist Aufgabe der Zivilgesellschaft. Nicht zuerst die Behörde dieses Namens, sondern die Zivilgesellschaft, wir alle also, sind der wahre Verfassungsschutz.

Vortrag zur Eröffnung der Ausstellung »Nie wieder. Schon wieder. Immer noch. Rechtsextremismus in Deutschland seit 1945« am 29. November 2017 im NS-Dokumentationszentrum, München

Entteufelung gehört zur Politk gegen
den Hass. Entteufelung heißt, dem Judas
in uns selbst zu begegnen.

Vom Judas in uns allen

Verrat und Widerstand

Der Schurke, der Schuft, die Verkörperung des Bösen im Ostergeschehen. Er ist es so sehr, dass deutsche Standesämter diesen Vornamen als »herabwürdigend« ablehnen: Judas. Die Beschimpfungskraft des Namens ist so groß, dass er auch unausgesprochen jeden trifft, der als Verräter bezeichnet wird. Sein gut gepflegter schlechter Ruf ließ und lässt sich von jeder Ideologie gebrauchen und missbrauchen, um die jeweils anderen, die Andersgläubigen und die Andershandelnden, zu diskreditieren. Judas gehört zu den instrumentalisierbarsten Figuren der Weltgeschichte. Es ist Zeit für seine Entteufelung. Ostern ist die Zeit dafür.

Jesus am Kreuz, Judas am Strick

Die Judas-Geschichte geht so: Judas, einer der engsten Vertrauten des Jesus von Nazareth, geht, warum auch immer, zu denen, die Jesus ans Leben wollen, und verkauft ihn für den Judaslohn von dreißig Silberlingen. Dafür, so verspricht er, liefert er ihn aus; und er tut es. Das Wort »ausliefern« kracht wie Hammerschläge durch den Text der Passionsgeschichte. Und Judas liefert seinen Lehrmeister Jesus auf eine besonders gemeine Weise aus: Er küsst ihn – zum Zeichen, dass der Geküsste derjenige ist, der verhaftet und verurteilt werden soll. Als das dann geschehen ist, reut den Judas seine Tat. Er rennt zurück zu seinen Auftraggebern, will das Geld zurückgeben und bekennt, dass er Unrecht getan hat gegen »unschuldiges Blut«, wie er sagt; aber keiner hört mehr auf ihn, keiner will ihn hören; die Geschichte geht über ihn hinweg; keiner nimmt das Geld zurück. Judas wirft es verzweifelt in den Tempel und erhängt sich. So erzählt es der Evangelist Matthäus. Der Verräter stirbt am gleichen Tag wie der von ihm Verratene – Jesus am Kreuz, Judas am Strick.

Der Verrat als Teil des Heilsgeschehens

Die Verratsgeschichte ist auch deswegen so furchtbar, weil sie so heillos ist. Für den Verräter gibt es keinen Hauch von Erbarmen, kein Fitzelchen Gnade. Niemand interessiert sich für seine Verzweiflung. Die Reue? Zu spät. Es findet sich niemand, der das Schuldbekenntnis wenigstens entgegennimmt. Kein Gehör, keine Gnade. Judas verkörpert den Menschen, der keine Vergebung finden kann, weil es niemanden gibt, der den Willen oder die Macht dazu hat – weil der Verrat als so ungeheuerlich gilt. Das bleibt eigenartigerweise auch nach der Auferstehung Jesu so. Der Verratene triumphiert über den ewigen Tod, aber der tote Verräter bleibt ewig in Schimpf und Schande. Vom Osterlicht fällt nicht der kleinste Strahl auf Judas.

Das Christentum hätte dem Judas nicht nur zugutehalten können, dass er Reue gezeigt hat; es hätte ihm auch zugutehalten können, dass der Verrat des Judas ein Teil des Heilsgeschehens war. Hätte es ohne den Verrat den Tod am Kreuz, hätte es die Auferstehung, hätte es das Christentum gegeben? Man könnte Judas zubilligen, dass er eigentlich nur die Rolle gespielt hat, die vorbestimmt war, die irgendjemand übernehmen musste – und er letztlich im Einklang mit dem Willen Jesu gehandelt hat. War er ein Verräter aus Gehorsam? Dichter (zuletzt Amoz Oz in seinem Judas-Roman aus dem Jahr 2014) haben solche Gedanken eindrucksvoll entwickelt. Sie verlangten, Judas selig zu preisen, weil er den Verrat auf sich genommen habe, so wie Jesus das Kreuz auf sich genommen habe.

Was unter Berufung auf Judas verbrochen wurde

Warum musste Jesus durch einen Kuss markiert werden, wo der Aufrührer doch in Jerusalem stadtbekannt war? Haben Judas und Jesus bewusst und gewollt zusammengewirkt? Für manche in der Kirche sind solche Versuche, Judas in Schutz zu nehmen und den Verrat theologisch zu legitimieren, ein Frevel. Indes: Fragen und Zweifel sind kein Frevel, sie verhindern ihn. Wirklich frevlerisch war, was unter Berufung auf Judas verbrochen wurde. Jahrhundertelang wurde Judas mit den Juden schlechthin gleichgesetzt. Die Gleichsetzung prägte Passionsspiele; und Christen ließen sich zu Pogromen hinreißen. Die orgiastische Verdammung des Judas hat den Antisemitismus, der gerade wieder neu auflebt, beflügelt. Auch deswegen verstört die Gnadenlosigkeit der Judas-Geschichte. Braucht man den angeblich ewig Verdammten dafür, um selbst gnadenlos sein zu dürfen gegen alle, die man als Verräter benennt? Das Judas-Hasslied erhält dann neue Strophen, die vom »Vaterlandsverrat« oder von »Volksverrätern« handeln.

Es ist Zeit für die Entteufelung des Judas

Lobpreis des Verräters wäre so falsch wie seine ewige Verdammung. Verrat kann entsetzlich gemein, Verrat kann auch heilsam sein, der der Whistleblower etwa. Man kann es verstehen, wenn Angehörige der Weißen Rose die Denunzianten, die ihre Kinder zu Tode brachten, verdammen. Für solche

Widerstandsgruppen ist Verrat äußerste Bedrohung. Es gibt aber sehr viel mehr Machthaber, die den angeblichen Verräter als Feind geradezu brauchen, um sich machtpolitisch zu plustern; sie brauchen ihn für Machtgewinn und Machterhalt; er verhilft dem Täter zum Opferstatus. Aus der Position des Opfers heraus legitimiert er Aggression und Tabubruch als Selbstverteidigung. Das funktioniert bei einem Autokraten wie Erdoğan; das versuchen populistische Extremisten, die sich als Vertreter des »von der Politik« verratenen Volkes gerieren. Ihre Verratspolitik setzt auf Hass und Ausgrenzung. Entteufelung gehört zur Politik gegen den Hass. Entteufelung heißt, dem Judas in sich selbst zu begegnen.

Für weniger als dreißig Silberlinge

»Ich bin's, ich sollte büßen«, heißt es im Text von Paul Gerhardt, den Bach in seiner Matthäuspassion vertont hat. Er zeigt den Weg zur selbstkritischen Judas-Interpretation. Sie gemahnt an den Judas in einem selber. Man weiß, dass man selbst versucht ist zu verraten, dass man es manchmal tut: Man verrät Menschen, die einem nah sind, und Ideale, die einem am Herzen liegen; für weniger als dreißig Silberlinge, sogar aus gutem Willen.

In Burgund, in der Basilika Saint-Marie-Madeleine, sieht man eine wundersame Darstellung: Dort nimmt Christus den Leichnam des erhängten Judas auf seine Schultern und trägt ihn wie der gute Hirte das verlorene Schaf. Das ist ein Osterbild.

Erschienen in der Süddeutschen Zeitung
vom 31. März/1. April 2018

Jürgen Habermas wurde 1988 gefragt, was von 1968 geblieben ist. Er hat die bisher beste Antwort darauf gegeben: »Frau Süssmuth«, hat er gesagt.

1968

Was war? Was bleibt? Was ist?

Im Berliner Wagenbach-Verlag, der in den Auseinandersetzungen von 1968 und den folgenden Jahren eine zentrale Rolle spielte, sind die wichtigsten Schriften von damals neu herausgegeben worden – die Schriften der APO über Rebellion und Revolution, Ungehorsam als Tugend, antiautoritäre Erziehung und die Fundamentalkritik am Kapitalismus. Dazu gehört ein Bändchen mit Texten von Rudi Dutschke; er war das Herz der Revolte. Vor rund 50 Jahren, am 11. April 1968, wurde dieser christlich-charismatische Revoluzzer von »vollkommener Lauterkeit« (so der Theologe Helmut Gollwitzer) von einem rechtsradikalen Attentäter angeschossen. Dutschke starb elf Jahre später, 39-jährig, an den Folgen des Attentats.

Geschichte ist machbar

Dutschkes Texte über »das herrschende Falsche und die Radikalität des Friedens« tragen den Titel: »Geschichte ist machbar.« Das stimmt. Sie kommt nicht einfach über einen. Die Frage ist nicht, was auf die Gesellschaft zukommt, sondern wohin sie gehen will und wer die Wegweiser aufstellt.

Genau das ist es, was die alt gewordenen Achtundsechziger rund fünfzig Jahre später so umtreibt: Warum machen heute die Falschen Geschichte? Warum triumphieren die populistischen Extremisten, warum sind die Trumps, Erdoğans und Orbáns obenauf, warum kann ein AfD-Politiker heute Deutsche mit ausländischen Wurzeln vor johlenden Anhängern straflos als »Kümmeltürken« beschimpfen?

Die antiautoritäre Protestbewegung

Woher kommt diese negative Renaissance? 1967 gab in einer Repräsentativumfrage fast die Hälfte der befragten Deutschen an, dass der Nationalsozialismus eine im Prinzip gute Idee gewesen sei. Dann aber kam 1968, das Ende des Beschweigens der NS-Vergangenheit, es kam die antiautoritäre Protestbewegung. Und was kommt jetzt? In den Feuilletons fragen sich Alt-Achtundsechziger, ob alles umsonst gewesen sei. Diese Weinerlichkeit passt so gar nicht zu den koketten Happenings der jungen Kommunarden von damals und zur fröhlichen Autoritätskritik von 1968. Was ist passiert?

Die Revoluzzer von gestern sind Autorität geworden – trotz aller Verirrungen, die es gegeben hat. Aus einer 68er-Bewegung, der die Revolution wichtiger war als die Demokratie, ist ein staatstragendes Milieu geworden; der utopische Überhang ist verschwunden. Aus einem Steinewerfer wie Joschka Fischer wurde ein ordentlicher Außenminister, der erste, der die Bundeswehr wieder in einen ordentlichen Krieg führte. Das zeigt die Integrationskraft der Demokratie und die Korruptionskraft der Macht, das lehrt aber auch, dass die systemkritischen Impulse ihre Kraft verloren haben. Es gab nie ein 68er-Programm – aber es gab die Lust auf Aufruhr, die ausbrach in den großbürgerlichen Wohnzimmern und den kleinbürgerlichen Küchen mit den abwaschbaren Plastikdecken auf dem Tisch; 1968 brachte Groß- und Kleinbürgerkinder zusammen,

Leute wie Cohn-Bendit und Fischer. 1968 – das war Leidenschaft, Selbstüberschätzung, Selbststilisierung, das waren wirre Reden, Pamphlete, Witz und Aberwitz, scharfsinnige Kritik am Kapitalismus – und die Illusion, man könne Arbeiter zum revolutionären Subjekt machen.

Rübe runter

Als 1968 begann, war es normal, dass die Musik der Jungen von den Alten als »Negermusik« geschmäht wurde. »Rübe runter« war Originalton Volk, »Euch hat man zu vergasen vergessen« war eine Reaktion, als die Achtundsechziger Infostände gegen die Notstandsgesetze aufstellten. Die Springer-Presse hetzte, was das Zeug hielt. Dann kamen die Schüsse – 1967 auf den Studenten Benno Ohnesorg bei der Demo gegen den Schah; 1968 auf Rudi Dutschke. Diese Schüsse waren der Beginn des Aufruhrs. Der noch junge, aber schon saturierte Staat hielt die Achtundsechziger für apokalyptische Reiter. Die wiederum glaubten, der Staat sei unrettbar verseucht von Ex-Nazis und ihrem reaktionären Geist. Beide Seiten hielten sich zur Notwehr gegen die jeweils andere berechtigt; zur Notwehr fiel selbst einem Kanzler wie Willy Brandt so blühender Unsinn ein wie der Radikalen-Erlass, der die Achtundsechziger vom Staatsdienst fernhielt.

Fundamentalliberalisierung der Republik

Jürgen Habermas wurde 1988 gefragt, was von 1968 geblieben sei. Er hat die bisher beste Antwort gegeben: »Frau Süssmuth«, hat er gesagt. Er meinte die Fundamentalliberalisierung der Republik. Frauenemanzipation, Ökologie- und Anti-Atombewegung, die Friedensbewegung, eine entspießerte Sexualmoral, die umfassende Demokratisierung der Gesellschaft – das alles ist Erbe von 1968, auch der klare, scharfe Blick auf den Nationalsozialismus. Gewiss: Die Auseinandersetzung mit der NS-Zeit haben vorher schon andere betrieben, der Generalstaatsanwalt Fritz Bauer zum Beispiel. Und sexuelle Liberalisierung ging von Knef/Kolle/Uhse aus. Aber die Ungebärdigkeit der Achtundsechziger hat all dem Power gegeben. Der kulturelle Umbruch von 1968 war und ist der nachhaltigste Umbruch der Gesellschaft seit 1945. Die Kraft des Umbruchs zeigt sich darin, wie sich Rechtskonservative und AfDler daran abarbeiten.

In fast jedem Deutschen steckt ein Achtundsechziger, auch in denen, die nicht halb so alt sind. Bei den einen ist es so, dass sie, oft ohne es zu wissen, vom 68er-Erbe zehren; bei den anderen ist es so, dass sie enttäuschte Hoffnungen und ungelöste Lebensprobleme auf das Wirken der Achtundsechziger zurückführen. Kurz: Die Bundesrepublik ist ein verachtundsechzigter Staat.

Der wilde Zauber jener Jahre

Die jüngsten Alt-Achtundsechziger sind jetzt 68 Jahre alt, die meisten 78. Mit ihnen geht eine Epoche zu Ende, deren Ideale und Utopien neue Kraft gewinnen können, wenn ihre Enkel und Urenkel beschließen, die Trumps und Gaulands, die Spießer von heute, nicht länger auszuhalten. Bis dahin lebt die Demokratie damit, was der wilde Zauber jener Jahre hinterlassen hat.

»Tod und Verklärung« heißt die Tondichtung für großes Orchester von Richard Strauss. Das Stück ist 130 Jahre alt; es passt trotzdem zum 68er-Jubiläum: Man hört pochendes Pathos, Aufbegehren, Resignieren und die Seligkeit der Erinnerung. Am Ende des Stücks hat sich Vergängliches ins Ursprüngliche verwandelt. So geht Hoffnung.

Erschienen in der Süddeutschen Zeitung vom 7. April 2018

Die tödlichen Schüsse auf Ohnesorg
und Dutschke und der Protest in den
Universitätsstädten waren in der
oberpfälzischen Kleinstadt Nittenau
ganz weit weg. Aber dann kam der
Aufruhr. Genauer gesagt: ein Aufrührer.

Wie 1968 der Aufruhr in die Provinz kam

Das Ofenrohr der Zeitungsträgerin und der Blick in die Welt

Es war vor rund fünfzig Jahren. Am 10. April 1968 um 21.52 Uhr stieg der Hilfsarbeiter Josef Bachmann im Münchner Hauptbahnhof in den Zug nach Berlin. Am nächsten Morgen, es war Gründonnerstag, stieg Bachmann am Bahnhof Zoo aus. Er hatte einen Trommelrevolver dabei. Er fragte sich durch zu Haus Kurfürstendamm 140, in dem der Sozialistische Deutsche Studentenbund seinen Sitz hatte, und suchte nach Rudi Dutschke, dem bekanntesten Anführer der linken Protestbewegung. Als der die Straße überquerte, sprach der Attentäter ihn an: »Sind Sie Rudi Dutschke?« Der Angesprochene bejahte und Bachmann schrie ihn an: »Du dreckiges Kommunistenschwein« – zog seine Waffe und drückte ab. Dutschke wurde schwer verletzt. Mit diesem Attentat begann der studentische Aufruhr in den deutschen Großstädten, in Berlin zumal und in München. In München forderten die Krawalle zwei Todesopfer.

Hinausgeschossen aus der Gesellschaft

Dem Soziologen Niklas Luhmann wird der Satz zugeschrieben, der Schuss habe eine ganze Generation »aus der Gesellschaft herausgeschossen«. Der Satz bezog sich aber nicht auf das Dutschke-Attentat; er bezog sich auf einen Schuss im Jahr 1967: Bei einer Studentendemonstration gegen das Folterregime des Schahs von Persien hatte der Polizeiobermeister Karl-Heinz Kurras den Studenten Benno Ohnesorg erschossen. Es waren diese Schüsse – der Schuss des Polizisten auf den Studenten Ohnesorg am 2. Juni 1967 und die drei Schüsse des Attentäters Bachmann auf den Studentenführer Dutschke –, die eine Generation, die Generation der Achtundsechziger, beinahe aus der Gesellschaft hinausgeschossen hätten.

Von da an war es nämlich so, dass die studentischen Protestierer nur noch das Schlechteste vom Staat und von der Mehrheitsgesellschaft glaubten. Der Staat und die Mehrheitsgesellschaft wiederum glaubten das Schlechteste von der Studentenbewegung. Und beide glaubten sich in einer Lage, die die Notwehr gegen den jeweils anderen rechtfertigte; beide praktizierten sie – sehr oft als Notwehrexzess. Und es ist durchaus bezeichnend, dass eines der großen politischen Streitthemen damals die Notstandsgesetzgebung war.

Bitte, bitte, nicht schießen

Die Polizeiführung in Berlin war 1967/68 mental militarisiert: Das schreibt der frühere Berliner Polizeipräsident Klaus Hübner (er war Polizeipräsident von 1969 bis 1987) in seinen Erinnerungen. Er empört sich darin über die Polizeitaktik seines Vorgängers Erich Duensing; der hatte damals sein Vorgehen gegen die studentischen Anti-Schah-Proteste wie folgt erläutert: »Nehmen wir die Demonstranten als Leberwurst, dann müssen wir in der Mitte hineinstechen, damit sie an den Enden auseinanderplatzt.« Es kam zu Straßenschlachten – und es wurde nicht nur hineingestochen, sondern auch hineingeschossen. Wie schon gesagt: Der Berliner Polizist Kurras tötete den Studenten Ohnesorg, angeblich aus Notwehr, durch einen Schuss in den Hinterkopf – Notwehr, obwohl sich viele Polizeikräfte am Einsatzort tummelten. Ohnesorg soll vor Kurras' Schuss gerufen haben: »Bitte, bitte, nicht schießen.« So schrieb es der *Spiegel*-Gerichtsreporter Gerhard Mauz. Mehr als vierzig Jahre später stellte sich heraus, dass der Schütze Kurras ein Doppelagent war; er arbeitete auch für die Stasi der DDR. Wäre das damals schon bekannt gewesen – die Westberliner Justiz hätte Kurras gewiss nicht freigesprochen, sondern wohl wegen Totschlags verurteilt.

Wie 1968 in die Provinz kam und Herr R. Amok lief

Ich war 14 Jahre alt damals; die Schüsse in Berlin und der Aufruhr in den Universitätsstädten waren ganz weit weg von der oberpfälzischen Provinz und dem Gymnasium des Kleinstädtchens Nittenau, das ich damals besuchte. Aber dann, es war in den Sommerferien, kam der Aufruhr nach Nittenau – genauer gesagt war es ein Aufrührer. Der hieß Kurt Raab, er war Schauspieler, er war Mitbegründer und Ensemblemitglied des »antitheaters« in München, er war einer der engsten Mitarbeiter und Freunde des Filmemachers Rainer Werner Fassbinder, er war Drehbuchautor und Produktionsleiter, er war der »Herr R.« im Film mit dem Titel »Warum läuft Herr R. Amok?« – und er war der Sohn der »alten Raabin«, die in der Brauhausgasse beim »Bock-Schmied« wohnte und die Zeitungsausträgerin des *Neuen Tag*, der örtlichen Lokalzeitung, war. Wir kannten uns gut, weil ich damals gerade anfing, für den *Neuen Tag* Lokalnachrichten zu schreiben.

Kurt Raab also besuchte in den Sommerferien seine Mutter in der oberpfälzischen Kleinstadt und die »alte Raabin« hatte mich eingeladen, sie und den Sohn zu besuchen. Und dann saßen wir in ihrer kleinen Wohnung, deren bemerkenswertestes Requisit ein Ofenrohr war, das quer durch die Wohnküche lief – und wie wir so da saßen, hätten wir auch gut in den

Film über den Amoklauf des Herrn R. gepasst; ich kannte den Film damals noch nicht; es war ein penetrant alltäglicher, grimmig humoriger Film über einen Kleinbürger, seine Familie und sein Milieu – das Milieu war das, in dem wir saßen, es war das Milieu, aus dem Kurt Raab stammte.

Überzeugend am Strick

Über den 1988 an Aids verstorbenen Künstler und Schauspieler Raab schrieb Ruprecht Skasa-Weiß in seinem Nachruf: »Raab passt in Fassbinders Melodramatiker-Ensemble so gut hinein wie keiner sonst aus der Truppe, ein stoppelbärtiger, stets leicht gedunsen wirkender Leichenbeschauertyp von fahlgrüner Haut und schwarzem, straff niedergedetschtem Haar, dessen affektiert hochdeutsch vorgetragenes Bayrisch so aufreizend sanft-pomadig daherkam. Höflich und dennoch vereisend in Kälte. Ein Killertyp. Ein Voyeur. Ein Gangster, Spießbürger, ein amoklaufener Herr R. Ein adrett gekleideter Leutequäler, ein Masochist, was nicht noch? Ein Mensch, der sich aufhängt. Niemand verstand so schaurig überzeugend am Strick zu baumeln wie dieser K. R.«

Ein »Scheißdreck« im Kino

Dieser Mann, von dem ich nichts wusste, außer dass er ein Schauspieler aus München und der Sohn der »alten Raabin« war, saß also neben mir und ich war verlegen. Weil Raab das merkte, begann er zu erzählen: vom Theater, vom Aufstand der Jungen gegen die Alten, von der Revolution und der Unerträglichkeit der Verhältnisse, von Rosa von Praunheim und Rainer Werner Fassbinder. Ich verstand nicht sehr viel von dem, was er da sagte, schlug ihm daher vor, gemeinsam ins Freibad zu gehen, was wir dann auch taten. Wir gingen am örtlichen Kino vorbei, dem Lichtspieltheater Haider, ich weiß nicht mehr, welcher Film lief, ich weiß nur noch, dass Kurt Raab irgendwas von »Scheißdreck« bemerkte.

So also kam das Jahr 68 nach Nittenau in der Oberpfalz. Etwas später kamen dann die jungen Studienreferendare aus München an unser Dorf-Gymnasium, erzählten von den Grenzen des Wachstums und dem *Club of Rome*, ließen Referate halten über Hannah Arendt und die Banalität des Bösen. Dann kam auch ein junger langhaariger Lehrer für Kunsterziehung, der den Unterricht am liebsten außerhalb des Klassenzimmers, nämlich am Ufer des Regenflusses abhielt – und dort von der Pflicht zum Ungehorsam redete. Auf einmal war 1968 nicht mehr nur zu Besuch.

Aus dem Newsletter »Prantls Blick« vom 8. April 2018

In vielen Situationen spürt man:
Da müsste man doch! Aber man lässt es
geschehen, schaut weg, verhärtet sich.
Der kleine große Widerstand in so einer
Situation ist praktizierte Verantwortung.

Whistleblower

Widerständler durch Aufdecken –
von der Zeitung gelobt, von der Politik geehrt,
vom Arbeitgeber gekündigt

Das Schlechteste an einem Whistleblower ist sein Name. Die Leute, die man seit geraumer Zeit auch in Deutschland so englisch bezeichnet, sind keine Pfeifen, sondern verantwortungsbewusste Leute. Sie rennen nicht mit einer Tröte, einer Vuvuzela oder sonst einem Blasinstrument durch die Gegend, um aus Jux und Tollerei Krach zu machen. Sie machen nicht leeren Lärm, sondern melden Missstände; oft solche an ihrem Arbeitsplatz. Die Whistleblower wollen sich nicht damit abfinden, dass in ihrem Krankenhaus der kleine Personalschlüssel wichtiger ist als die Menschenwürde; oder dass in ihrem Altenheim die Arbeit nur dann zu schaffen ist, wenn man die Alten am Rollstuhl festbindet. Oft genug erleiden die Whistleblower Nachteile. Sie werden zwar in der Zeitung für ihren Mut gelobt, manchmal erhalten sie auch einen Preis für Zivilcourage; von ihrem Arbeitgeber werden sie aber gekündigt.

Die mutige Altenpflegerin

Die deutschen Arbeitsgerichte haben diesen Preis meistens bestätigt – »Verletzung der Loyalität« gegenüber dem Arbeitgeber war die Begründung. Die Frage freilich lautet: Muss sich ein Arbeitnehmer Illoyalität gegenüber dem Arbeitgeber vorhalten lassen, wenn der Arbeitgeber illoyal gegenüber dem Gemeinwohl ist? Im Jahr 2011 trat daher der Europäische Gerichtshof für Menschenrechte in Straßburg einer von ihrem Arbeitgeber gekündigten Whistleblowerin als Streithelfer zur Seite. Die Altenpflegerin hatte nicht ins Blaue hinein eine Anzeige erstattet, sondern x-mal vergeblich bei ihrem Arbeitgeber Missstände moniert. Sie war eine aufrechte, mutige Frau. Und der Straßburger Spruch besagte: Ein Angestellter muss sein Gewissen nicht an der Stechuhr abgeben.

Machenschaften und Haltepunkte

Auch die Preisträger des Whistleblower-Preises 2017, der im November 2017 in Kassel verliehen wurde, sind aufrechte, mutige Leute. Da war zum einen der Buchhalter Martin Porwoll, da war zum anderen die pharmazeutisch-technische Assistentin Maria Klein. Sie deckten auf, dass der Bottroper Apotheker Peter S. Krebsmedikamente aus Profitgier verdünnt hat. Tausende Krebskranke waren auf den Apotheker angewiesen, er aber setzte ihr Leben aufs Spiel. Der Buchhalter Porwoll rechnete nach, was der Apotheker an Wirkstoffen kaufte und was er dann abrechnete. Angesichts der frappierenden Differenzen zeigte er seinen Chef an.

Bei Maria Klein meldete sich eine Arztpraxis mit der Nachricht, eine Patientin sei zu schwach für die Chemotherapie; man möge deshalb den Infusionsbeutel wieder abholen. Frau Klein, der das Agieren des Apothekers seit langem suspekt war, trug den Beutel zur Polizei; eine Analyse ergab: »keinerlei Wirkstoff«. Porwoll und Klein waren dann die Kronzeugen der Anklage im Strafprozess gegen den Apotheker – und Preisträger des Whistleblower-Preises 2017. Das Gemeinwohl war ihnen zu Recht wichtiger als Loyalitätspflichten gegenüber ihrem Arbeitgeber. Im Juli 2018 wurde der Apotheker von einer Essener Wirtschaftsstrafkammer zu zwölf Jahren Haft verurteilt; zusätzlich wurde ein lebenslanges Berufsverbot verhängt. Das Gericht würdigte bei der Urteilsverkündung den Einsatz »mutiger Menschen«, denen es zu verdanken sei, dass die »Machenschaften« aufgedeckt werden konnten.

Darf ein Rechtsstaat Verbrechen begehen?

Der dritte Preisträger des Whistleblower-Preises 2017 war der türkische Journalist Can Dündar, der vor Staatschef Erdoğan nach Deutschland geflohen ist. Dündar gründete drei Monate vor Erdoğans Referendum über die Einführung eines Präsidialsystems in der Türkei zusammen mit dem Recherchezentrum Correctiv das Online-Magazin *Özgürüz*. Es erscheint auf Türkisch und Deutsch, mittlerweile auch gedruckt, und hat das Ziel, den Menschen in der Türkei ungefilterte Nachrichten und investigative Berichte zukommen zu lassen. Ein klassischer Whistleblower ist Dündar natürlich nicht – er ist Journalist; es gehört also zu seinem Beruf, Missstände aufzudecken und zu publizieren. Aber: Dündar ist ein ganz besonderer Journalist: ein Aufklärer und ein Mutmacher zugleich; er ist einer, der zeigt, dass die Pressefreiheit ein Leuchtturm-Grundrecht ist. Auf der Buchmesse 2017 in Frankfurt habe ich mit ihm am Messestand der *Süddeutschen Zeitung* sein Buch vorgestellt. Es heißt: »Verräter. Von Istanbul nach Berlin. Aufzeichnungen im deutschen Exil«. Der Whistleblower-Preis ist eine von mittlerweile zehn Auszeichnungen, die Dündar 2016 und 2017 in seinem Exilland Deutschland verliehen worden sind. Man mag über diese Vielzahl schmunzeln. Für Dündar sind es Haltepunkte im Exil; sie sind Medikamente, die helfen, das Gift, das in und aus seiner Heimat gegen ihn gespritzt wird, auszuhalten.

Erdoğan nennt einen wie Can Dündar »Verräter«. Die USA nennen einen wie Edward Snowden »Verräter«. Edward Snowden deckte auf, dass amerikanische und britische Geheimdienste die halbe Welt abhören, dass sie dazu auch ihre Botschaftsgebäude nutzen, dass sie für Spionagezwecke die internationalen Kommunikationsverbindungen unter ihre Kontrolle gebracht haben – dies alles unter Verstoß gegen internationales Recht, Pakte und Vereinbarungen. Weil Snowden das öffentlich machte, wird er von der US-Staatsgewalt gejagt. Ist er ein Verräter? Gegenfrage: Darf ein Rechtsstaat Verbrechen begehen? Natürlich darf er das nicht. Ein Rechtsstaat darf nicht gegen Verfassung, Recht und Gesetz verstoßen. Und wenn er es trotzdem tut? Darf der Staat dann denjenigen bestrafen, der das aufdeckt und öffentlich macht? Muss einer, zumindest dann, wenn er Staatsbediensteter ist, den Mund halten, wenn er von schweren Missständen erfährt? Und wann darf er wieder den Mund aufmachen und wem gegenüber?

Mut fördern

Das sind die rechtlichen Fragen, um die es im Fall Snowden geht: Gibt es ein Recht, rechtswidrige Zustände öffentlich zu machen? Drei Delikte werden ihm vorgeworfen: Diebstahl von Regierungseigentum, widerrechtliche Weitergabe militärischer Informationen, Weitergabe nachrichtendienstlicher Informationen an Unbefugte. Er hätte unbedingt schweigen müssen, sagen die US-Behörden. Allenfalls hätte er sich an den Kongress wenden dürfen. Er habe Staatsgeheimnisse verraten. Sind illegale Geheimnisse wirklich Staatsgeheimnisse, die Strafrechtsschutz verdienen und denjenigen zum Straftäter machen, der sie aufdeckt? Ist der Verbrecher derjenige, der ein Verbrechen anzeigt? So sähen es Regierungen und Sicherheitsbehörden gern; und so wird das Strafrecht gern ausgelegt. Recht ist das nicht.

Es gibt einen Verrat, der keiner ist: Es gibt den Hinweis auf Missstände, Regelverletzungen, auf skandalöses, gemeinwohlschädliches Verhalten, der sozialem Engagement entspringt und der Mut kostet – den Mut, sich gegen die zu stellen, die Unrecht tun und dies vertuschen; den Mut, es als David mit Goliath aufzunehmen; den Mut, die Gefahr nicht zu scheuen, beim Aufdecken von Missständen als Lügner und Nestbeschmutzer gebrandmarkt zu werden. Diesen Mut gilt es zu fördern und zu schützen. Es geht um Zivilcourage, es geht darum, dass Zivilcourage nicht zu einem existentiellen Risiko wird.

Whistleblower sind keine Verräter

Wer Whistleblowern übel will, spricht von Wichtigtuerei oder von Denunziantentum – und betont den guten Sinn von Loyalitätspflichten. Natürlich haben Loyalitätspflichten grundsätzlich ihren guten Sinn. Natürlich gibt es auch hysterische Wichtigtuer, Leute, die unverantwortlich dummes und dramatisierendes Zeug in die Öffentlichkeit quatschen. Es ist Gschaftlhuberei von couragierter Kümmerei zu unterscheiden.

Die Krankenschwester, die unhygienische Zustände im OP nicht dulden will, ist keine Gschaftlhuberin. Und die Angestellten des Apothekers in Bottrop, der die Krebsmedikamente gepanscht hat: Waren sie Wichtigtuer, weil sie ihren Chef nicht haben weiter morden lassen? Und war die Berliner Altenpflegerin, die sich in ihrer Not an den Europäischen Gerichtshof für Menschenrechte gewandt hatte, eine Denunziantin, weil sie die organisierte Entwürdigung der Alten in ihrem Heim nicht mehr aushielt? Muss die Altenpflegerin selber kündigen, wenn das so ist? Oder darf sie versuchen, für bessere Zustände zu sorgen, wenn es gar nicht anders geht, per Strafanzeige? Ist es eine Sauerei, wenn die Angestellte publik macht, dass in ihrem Heim alte Menschen aus Zeitnot am Rollstuhl festgebunden werden? Die Sauerei besteht vielmehr darin, dass das geschieht – und die Heimverwaltung trotz aller Hilferufe nicht reagiert!

Whistleblower sind keine Verräter, sie leiden aber oft am schlechten Ruf, den Denunzianten und Wichtigtuer haben. Whistleblower sind Leute, die in den Zeitungen oft als die Heldinnen und Helden des Alltags gefeiert werden. Aber wenn der Whistleblower der Hinweise wegen, die er öffentlich gemacht hat, von seinem Arbeitgeber entlassen oder sonst bedroht wird, braucht er Schutz – da genügen Elogen in der Zeitung nicht. Es sollte endlich ein Whistleblower-Gesetz geben, das solche Nachteile zu vermeiden oder wenigstens zu minimieren hilft.

Gammelfleisch

Man könnte das neue Gesetz »Margit-Herbst-Gesetz« nennen. Margit Herbst war eine Tierärztin für Fleischhygiene, die nicht einfach zuschauen wollte, wie in ihrem Betrieb Tierkörper trotz BSE-Verdachts zur Weiterverarbeitung freigegeben wurden. Sie ging 1994 an die Öffentlichkeit – und wurde deswegen von ihrem Arbeitgeber verklagt und entlassen. Erst nach Jahren und vielen Gerichtsinstanzen bekam sie Recht. Man könnte das neue Gesetz auch »Brigitte-Heinisch-Gesetz« nennen. So heißt die schon genannte Altenpflegerin, die im Jahr 2003 x-mal vergeblich bei ihrem Arbeitgeber gravierende Missstände im Altenheim moniert und die, als gleichwohl nichts passierte, Strafanzeige erstattet hat – und deswegen gekündigt wurde. Man könnte das neue Gesetz auch »Miroslaw-Strecker-Gesetz« nennen. Der Lkw-Fahrer Strecker informierte 2007 die Behörden, als er wieder einmal verdorbene Schlachtabfälle zur Lebensmittelfabrik fahren sollte. Er verhinderte so, dass 11,5 Tonnen Gammelfleisch in den Handel gelangten. Strecker wurde von seinem Arbeitgeber gemobbt und schließlich gekündigt. Dass ihm der Bundesverbraucherminister eine »Goldene Plakette« verlieh, war da nur ein billiger Trost.

Schauen wir uns auch die andere Seite der Geschichte an: Es gibt ein berechtigtes Interesse eines Unternehmens und seiner Mitarbeiter, nicht zu Unrecht von einem rachsüchtigen, vorsätzlich falschen oder fahrlässigen Whistleblower angeschwärzt zu werden. *Semper aliquid haeret,* heißt der klassische lateinische Spruch, und dieser Spruch gilt bei der Whistleblowerei in besonderer Weise: Es bleibt immer etwas hängen; und das, was zu Unrecht hängenbleibt, kann ein Unternehmen in den Ruin treiben. Es wäre also nicht unproblematisch, wenn ein Whistleblower-Gesetz anonyme Hinweise billigt. Deutsche Unternehmen, die über ein internes Hinweisgebersystem verfügen, machen die Erfahrung, dass sich in jedem zweiten Fall der Verdacht nicht bestätigt. Das heißt: Mitarbeiter wurden zu Unrecht beschuldigt. Deren Interessen, vor Falschanzeige bewahrt zu werden, sind aber ebenso schützenswert wie die der Whistleblower. Ein Whistleblower-Gesetz muss also nicht nur die berechtigen Interessen der Whistleblower, sondern auch die berechtigten Interessen derjenigen wahren, gegen die falsch gepfiffen wird.

Das Löwenmaul

Ein kleiner Blick in die Geschichte: Im Dogenpalast von Venedig kann man noch heute ein steinernes Löwenmaul besichtigen, die *Bocca di leone:* Das ist ein Briefkasten, der in den Zeiten der Adelsrepublik Venedig zur Denunziation aufforderte. Diese Beschwerdebriefkästen gab es damals zu Dutzenden. Man schrieb auf einen Zettel den Namen eines angeblichen Straftäters mitsamt dem Vorwurf – ob Steuerhinterziehung oder Mord – und steckte die Anzeige ins Löwenmaul. Der absolute Staat war für solche Meldungen dankbar, sie dienten seinem Überwachungssystem vortrefflich. Wer abgefeimt genug war, konnte auf diese Weise seine Feinde erledigen.

Auf solchen Erfahrungen ist wohl der Spruch über den Denunzianten gewachsen: »Der größte Lump im ganzen Land, das ist und bleibt der Denunziant«. Der Satz wird Hoffmann von Fallersleben zugeschrieben, dem Dichter der deutschen Nationalhymne. Er hat seine Abscheu gegen das monarchische Spitzelwesen in diesen Satz hineingepackt, ein Spitzelwesen, mit dessen Hilfe damals Nationalliberale wie er und auch die ersten deutschen Demokraten verfolgt wurden. »Der größte Lump im ganzen Land ...«: Auf diesen Satz greifen heute noch all diejenigen gern zurück, die von einem gesetzlichen Schutz für Hinweisgeber nichts halten. Und die Deutschen haben nach zwei Diktaturen, nach Gestapo und Stasi, genug von einem System, das sich des Verrats und des Denunziantentums bedient. Wahrscheinlich spukt die berechtigte alte Abscheu vor diesem Denunziantentum immer noch durch die Hinterköpfe der deutschen Richter, und zwar auch dann, wenn es nicht um gemeine Denunzianten, sondern um mutige Hinweisgeber, um Whistleblower, geht.

In der Hölle, wo sie am tiefsten ist

Den alten Hoffmann von Fallersleben könnte man heute durchaus als Whistleblower bezeichnen. Warum? Basierend auf seiner nationalliberalen Gesinnung hatte er 1840/41 in seinen Gedichten, die er ironisch als »Unpolitische Lieder« betitelte, heftige Kritik an den herrschenden Zuständen geübt. Deswegen verlor er 1842 seine Professur an der Universität Breslau – er wurde also gekündigt, genauso, wie es den Whistleblowern von heute so oft ergeht. Auch Martin Luther war, wenn man den Begriff weit fassen mag, ein früher Whistleblower. Er hat die Missstände in seiner Kirche angeprangert, wurde deswegen heftig gemobbt, war aber trotzdem erfolgreich. Von Luthers Vorgänger, dem Kirchenreformer Jan Hus, kann man das nicht so sagen. Er wurde 1415 auf dem Konzil von Konstanz verbrannt. »Ketzer« nannte man ihn, und »Verräter«. Bei Dante stecken solche Verräter in der Hölle, und zwar dort, wo sie am tiefsten ist.

Das sperrige Wort

Verrat? Es gibt den Verrat, der keiner ist: Es gibt den Hinweis auf Missstände, Regelverletzungen, auf skandalöses, gemeinwohlschädliches Verhalten, der sozialem Engagement entspringt und der Mut kostet. Zu einem guten Schutz der Whistleblower gehört eine Beweislastumkehr: Nicht der Hinweisgeber muss beweisen, dass er wegen seiner Aufdeckung von Missständen im Betrieb gekündigt worden ist, sondern der Arbeitgeber muss beweisen, dass er nicht deswegen gekündigt hat.

Woher der Name Whistleblower eigentlich genau kommt, ist unklar. Vielleicht vom britischen Polizisten, der mit der Trillerpfeife auf den flüchtenden Straftäter aufmerksam macht; vielleicht vom Schiedsrichter, der bei Regelverstoß das Spiel unterbricht. Das ist eine ordentliche gute Beschreibung auch für den Whistleblower: Er ist einer, der Missstände, nicht tolerierbare Gefahren und kriminelle Heimlichkeiten abpfeift. Vielleicht ist das sperrige Wort, vielleicht ist dieser Anglizismus ein Grund dafür, warum der Whistleblower im deutschen Recht noch nicht heimisch geworden ist. Man sollte also dem Whistleblower ein Geschenk machen und einen anderen Namen für ihn erfinden.

»Hinweisgeber« ist schon einmal nicht schlecht. Hätte es mutige Hinweisgeber gegeben und Verantwortliche, die auf diese Hinweise gehört hätten – so hätten es die Medizin-Skandale von Contergan bis hin zu den giftigen Brustimplantaten womöglich nicht gegeben, so hätten das ICE-Unglück in Eschede und der Einsturz der Eishalle in Bad-Reichenhall womöglich vermieden werden können. Es wäre weise, es in Zukunft den Leuten, die solche Hinweise geben können, nicht allzu schwer zu machen.

Widerstand gegen die eigene Angst

Es geht dabei nicht nur um ein neues Gesetz. Es geht auch um den Abschied von einer alten deutschen Denkungsart, die mit »Dienst ist Dienst und Schnaps ist Schnaps« beschrieben wurde und die »Ruhe als erste Bürgerpflicht« postulierte. Dieser Denkweise war und ist jede Art von Widerstand suspekt.

Hinweisgeber praktizieren Widerstand im Alltag: Ihr Widerstand besteht im Mut zu offener Kritik, in der Demaskierung von Übelständen, im Widerspruch auch und gerade dann, wenn man sich damit Sympathien verscherzt. Manchmal ist Widerstand auch der Widerstand gegen die eigene Angst, gegen die eigene Bequemlichkeit, gegen das eigene Angepasstsein. In vielen Situationen spürt man: da müsste man doch! Aber man lässt es geschehen, schaut weg, verhärtet sich. Der kleine Widerstand in dieser Situation ist praktizierte demokratische Verantwortung. Demokratie heißt nämlich: Zukunft miteinander gestalten. Und diese Gestaltungsaufgabe hört nicht auf vor den Türen von Fabriken, Büros und sonstigen Betriebsstätten. Der Whistleblower ist ein vorbildlicher Demokrat – weil für ihn Verantwortung kein bloßes Sprüchlein ist. Er sieht Verantwortung nicht nur bei den anderen, sondern bei sich selbst.

Der Text basiert auf einem Essay für die Sendung »Glaubenssachen« des NDR vom 5. März 2012 sowie auf dem Newsletter »Prantls Blick« vom 26. November 2017.

Es gibt kaum Denkmäler für Demokratie und Widerstand hierzulande, es gibt kaum Denkmäler für die deutschen Widerstandskämpfer und Revolutionäre – nicht für die von 1848, nicht für die von 1918, nicht für die von 1948/1949, nicht für die von 1953, nicht für die von 1989. Das ist traurig, bedauerlich und schädlich.

Der Widerstand – heimatlos in Deutschland?

Die Tage des Aufstands gehören zum europäischen Gründungsmythos.

Wir wollen freie Menschen sein: Das war der Ruf der Aufständischen von 1953. Am 17. Juni dieses Jahres wagte eine Million Menschen in 700 Orten der DDR den Aufstand. Arbeiterklasse gegen den Arbeiterstaat. Es ging erst gegen die gestiegene Arbeitsbelastung, dann gegen die miesen Lebensverhältnisse, schließlich um freie Wahlen und gegen die SED.

Die Gewissheit, dass etwas Sinn hat, egal wie es ausgeht

Sebastian Haffner, der große Publizist, schrieb vier Tage später im britischen *Observer:* »Ein totalitäres Regime, fast vier Jahr lang im voller Besitz aller Macht und Mittel, die eine moderne Diktatur braucht, war binnen nicht einmal zwölf Stunden zu vollkommener Machtlosigkeit verdammt und gezwungen, hinter Panzern einer fremden Armee Schutz zu suchen. Und so weit ist es nicht etwa durch eine innere Spaltung oder eine bewaffnete Verschwörung in seiner Mitte gekommen, sondern durch einen spontanen Volksaufstand im klassisch-revolutionären Stil von 1789 und 1848.«

1789 steht für die Französische Revolution und die Abschaffung des feudalistisch-absolutistischen Ständestaats in Frankreich. 1848 steht für die gescheiterte demokratische Revolution in Deutschland, für die Erhebung gegen die Fürsten, für das erste deutsche Parlament in der Frankfurter Paulskirche. Haffner hat den revolutionären Volksaufstand zu Recht in diese Reihe gestellt, auch wenn die russischen Panzer den Aufstand schnell und brutal niederwalzten.

Die Kinder des 17. Juni

Es gilt hier der Satz von Václav Havel, dem tschechischen Menschenrechtler und späteren Präsidenten: »Hoffnung ist nicht die Überzeugung, dass etwas gut ausgeht, sondern die Gewissheit, dass etwas Sinn hat, egal wie es ausgeht«. Der 17. Juni 1953 ging nicht gut aus. Erst der nächste Aufstand, der Aufstand der Kinder des 17. Juni, ging gut aus.

Es gibt den Vorschlag, an den Volksaufstand von 1953 wieder durch einen gesetzlichen Feiertag zu erinnern. Ein solcher Feiertag, ein etwas komischer, war der Tag schon einmal – in der alten Bundesrepublik, von 1954 bis zur Wiedervereinigung; dann wurde er durch den zum Einheitstag erklärten 3. Oktober abgelöst. Der 17. Juni-Feiertag war ein seltsamer, aber sehr präsenter West-Feiertag: Die Abgeordneten im Bundestag zu Bonn hörten Gedenkmusik, die Wähler fuhren zum Baden; und im Osten herrschte an diesem Tag Schweigen.

Der europäische Gründungsmythos

Eine Neuauflage dieses seltsamen Feiertags? Wirklich? Ja! Der Vorschlag ist richtig und gut, weil dieser Feiertag kein seltsamer Feiertag war; er ist nur seltsam begangen worden. Der Tag gehört zu den stolzen, zu den großen Tagen der deutschen Geschichte. Der 17. Juni 1953 ist ein Tag des Widerstands. Er lehrt

Mut und dass es Freiheit nicht zum Nulltarif gibt. Dieser Aufstand ist deshalb nicht einfach »gescheitert«, oder »unvollendet«. Er fügt sich ein in die Geschichte der europäischen Befreiung: 1953 in der DDR, 1956 in Ungarn, 1968 in Prag, 1970 und 1980 in Polen; zu dieser europäischen Befreiungsgeschichte gehört im letzten Drittel des 20. Jahrhunderts die Überwindung der Diktaturen in Spanien, Portugal und Griechenland, dazu gehören die Revolutionen in Osteuropa 1989 und den darauffolgenden Jahren. Der Zeitgeschichtler Edgar Wolfrum hat zu Recht die Überwindung von Diktaturen als Gründungsmythos bezeichnet.

Der europäische Gründungsmythos ist eine Befreiungsgeschichte, die im 18. Jahrhundert beginnt und zu deren Marksteinen der 17. Juni 1953 gehört – und auch das Jahr 1948, das Jahr also, in dem das Grundgesetz geschrieben wurde.

Denkmäler für den Widerstand

Die Widerständler, die diese Kraft hatten, sind kaum mehr bekannt. Es ist dies ein deutsches Defizit. Es gibt kaum Denkmäler für Demokratie und Widerstand in Deutschland, es gibt kaum Denkmäler für die deutschen Widerstandskämpfer und Revolutionäre. Nicht für die von 1848, nicht für die von 1918, nicht für die von 1948/1949, nicht für die von 1953, nicht für die von 1989. Denkmäler müssen nicht unbedingt aus Stein und Bronze sein. Denken, gedenken und feiern kann man auch ohne Denkmal – zum Beispiel mit einem Feiertag; und damit, dass man das Gedenken an die Revolutionäre und Widerstandskämpfer hochhält.

Die Zeiten des Widerstands waren stets kurz in der deutschen Geschichte. Die Revolution von 1848 und die von 1918/19 und die von 1988/89 sind so etwas wie deutsche Mondlandungen – abenteuerliche Unterfangen, ganz weit weg, unwirklich und verbunden mit dem Gefühl, dass man bald darauf nicht mehr so genau weiß, wozu sie eigentlich gut waren. Die deutsche Geschichte hat Unruhe nie lange ausgehalten. Der Widerstand gegen die Bismarckschen Sozialistengesetze, der Sturz der Monarchie nach dem Ersten Weltkrieg – ein positives politisches Bewusstsein hat sich daraus nicht entwickelt.

18. März 1848

Wer kennt die demokratischen Revolutionäre von 1848? Wer kann einen einzigen der sogenannten Märzgefallenen nennen? In Berlin gibt es einen couragierten und kauzigen Herrn, der das zu ändern versucht. Volker Schröder ist ein Alt-Achtundsechziger, studierter Betriebswirt, war zehn Jahre lang Schatzmeister der Berliner Grünen, dann Leiter des Rechnungswesens des Berliner Mietervereins – und hat in seiner Freizeit das Handwerk seiner Eltern fortgeführt, die Bürstenmacherei (»Bürsten vom Besten. Bürsten Schröder seit 1866«). Vor allem aber ist Volker Schröder Gründer der »Aktion 18. März«, einer Aktion, die dafür eintritt, den 18. März zum gesamtdeutschen Feiertag zu erklären.

Der 18. März ist ein höchst bedeutsames Datum der deutschen Demokratiegeschichte. Am 18. März 1848 kapitulierte das Heer des preußischen Königs vor den Kämpfern für Freiheit und Demokratie. König Friedrich Wilhelm IV. musste seinen Hut ziehen vor hunderten toten Zivilisten, den Märzgefallenen, die in blumengeschmückten Särgen vor sein Schloss getragen wurden. Ohne die Kämpfe vom 18. März hätte es keinen 18. Mai gegeben, nicht den Tag also, an dem dann die Nationalversammlung in der Frankfurter Paulskirche zusammentrat. »März-Marathon« nennt Volker Schröder seinen Versuch, den 18. März 1848 wieder ins deutsche Bewusstsein zu heben. Einen kleinen Erfolg hatte der März-Marathon schon: Der Platz vor dem Brandenburger Tor heißt heute »Platz des 18. März«. Die Jahreszahl 1848 fehlt freilich, weil die Platzbezeichnung zugleich an den 18. März 1990 erinnern soll, an den Tag, an dem sich die DDR-Bürger mit großer Mehrheit gegen die Weiterexistenz der DDR entschieden hatten.

Dem Widerstand Gesichter geben

Man muss dem deutschen Widerstand Namen, Lebensläufe, Gesichter geben. Beginnen wir mit einem Mann, den kaum noch jemand kennt, der es aber verdient, dass man sich seiner mit Dankbarkeit erinnert – Hermann Louis Brill, Widerstandskämpfer gegen Hitler, geboren 1895, Sohn eines Schneidermeisters im thüringischen Gräfenroda, Volksschullehrer, Kriegsteilnehmer von 1914 bis 1918, Mitglied der USPD, seit 1922 der SPD, mit 28 Jahren Ministerialdirektor im thüringischen Innenministerium. Brills Leitung unterstand die Landespolizei, als die Reichswehr 1923 Thüringen unter Ausnahmerecht stellte. Brill war entschiedener Gegner dieser Aktion und von da an ein vehementer Gegner jeglicher Notstandsgesetzgebung. Mit Verve widersprach er beim Verfassungskonvent auf Herrenchiemsee den Versuchen, ein Notstandsrecht ins Grundgesetz zu schreiben – wie es später, 1968, doch noch kam.

Brills Vita ist eindrucksvoll, unglaublich eindrucksvoll. 1924, nach einem Regierungswechsel in Thüringen, ging er zurück an die Uni, studierte Jura, politische Philosophie und Soziologie, blieb dabei weiter Landtagsabgeordneter und vernahm am 14. März 1932 Adolf Hitler. Das kam so: Im Januar 1930 hatte eine bürgerlich-nationalsozialistische Koalition die Regierungsgeschäfte in Thüringen übernommen; Innenminister Wilhelm Frick von der NSDAP hatte versucht, Hitler die deutsche Staatsbürgerschaft zu verschaffen – indem er ihn zum Gendarmeriekommissar von Hildburghausen ernannte. Nach dem Ausscheiden der Nazis aus der

Regierung untersuchte ein Landtagsausschuss diesen Vorgang, Hermann Louis Brill war der Vorsitzende.

Der Mann, der Hitler vorlud

Brill lud Hitler vor und erinnerte sich später so: »Für mich war der 14. März 1932 einer der entscheidendsten Tage meines Lebens. Ich hatte Hitler gehört und gesehen, länger als dreißig Minuten hatte er mir gegenübergestanden. Ich besaß ein aus eigener Anschauung geschöpftes, wohlbegründetes Urteil über ihn. Er erschien mir als hysterischer Brutalist, ungebildet, zynisch, durch und durch unwahrhaftig, arrogant, unbeherrscht, bereit, jeden anderen physisch oder moralisch niederzuschlagen. Am 14. März 1932 fasste ich den Entschluss, mich diesem Mann zu widersetzen, zu jeder Zeit, überall, unter allen Umständen und mit allen mir zur Verfügung stehenden Mitteln.«

Vom NS-Volksgerichtshof wurde Brill 1938 wegen Hochverrats zu zwölf Jahren Zuchthaus verurteilt, von US-Truppen wurde er am 27. April 1945 aus dem KZ Buchenwald befreit. Die Amerikaner ernannten ihn zum ersten Regierungschef von Thüringen, die Russen warfen ihn alsbald wieder aus dem Amt, danach wurde er in Hessen Staatssekretär und Chef der Staatskanzlei. Schon 1947 plädierte Brill dafür, die Länder der westlichen Besatzungszonen zu einem Staat zusammenzufassen.

Ein Denkmal setzen

Der jungen Bundesrepublik hätte es gutgetan, wenn Leute wie Brill mehr Einfluss auf die Nachkriegspolitik gehabt hätten. Aber er war krank, gezeichnet von den Jahren der Haft. Er starb 1959 mit 64 Jahren. Schon bei den Beratungen von Herrenchiemsee hatte er des Öfteren wegen schwerer Krämpfe mitten im Gespräch den Raum verlassen müssen. Er versuchte bei den Beratungen, zwischen der extrem föderalistischen Position Bayerns und den extrem zentralistischen Vorstellungen seines SPD-Parteichefs Kurt Schumacher zu vermitteln.

Hätten die Deutschen einen französischen Sinn für Geschichte, dann stünde auf Herrenchiemsee – und nicht nur dort – ein Denkmal für diesen grandiosen Hermann Louis Brill. Setzen wir diesen Leuten ein Denkmal.

Aus den Newslettern »Prantls Blick« vom 10. Juni und 15. Juli 2018

»Warum?«, klagt der Beter. »Wie lange?«, fragt
er. Man erlegt sich keine Zensur auf im Gebet.
Ist das Glaube? Das ist nicht wichtig. Wichtig ist:
Wer fragt, klagt, bittet – der hat schon angefangen,
etwas zu unternehmen. Auch das ist Widerstand.

Fragen, klagen, bitten, beten

Das Selbstgespräch als Akt des Aufbegehrens

Am 14. Mai 2018 starb der Popstar der Wissenschaft, der geniale Astrophysiker Stephen Hawking. Er hatte mit Religion und mit Beten und mit Himmel und Hölle und mit ewigem Leben nichts im Sinn. Er sagte: »Ich sehe das Gehirn als einen Computer, der aufhört zu arbeiten, wenn seine Bestandteile versagen. Es gibt keinen Himmel oder Leben nach dem Tod für kaputte Computer. Das ist ein Märchen für Leute, die sich vorm Dunklen fürchten.«

Kolonien auf dem Mars

Stephen Hawking hielt es also mit John Lennon, der einst gesungen hatte: »Imagine there's no heaven, above us only sky.« Es gibt keine Heimat der Seele, keinen Himmel, wo das Leben ein Zuhause hat, das nicht von dieser Welt ist. Es gibt nur den kosmischen Raum, den man wissenschaftlich durchforschen kann. Wenn Hawking zum Himmel schaute, dann sah er dort das zukünftige Exil für eine heimatlos gewordene Menschheit, die von der zerstörten Erde fliehen muss. Hawking empfahl, in die Besiedelung anderer

Himmelskörper zu investieren und zu erforschen, wie man Kolonien auf dem Mars bauen könnte.

Der Himmel – ein Märchen für Ängstliche?

Ich habe mich gefragt, als ich all die bewundernden Nachrufe las: Was ist das bloß für eine klägliche Weltsicht? Wie traurig ist es, so eine Ausnahmeintelligenz so eindimensional zu nutzen? *Imagine: there's no heaven* – dazu braucht es nun wirklich null Vorstellungskraft, es ist vielmehr der Gipfel der Fantasielosigkeit, *only sky* zu sehen. Es ist die blumige Übersetzung für das überaus dumme »Ich glaube nur, was ich sehe.«

Aber vielleicht hat Hawking ja nur so über den Himmel geredet, weil er, schlau wie er war, wusste, dass kernige Gottesverachtung und Glaubensverspottung immer viele Leser anzieht. Das klingt alles ziemlich cool und aufgeklärt, aber nicht weniger trostlos. Es klingt so trostlos, dass es mich nicht wundert, dass man sich in Fantasien über die Besiedlung von Sternen flüchten muss. Es ist die Ersatzreligion eines Menschen, der den Himmel zum Märchen der Ängstlichen erklärt.

Als der Affe die Augen zum Himmel erhob

Willibert Pauels, katholischer Seelsorger und tiefgründiger Karnevalsclown im Nebenamt, hat diese pseudointellektuelle Weltsicht auf die Spitze getrieben, in der nur die Materie, nur das, was man potenziell berechnen und messen kann, Wirklichkeit beanspruchen darf. Er schreibt in seinem Buch »Wenn dir das Lachen vergeht«: »Kannst du deinem Kind in die Augen schauen und ihm erklären: Du, Kind, bist letztlich nichts anderes als ein Zellhaufen, der biochemisch reagiert. Und wenn ich dich lieb habe, Kind, ist auch das letztlich nichts anderes als eine biochemische Reaktion in meinem limbischen Gehirnlappen. Und wenn du stirbst, Kind, wirst du den Weg aller Dinge gehen, nämlich in die Verrottung, auf den kosmischen Abfallhaufen des Nichts (...) Also, mich würde diese Perspektive traurig, krank und wahnsinnig machen.«

Wenn wir vom Himmel reden und vom ewigen Leben, dann sprechen wir nicht die Sprache der Naturwissenschaft. Man kann naturwissenschaftlich erklären, was den Menschen zum Menschen macht. Man kann es aber auch so sagen: In dem Augenblick, in dem ein Affe zum ersten Mal seine Augen zum Himmel erhob und Gott dafür dankte, ein Affe zu sein, da war er ein Mensch.

Wie sich der Mensch zum Affen macht

Es macht uns zu Menschen, dass wir über unserem Leben mehr sehen als den dunklen kosmischen Raum. Man könnte den Satz über den Affen auch umkehren: In dem Augenblick, in dem der Mensch den Himmel nicht mehr sieht, macht er sich zum Affen. Das ist der Moment, in dem er keinen Ort mehr hat für seine Sehnsucht, keine Idee mehr davon, dass es etwas über das Hier und Jetzt hinaus gibt, keine Suche mehr nach einer Welt, die nicht von dieser Welt ist. Der Mensch ohne Himmel ist der Mensch, der sich selbst genug ist, der den eigenen Horizont für das Ende der Welt hält und diese Welt für den Schluss aller Dinge.

Angst überwinden

Das sind die Gedanken, die mir so durch den Kopf gehen, wenn ich Ostern feiere, wenn ich in der Kirche die vielen Lesungen und die alten Psalmen höre – wenn ich über Auferstehung nachdenke. Ostern ist ein Sich-Aufrichten aus dem Grab, das man sich nicht im Wortsinn als Grab vorstellen muss. Ostern ist die Befreiung aus dem vermeintlich Unabänderlichen, Ostern ist die Überwindung der Angst. Darum geht es zum Beispiel in den Beratungszentren der Kirchen und der Wohlfahrtsverbände – dem Menschen helfen, die Angst zu überwinden: Sei es die Angst des Schülers, der in der Schule gemobbt wird; sei es die des Kranken, der das Sterben fürchtet; sei es die des Schwermütigen, der das Leben fürchtet; sei es die des Paares, das nicht mehr weiter weiß.

Befreiung von Zwängen

»Ich habe eure Jochstangen zerbrochen und euch wieder aufrecht gehen lassen«, heißt es im Alten Testament, im Buch Levitikus. Jochstangen waren Instrumente der Unterdrückung – und Ostern bedeutet, dass sie zerbrochen werden, ob sie nun ein diktatorisches oder autokratisches Regime aufgestellt oder ob man sie sich selbst errichtet hat. Ostern bedeutet Befreiung von den Zwängen – denen der Welt oder den eigenen.

Ostern ist, wenn die Menschen wieder aufrecht gehen können. Das ist nicht Blasphemie, das steht so auch in der Bibel. Es wird nämlich dort derselbe Wortstamm »Auferstehung« und »Auferweckung«, der das österliche Geschehen benennt, auch dann verwendet, wenn es um das Aufrichten von Kranken und Blinden geht. »Steh auf, er ruft Dich«, heißt es da. »Steh auf, nimm Dein Bett und geh!«

Das Bild von der Auferstehung hat hier eine individuelle Dimension. Man muss Unsicherheit ertragen und aufstehen, um wieder zu gestalten, zu handeln, zu wagen. Diese individuelle Dimension lässt sich ins Gesellschaftliche übertragen, wenn Menschen gemeinsam aufstehen. Auferweckung lässt sich übertragen auf die zivilgesellschaftliche Gegenwehr überhaupt, sei es gegen Atomkraft oder Datenspeicherung. Wenn aus der Energiewende eine Bewusstseinswende wird, wenn sie eine andere, verantwortungsbewusstere Art des Lebens einleitet – dann ist das eine Art Auferstehung.

Überwindung des geistigen Todes

»Manchmal stehen wir auf/stehen wir zur Auferstehung auf/ mitten am Tage«, hat Marie Luise Kaschnitz in einem berühmten Gedicht geschrieben. Sie hat die Überwindung des geistigen und zugleich alltäglichen Todes gemeint, eines Zustandes, der am Bestehenden festhält, am Status, an den gewohnten Bequemlichkeiten. Manchmal dauert es lange, bis eine solche Befreiung gelingt, bis man suchend sein Ziel erreicht. Die Israeliten, um noch einmal die Bibel zu zitieren, irrten auf ihrem Weg ins gelobte Land 40 Jahre durch die Wüste.

Aufbrechen: Es stört viele Europäer, dass so viele Menschen aus dem Mittleren Osten und aus Afrika aufbrechen und sich auf den Weg nach Europa machen; aber gehören die Bilder von den Booten auf dem Mittelmeer, die Bilder von den Menschen auf der Balkanroute, gehören diese Bilder nicht auch zu den neuen Osterbildern? Es sind Bilder von Menschen, die alles hinter sich lassen wollen, um ein neues Leben in Europa zu beginnen. Es sind nicht nur Osterbilder, es sind auch Karfreitagsbilder, denn viele kamen und kommen immer noch um bei ihrem Aufbruch. Denn dieser Aufbruch passt vielen Europäern nicht, sie halten das für einen unheiligen, einen heillosen Exodus, für einen, der nicht im Buche steht. Sie wehren ihn ab als Bedrohung und Gefahr.

Österliche Ereignissse

Es ist vielleicht eine Zumutung, die hochriskante, oft todbringende Flucht übers Mittelmeer als österliches Ereignis zu bezeichnen. Der eine oder andere Pfarrer hat diese Flüchtlinge gar als »Botschafter« bezeichnet. Sie sind nicht Diplomaten in Schlips und Kragen, sie sind zerlumpte Botschafter der Menschenrechte. Gewiss: Auch eine solche Beschreibung ist eine Zumutung. Aber der christliche Osterglaube, also der

Glaube daran, dass bei der Auferstehung bisherige Denkschemata und Gesetzlichkeiten überwunden wurden, ist ja auch eine Zumutung.

Es gibt noch ganz andere neue Osterbilder: Die Gesellschaft hat es sich angewöhnt, über das Alter zu stöhnen – gerade so, als ob dieses nur aus Demenz und Leid bestünde. Das längere Leben ist aber auch eine kleine Auferstehung. Binnen eines Jahrhunderts haben die Menschen zwei Lebensjahrzehnte dazugewonnen; mehr Zeit zum Leben und, auch dies, mehr Zeit zum Abschiednehmen. Die Lebenszeiten haben sich den Jahreszeiten angenähert. Früher bestand ein Leben aus Frühling, Sommer und Winter, also aus Kindheit, Arbeit und Sterben. Mit den geschenkten Jahren ist nun ein langer Herbst dazu gekommen – noch eher öde für viele, schon golden für manche. Das große und lange Altern ist so neu, dass die Menschen es noch gründlich lernen müssen.

Eine sozialere Gesellschaft

Wenn sie es gut lernen, wird das die Gesellschaft grundlegend verändern. Es wird die Gesellschaft menschlicher machen, weil die älteren Menschen Zeit haben – Zeit für die Dinge, für die die Jungen keine Zeit haben. Es wird die Gesellschaft klüger machen, weil die älteren Menschen Erfahrung haben – Erfahrungen, die die Jungen noch nicht haben. Der lange Herbst wird die Gesellschaft sozialer machen, wenn die geschenkten Jahre nicht nur Freizeit, sondern auch eine soziale Zeit sein werden.

Das Altern der Gesellschaft wird also, wenn es ihr gelingt, das Altern zu lernen, ein Glücksfall sein – für die Jungen, aber vor allem für die sehr Alten. Es wird nämlich, wenn es gut geht, einen neuen Gesellschaftsvertrag geben: Die Menschen in der dritten Lebenszeit, die die Erziehung ihrer Kinder hinter sich haben, werden sich um die Menschen in der vierten

Lebenszeit, also um die ganz Alten, kümmern. Es wird einen neuen kategorischen Imperativ, einen gerontologischen Imperativ geben: Pflege die sehr Alten so, wie Du selbst in zehn, fünfzehn oder zwanzig Jahren gepflegt werden willst!

Wenn einem die Augen aufgehen

Eine Vision? Ja, aber eine Gesellschaft ohne Vision geht zugrunde. Ich habe die Vision, dass Betreuung in dieser Gesellschaft eine ganz andere, größere, bedeutendere, viel wichtigere Rolle erhält als sie heute hat. Solche Visionen gehören, denke ich, zu Ostern. Sie handeln nämlich von der Auferstehung des Alters als Wert. Sind das die falschen Osterbilder?

Zurück zur klassisch-biblischen Ostergeschichte: Da gesellt sich der auferstandene Jesus zu seinen ratlosen Jüngern, die ihn nicht erkennen und sich mit ihm über seine Kreuzigung unterhalten. Erst beim gemeinsamen Abendessen im Ort Emmaus gehen ihnen, wie es im Evangelium heißt, »die Augen auf«. Auch das ist Ostern: Wenn einem die Augen aufgehen.

Der Weltstaubsauger

»Vielleicht gibt es schönere Zeiten«, hat Jean-Paul Sartre einmal gesagt. »Aber dies ist unsere Zeit.« Unsere Zeit. Man steht bisweilen an der Schwelle vom Zweifel zur Verzweiflung und man möchte traurig stehen bleiben, weil man die Welt nicht mehr versteht, so wie es den Jüngern auf dem Weg nach Emmaus erging. Es ist heute so, als habe die Weltgeschichte den Weltstaubsauger eingeschaltet, der die bisherigen Sicherheiten wegsaugt. Es ist, als säßen an den Reglern der Saugleistung Leute wie Erdoğan und Trump, als säßen dort die Populisten und die Nationalisten und die Rassisten, diejenigen, von denen man gern geglaubt hätte, dass ihre Zeit vorbei sei. Es ist, als saugten sie die bisherigen Grundgewissheiten weg und den Boden der Gewissheiten gleich mit. Die Welt wird, diese Angst packt einen bisweilen beim Hören der täglichen Nachrichten, bodenlos.

Ich kann mir so viel Hoffnungslosigkeit nicht leisten

»Da gingen ihnen die Augen auf.« Emmaus steht für einen Perspektivwechsel, auf dass einem die Augen geöffnet werden und man wieder Hoffnung sieht. Ich habe 2017 ein Buch publiziert, das »Die Kraft der Hoffnung« heißt. Untertitel: »Denkanstöße in schwierigen Zeiten«. Wenn ich den Titel jetzt noch einmal festlegen müsste: Ich wüsste keinen besseren. Die Kraft der Hoffnung. Es ist die Kraft, auf die auch ich mich ab und an verlassen muss, wenn ich das Gefühl habe, dass man immer wieder das Gleiche schreiben muss – dass die Gefahren, die man vor 25 Jahren überwunden geglaubt hat, auf einmal wieder da sind. Ist eigentlich – das Gefühl kann man als Journalist, das kann man wohl auch als Politiker schon haben –, ist eigentlich alles umsonst?

Mir kommt eine Szene in den Sinn, von der der Theologe Fulbert Steffensky berichtete. Es war bei einem Seminar über die Folgen von Arbeitslosigkeit. Teilnehmer klagten über das Elend des verhartzten Lebens und über das Zerbröseln des Selbstwertgefühls. Ein Referent stellte allerlei Zahlen vor und zeigte, dass alles noch schlimmer werden wird, dass die Region ausblutet, dass die Politik keine Perspektiven bietet; man solle, sagte er, sich da keine Hoffnung machen. Da unterbrach ein Mann mittleren Alters den Referenten und rief ungehalten: »Ich bin arbeitslos. Da kann ich mir so viel Hoffnungslosigkeit nicht leisten!«

Hoffnungslosigkeit ist ein Luxus, den man sich nicht leisten kann, wenn es wirklich schlecht steht, meinte der Zwischenrufer. Er hat Recht. Selbst wenn es keinen Anlass zum Hoffen gibt, gibt es doch einen Grund dazu: In einer Welt, von der man nur sagt, dass man in ihr nicht leben kann, kann man auch nicht leben. Hoffnung ist hochpolitisch. Man muss sich auf die Kraft der Hoffnung besinnen, wenn man – auch als Journalist tut man das gelegentlich – in den Unsicherheiten und Schrecknissen der Gegenwart Trübsal bläst.

Und welche Rolle spielt bei alledem Religion? Welche Rolle spielt der Glaube? Welche Rolle spielt die Spiritualität? Was bedeutet es, dass wir das Jubiläum nicht irgendeines Beratungsvereins feiern, sondern des Evangelischen Beratungszentrums? Bitte, bitte antworten Sie jetzt nicht, dass Seelsorge der Markenkern des Evangeliums ist. Antworten Sie nicht: Spiritualität ist unser Alleinstellungsmerkmal auf dem Wohlfahrtsmarkt. Antworten Sie nicht: Wir machen dieses Angebot, um damit die kirchlich Distanzierten zu erreichen. Lassen Sie jedes »um zu« weg; wo das »um zu« Einzug hält, ergreift die Spiritualität die Flucht. Spiritualität wurde seit den 1990er-Jahren zum vieldeutigen Modewort für ein postmodernes Lebensgefühl. Dahinter steckte der ernsthafte Wunsch nach einer geistlichen Neubesinnung in Zeiten, in denen Glaube und Kirche Bedeutung verlieren.

Mystik der offenen Augen

Aber die große Begeisterung für Spiritualität ging einher mit einem Verlust des Prophetischen, mit einer Entpolitisierung der Kirchen und einer neuerlichen Privatisierung des Glaubens. Spiritualität wurde als Angebot gehandelt, das man für das religiöse Bedürfnis feilbot, das man allerorten erwachen sah. Natürlich je nach Geschmack, nicht zu hoch dosiert und nicht allzu schwer verdaulich. Spiritualität wurde zu etwas Konsumierbaren. Spiritualität ist aber nichts Konsumierbares. Spiritualität ist nichts Esoterisches, nichts Spiritistisches, nichts Okkultes, nichts Übersinnliches. Sie ist kein religiöses Wellnessprogramm. Spiritualität ist da, wo man sich inspirieren lässt von den Leidenserfahrungen der Mitmenschen. Spiritualität ist da, wo man die Sinne für sie schärft. Spiritualität taucht die Not nicht ins Kerzenlicht, sondern wirft ein Licht auf die Verhältnisse, in denen Not entsteht. Spiritualität ist nichts, dessen oder an dem man sich bedient. Sie macht einen vielmehr zum Diener oder zur Dienerin. Der kluge Johann Baptist Metz hat eine Mystik der offenen Augen gefordert, eine Gottesleidenschaft als Mitleidenschaft, als praktische Mystik der Kompassion. Spiritualität entsteht, wo man sich das Leiden des Anderen zumuten lässt und solidarisch mit ihm wird, mitmenschlich, therapeutisch, politisch.

Barmherzig, solidarisch, menschenliebend

Wenn Sie also gefragt werden, welche Rolle der Glaube, welche Rolle die Religion, welche Rolle die Spiritualität für Ihre Arbeit spielt, antworten Sie einfach: Wir tun das hier, weil es den Menschen, um die wir uns sorgen, schlecht geht. Weil sie hungern, dürsten und krank sind. Weil sie gefangen, einsam und verfolgt sind. Weil sie keinen Menschen haben. Weil wir darum gar nicht anders können, als barmherzig zu sein, solidarisch, nächstenliebend. Weil wir uns sonst unser ganzes Reden über Gott sparen können. Weil Jesus gesagt hat, dass wir zu ihnen gehen sollen. Weil er selbst es ist, dem wir dann begegnen. Das ist die ganze Spiritualität.

Die der Spiritualität der offenen Augen entsprechende Geste ist der Segen. »Glaubt nicht«, so sagte ein Trainer für Pfarrer, »die Leute kämen in die Kirche, weil sie eure Predigt hören wollen. Sie kommen, weil sie den Segen wollen.« Segen: Die Hände werden einem aufgelegt und in schlichten Worten wird einem das Lebensnotwendige gesagt wird: »Gott segne dich und behüte dich. Gott lasse sein Angesicht leuchten über dir und sei dir gnädig. Gott erhebe sein Angesicht über dich und gebe dir Frieden.« – Du bist behütet, du wirst mit gnädigem Blick gesehen, du sollst Frieden haben. Der Segen gehört zu den einzigartigen Schätzen der Kirche, die sie großzügig austeilen soll, aber nicht verschleudern darf. Im Gottesdienst, aber auch im Krankenzimmer, am Sterbebett, an Lebenswendepunkten, in Krisen und bei Aufbrüchen, also immer, wenn das Leben auf dem Spiel steht, kann der Segen sprechender sein als alle Worte, die man sich ausdenken kann. Er spricht aus, was man nicht allein aus eigener Kraft versprechen kann. Er sagt einem, was man sich nicht selbst sagen kann. Der Segen ist darum immer ein besonders inniger, zarter Moment.

Wann hatten Sie das letzte Mal Sex?

Der Segen wird gewünscht wie vielleicht keine andere Geste der Kirche. Aber wer würde das zugeben? Überhaupt: Wer redet schon noch so über Religion und Glauben? Es sei erinnert an das Fernsehduell zwischen Angela Merkel und Martin Schulz im September vergangenen Jahres. Nach diesem Duell, nach diesem Sonntagabend, waren sich fast alle einig: Da gab es nichts Bemerkenswertes. Aber das stimmt nicht ganz. Eine Frage machte richtig Furore. Die Frage der Moderatorin Maischberger lautete: »Waren Sie heute in der Kirche?« Man hielt die Luft an, denn da hätte Maischberger auch gleich fragen können: »Wann hatten Sie das letzte Mal Sex?« So unanständig ist es, öffentlich nach dem Religiösen zu fragen. Entsprechend verdruckst war die Reaktion der Gefragten. Merkel gab mit niedergeschlagenen Augen zu: »Nein, ich war nicht in der Kirche«. Und Schulz stotterte etwas vom Besuch am Grab seines Freundes Schirrmacher, wo es in der Nähe auch eine Kapelle gebe. Da konnte Merkel glücklicherweise nachlegen mit dem Besuch von Vaters Grab und Kirche am Vortag. Gerettet.

Über Religion und Religionen wird zwar viel diskutiert, aber die Diskussion *über* Religion ist nicht zu verwechseln mit ausgeübter Religiosität; die ausgeübte Religiosität nimmt ab. Die Säkularisierung und Entfremdung von gelebter Religion schreitet fort, aber die politische Relevanz und die Politisierung von Religion nimmt zugleich zu.

Viele Volkskirchen-Christen und die, die es einmal gewesen sind, tun sich schwer mit dem Islam-Dialog, oft auch deswegen, weil sie dem muslimischen Glaubensstolz und der Inbrunst vieler Muslime nicht viel entgegenzusetzen haben. Sie fürchten, dass die Zukunft der christlichen Vergangenheit verlorengeht. Die Auseinandersetzung mit den glaubensbewussten Muslimen macht vielen Westlern, ob gläubig oder nicht, ihre eigene Unkenntnis über die Grundlagen des Christentums klar. Gerade bei denen, die das »Christliche Abendland« beschwören, ist es nämlich meist nicht so weit her mit der Beheimatung im christlichen Abendland. Und die Angst vor dem Verlust der »christlichen Werte« ist ja hierzulande paradoxerweise gerade in jenen ausgeprägt, die von eben diesen Werten sonst wenig wissen wollen – während viele praktizierende Christen den interreligiösen Dialog suchen und pflegen.

Werte als Schlagstöcke

Es ist sonderbar: Je mehr den Leuten der Appetit aufs Christentum vergeht, desto mehr Geschmack finden einige an den christlichen Werten, kurz »unseren« Werten, den Werten des sogenannten »christlichen Abendlandes«. Sie werden mehr beschworen als erklärt. Man zieht Grenzen, um sie zu schützen, Grenzen zwischen den Staaten, Grenzen zwischen den Kulturen, Grenzen zwischen den Religionen. Grenzen der Belastbarkeit. Grenzen des Mitleids. Wenn es um Werte geht, wird der Ton immer öfter rau. Auf die eigenen Werte wird gepocht, um auf Menschen zu dreschen, die fremd sind.

Werte werden verteidigt, um zu unterscheiden in »wir« und »die«. Mit Werten wird gedroht. Wer sie nicht einhält, soll bestraft oder ausgewiesen werden. Werte werden wie Schlagstöcke eingesetzt. Mit Werten wird Abwertung betrieben. Die »christlichen Werte« werden zur Vokabel im Wörterbuch der Ausgrenzung und des Hasses.

Ich möchte gern darüber nachdenken, wie wir friedlich und in Respekt zusammenleben können. Das ist mir wirklich viel wert. Aber es ist mir zuwider, wenn vermeintlich christliche Werte dazu benutzt werden, Vorbehalte und Vorurteile zu schüren.

Christliche Werte?

Gibt es überhaupt christliche Werte? Welche sind das? Die Zehn Gebote? Die neun Seligpreisungen? Sonntagsruhe? Burkaverbot? Gleichberechtigung? Beim letzteren wird es schon heikel, denn die Gleichberechtigung ist eher gegen die Christen, als von ihnen durchgesetzt worden. Das Wort »Werte« kommt in der Bibel gar nicht vor. Nichts hätte den Propheten ferner gelegen, als eine Wertediskussion anzustoßen.

Wollte Jesus mit seinen Seligpreisungen Werte vermitteln? Selig sind die Armen, die Hungernden, die Barmherzigen, die Verfolgten, denn ihnen gehört die Welt ... Das ist eine ziemlich provokative Umwertung der gängigen Werte, warum man ja immer wieder hört, mit der Bergpredigt sei keine Politik zu machen. Und das Lieblingsthema des Apostels Paulus war: Wie das Gesetz, also Werte und Normen, zum Fluch werden können. Christlicher Glaube will keine allgemeinen Werte vermitteln. Für den christlichen Glauben sind die besten und schönsten Werte wertlos, wenn sie als Werkzeuge der Rechthaberei und des Hasses angewendet werden. In den Worten des Paulus: »Wenn ich alle Weisheit und Erkenntnis und allen Glauben hätte, und hätte keine Liebe – ich würde Blech reden« (1 Korinther 13).

Wenn es einen christlichen Wert gibt, dann ist es die Liebe. Man kann sie auch Solidarität nennen, denn mit Liebe ist in der Bibel keine Gefühligkeit gemeint. Christliche Liebe ist auch keine ganz allgemeine Menschenliebe. Jesus sagt in der Bergpredigt: Diese Liebe ist konkret. Sie gilt dem konkreten Menschen in der konkreten Situation, vor allem dann, wenn er keine Liebe verdient. Darum ist sie mühsam. Die Ansprechpartner vom Evangelischen Beratungszentrum wissen das sehr gut. Es sind nicht durchweg sympathische, liebenswerte Zeitgenossen, die Ihre Hilfe suchen. Auch ein Berater muss da gewiss manchmal gegen seinen eigenen Widerwillen kämpfen. Dennoch: Es liegt nicht an mangelnden Werten, sondern an mangelnder Liebe, wenn der Hass nicht aus der Welt verschwindet. Und darum geht es doch – den Hass zu beenden.

Wo die Gefahren lauern

Die Kirche ist keine Vermittlungsagentur für Werte und auch kein Marktplatz für religiöse Angebote. Sie soll vom Glauben reden und aus diesem Glauben heraus handeln. Sie soll theo-logisch und theo-praktisch sein. Die Gefahr des Selbstverlusts und Relevanzverlusts der Kirche lauert nicht in der vermeintlich allzu intensiven Begegnung mit anderen Religionen und Konfessionen, auch nicht in der Infizierung mit dem Modernismus, der von katholischen Papstkritikern wie Kardinal Brandmüller als Teufelswerk gebrandmarkt wird. Im Gegenteil. Die Kirche muss von Tod und Auferstehung, von allmächtigem Gott und dem Heiligen Geist, von Rechtfertigung des Sünders und der Gottebenbildlichkeit des Menschen so sprechen, dass sie auch von modernen Zeitgenossen verstanden wird. Eine dogmatistische Sprache ist keine Emanation des Heiligen Geistes, sondern eher Ausfluss scheinheiliger Arroganz. Zur Spiritualität gehört das Mühen um Verständlichkeit. Verstanden aber werden die hohen Worte, wenn aus ihnen alltägliche Sorge für die Seele und Erfahrung von Menschlichkeit spricht. Auferstehung: Wie viele niedergeschlagene Menschen haben in den sechzig Jahren des Evangelischen Beratungszentrums ebz wieder aufstehen können? Rechtfertigung: Wie viele Schuldige haben neu anfangen können? Gottebenbildlichkeit: Wie viele Gedemütigte haben erstmals erlebt, gewürdigt zu werden?

Seelische Deformierung

Viele! Aber zu so einem Jubiläum gehört es, nicht nur die Schokoladenseite der Vergangenheit zu betrachten und die eigenen Verdienste zu bestaunen. Das wäre ja auch, nebenbei gesagt, völlig unprotestantisch. Zu so einem Jubiläum gehört auch das Eingeständnis, dass einige der Klienten mit seelischen Dellen oder psychischen Macken kommen, die ein Erbe der religiösen Erziehung sind. Im Moment ist die Fingerzeigerei auf die seelischen Deformierungen, die der Islam Menschen beibringt, angesagt. Könnte es sein – nur ein Gedankenexperiment –, dass die Verachtung des vermeintlich gewalttätigen Allah auch dazu dient, vom eigenen religiösen Gewalterbe abzulenken?

Allah als Leinwand

Der alte Herrgott, auf den die christlichen Menschenschinder sich beriefen und in dessen Namen sie prügelten und Unterwerfung forderten, hat abgedankt. Man will aus guten Gründen nicht wieder zurück zum Angstmachergott. Wenn man über Gott sagt, dass er vergilt, dass er zornig ist, dass er schweigt und verborgen ist, dann gibt es oft Protest. Das kann dann gar nicht »unser christlicher Gott« sein. Das ist dann der Allah der Muslime. Aber bitteschön nicht unser Herrgott. Allah hält bei den Verteidigern des christlichen Abendlandes gern als Leinwand her, auf die man das Negative projizieren und ableiten kann. Dazu bot sich sonst der angeblich »alttestamentarische Rachegott« der Juden an. Aber da hat der jüdisch-christliche Dialog mittlerweile einige Früchte getragen. Das antijudaistische Ressentiment ist zwar nicht ausgetrieben. Aber die Abgrenzung läuft jetzt eher über den Allah der Muslime. Wenn in seinem Namen mörderische Attentate verübt werden, wenn Mädchen zur Heirat gezwungen werden, wenn es blutige Familiendramen gibt, zieht das die Aufmerksamkeit von den Verbrechen ab, die Diener Christi verübt haben.

Monströser Missbrauch

Nichts hat die Kirche, nicht nur die katholische, sondern auch die evangelische, so diskreditiert wie der monströse Missbrauch, den Priester an Kindern verübten und der jahrelang von oben gedeckt wurde. Auch die Misshandlung, die Kinder in evangelischen Kinderheimen angetan wurde, war desaströs. Der Protest und die Empörung über die Kirchen deswegen waren groß und laut, die Austrittszahlen schossen in die Höhe. Offenbar ist die Kraft des Evangeliums noch groß, auch die Kraft der Bergpredigt, der Zehn Gebote, des Nächstenliebegebots. Wie sollte man sonst die Enttäuschung darüber erklären, wenn sie verraten werden? Hinter dem Zorn der Kritiker steckt vielleicht mehr Liebe zum christlichen Glauben und Sympathie für den Anspruch des Evangeliums, als wir glauben.

Die Opfer dieser Verbrechen sind nicht nur die traumatisierten Opfer, die, wenn sie Hilfe suchen, wahrscheinlich niemals durch eine Tür gehen werden, auf der Kirchliche Beratungsstelle steht. Opfer sind mittelbar aber auch diejenige, deren

engagierte und oft hingebungsvolle Arbeit in einer kirchlichen Einrichtung damit in der Öffentlichkeit entwertet und erschwert wird. Opfer sind alle, die aufrichtig und uneitel ihren Dienst in der Kirche und für die Kirche versehen.
Das alte Bild vom unbarmherzigen Gott ist längst als Karikatur erkannt und gebannt, auch weil der Angstmachergott Teil des Gewaltregimes war, mit dem Seelen gequält wurden. Man möchte den einschüchternden Herrgott und Kinderschreck beileibe nicht zurückhaben. Aber was ist mit dem neuen Gott? Ein lieber Kerl, gutmütig zu allen, wie ein Talisman in der Tasche immer da, immer nah? Dieser liebe Gott soll trösten.

Aber tröstet so ein Taschengott wirklich? Ich finde: Nein, er tröstet nicht. Ein solcher Gott ist kein Gegenüber mehr. Er ist wie eine Wattewand. Man kann darin versinken, aber man kann sich nicht daran abstützen, man kann auch nicht im Zorn dagegen schlagen. Man kann sich nicht mit ihm auseinandersetzen. Der liebe Gott ist stets an der Seite, aber er entgegnet nicht mehr, er greift nicht mehr an, er geht nicht mehr voraus, man kann ihm vor allem nicht mehr böse sein. Ein solcher Gott ist harmlos, er ist banal, und er ist langweilig. Einen harmlosen, banalen, langweiligen Gott aber kann man nicht ernst nehmen, geschweige denn an ihn glauben. Er ist wie eine geistliche Girlande, die an Tagen wie Weihnachten, Taufe und Schulanfang zur spirituellen Dekoration ausgerollt wird. Im Alltag wird sie wieder eingerollt.

Ein fauler Gott

Ich vermute, dass die Glaubenskrise auch damit zusammenhängt: der alte Herrgott hat abgedankt und der nette Herr Gott hat gar keine rechte Lust Gott zu sein.

Der Schauspieler Stephan Lohse wartet in seinem Debütroman mit einem genauso respektlosen wie originellen Gott auf. Sein frecher Titel heißt: »Ein fauler Gott.« Das ist nämlich das, was Ben von Gott denkt, nachdem sein kleiner Bruder Jonas gestorben ist: Ein fauler Gott. Seine Mutter tröstet ihn auf der Beerdigung und sagt, »dass der liebe Gott einen Engel gebraucht hat. Und dafür hat er sich Jonas ausgesucht«. »Fauler Gott. Fauler Kackgott«, diese vier Worte schießen da dem Ben durch seinen Elfjährigen-Kopf. Sie erschießen zugleich jede süßliche Vorstellung vom lieben Gott, der das Böse nicht so schlimm macht.

Der Gott, den Ben verflucht, mag faul sein. Aber er ist viel lebendiger als der Kitsch-Götze, der ihm als Zuckerguss über den bitteren Tod des Bruders angeboten wird. Manchmal braucht man einen Gott, den man beschimpfen kann, dem man böse sein kann, dem man die Schuld geben kann. Manchmal braucht man diesen Gott einzig, damit man noch irgendwohin weiß mit seinem Schmerz und seiner Auflehnung gegen das, was um Gottes Willen nicht sein darf. Dieser Gott ist der Gott, den Jesus gebraucht hat. Denn am Kreuz, da ist kein Platz für Glaubenskitsch. Am Kreuz, da war kein lieber Gott für ihn, und er schrie: Mein Gott, warum hast du mich verlassen? Mit dieser Frage hat er Gott angebrüllt. Dazu hat er ihn gebraucht, um durchzuhalten, was er glaubte: dass dieser Tod kein Recht hat.

Wie Religion spannend wird

Ein Talisman-Taschengott ist nicht nur banal, sondern, wie angedeutet, sterbenslangweilig. Vor einigen Jahren brachte Hans-Conrad Zander ein Buch heraus: »Als die Religion noch nicht langweilig war.« Es ist ein Buch über das Mönchtum. Der Titel hat Witz, denn es stimmt: Genauso tödlich für die Spiritualität wie die vielen Unglaublichkeiten, die die Kirchen sich geleistet haben, ist die Langeweile. Die Spannung einer Predigt ist nicht mit der Spannung eines Krimis zu verwechseln. Ihre Aktualität ist nicht die Aktualität eines Newstickers. Wenn man das vermischt und dann noch besonders locker rüberkommen will, wird man leicht peinlich und anbiedernd. Spannend wird Religion dadurch, dass sie Spannungen aufnimmt und Widersprüche stehen lässt.

Verkündungshäppchen zum Mitnehmen

Kirchenleute haben oft die Neigung, am Ende alles weiß zu waschen, auszubügeln und glatt zu bürsten. Die Bibel muss gut sein. Der liebe Gott muss gut sein. Das Leid, das Schlechte – sie müssen für etwas gut sein. Darauf muss es hinauslaufen. Alle Ärgernisse des biblischen Textes, alle Sünden Gottes werden geschmeidig gestrichen wie die Butter auf das Frühstücksbrot. Es geht aber nicht alles glatt und gut aus im Leben, es wird nicht jeder Widerspruch aufgelöst, es wird nicht jeder Konflikt ausgeglichen. Groß ist die Versuchung, am Ende der Predigt eine Moral von der Geschicht' zu präsentieren, ein erbauliches Verkündigungshäppchen zum Einpacken und Mitnehmen. Erbauliches Dahereden hilft den Leuten, die Hilfe brauchen, nicht so sehr viel. Aus dieser Einsicht heraus haben Kirchen und Wohlfahrtsverbände ihre Beratungsarbeit stetig professionalisiert. Die Kirche sollte nicht den Fehler machen, dieser Professionalität ihrer seelsorglichen Arbeit die Wertschätzung und Mittel zu entziehen. Sie wird gebraucht.

Man braucht ein Gegenüber

Wer in Not ist braucht gute, geduldige und geschulte Zuhörer. Leben wird nämlich nicht durch Zahlen erfasst, sondern durch Erzählung beschrieben. Eine Lebensgeschichte ist nicht Addition und Subtraktion bestimmter Zahlen und Daten, sondern Erzählung des nicht Berechenbaren und des nicht Verrechenbaren. Die Weltreligionen wissen davon. Sie stellen den Menschen große Geschichten bereit, in die sie ihre kleinen Lebensgeschichten einschreiben können.

Die Evangelien sind Geschichten, in denen gespeist, gefastet, gerettet, geheilt und von den Toten auferweckt wird. Es sind Hoffnungsgeschichten. Jahrhundertelang haben sich die Menschen darin wiedergefunden. Das funktioniert nicht mehr so richtig, nicht nur wegen der Säkularisierung. Das funktioniert auch deshalb nicht mehr so richtig, weil die Menschen in der getakteten Welt das Erzählen und Zuhören verlernt haben. Um zu erzählen, braucht man ein Gegenüber, das die Geschichte hören will und sich die Zeit nimmt. Mit dem Erzählen beginnt die Gegengeschichte zur flüchtigen Moderne, beginnt der Widerspruch.

Ein Akt der Therapie

Beten Sie? Mit kaum einer anderen Frage kann man Menschen so irritieren. Die Frage ist peinlich, die Antwort ist peinlich; es offenbart sich in dieser sprachlosen Peinlichkeit so etwas wie eine transzendentale Obdachlosigkeit. Beten gilt als kindlich und kindisch – weil das Gebet meist die erste frühe Begegnung mit dem Glauben war. Beten Sie? Die Frage gilt als Zumutung, die gestammelte Antwort ist meist auch eine – weil der Beter weiß, dass Beten ohne einen Rest von kindlichem Urvertrauen nicht funktioniert.

Beten hat mit Grenzerfahrungen zu tun, genauso wie der Segen. Viele Menschen beten – trotzdem sind sie nicht immer gläubig. Für manche ist der Akt eine Art Therapie. Sie schöpfen Kraft aus dem Gebet. Der Satz »Not lehrt beten« stimmt nämlich nicht ganz. Die Not an sich leitet nicht zum Gebet an, sie kann auch zu Gewalt anleiten. Es braucht Lehrer, die einen beten gelehrt haben, damit man es in der Not kann. Man hat die Gesten, die Worte und den Mut für ein Gebet nicht schon aus sich selbst heraus. Man braucht Lehrer und Lehrerinnen. In den meisten Biografien sind es letztere, die einen beten gelehrt haben.

Warum hast Du mich verlassen?

Das Beten gibt der Not eine Sprache, es vermeidet die Sprachlosigkeit in existenzieller Lage. Nach dem Selbstmordanschlag Anfang April 2018 in Münster haben sich die Menschen nicht nur in der Uniklinik zum Blutspenden, sie haben sich auch zum Gebet im Dom versammelt. Beten heißt: eine Sprache und eine Geste finden für Glück, Unglück und Wünsche. Da gibt es nichts, was man nicht sagen dürfte – bis dahin, dass der Beter seinen Gott schüttelt und anklagt: »Warum hast du mich verlassen?« »Warum?«, klagt der Beter. »Wie lange?«, fragt er. Man erlegt sich keine Zensur auf im Gebet. Ist das Glaube? Das ist nicht wichtig. Man kann auch ungläubig beten.

Wichtig ist: Wer Fragen stellt, resigniert nicht. Wer fragt, klagt, bittet, wer aufbegehrt – der hat schon angefangen, etwas zu unternehmen gegen das, was ihm und den anderen angetan wird. Wer es nicht mit dem religiösen Wort Gebet benennen will, nenne es therapeutisches Selbstgespräch. Und wenn das, was man Gebet nennt, dabei hilft, der absoluten Sinnlosigkeit standzuhalten, wenn der Tod so nicht das allerletzte Wort hat – dann ist das überhaupt nichts Frömmlerisches, dann hat das Gebet etwas Widerständiges: Es hilft beim Wieder-Aufstehen.

Macht des Gebets

Was kann ein Gebet denn schon ändern, fragt man sich. Christen glauben an die Macht des Gebetes, daran, dass es sehr viel ändern kann. Sie bestürmen ihren Gott daher mit kleinen und großen Bitten. Es gibt »Weltgebetstage« für bestimmte Anliegen. Und die Wallfahrtsorte hängen voll mit Danksagungen für erfahrene Hilfe. Das alles muss man nicht glauben; und als Nichtchrist mag man das belächeln.

Wenn ein christlicher Schriftsteller wie der zu Unrecht vergessene Reinhold Schneider 1936 in seinem berühmten Sonett wider die Nazis schreibt: »Allein den Betern kann es noch gelingen/Das Schwert ob unseren Häuptern aufzuhalten« – dann denkt man sich, dass ein klarer Widerstand der Kirchen erfolgreicher gewesen wäre als die Beterei. Aber das ist überheblich, weil Beten tatsächlich etwas verändert. Es verändert den Betenden. Dem evangelischen Pfarrer Dietrich Bonhoeffer war klar, dass man Hitler nicht wegbeten konnte. Aber aus dem Gebet schöpfte er Kraft zum Widerstand. Es ist die Macht des Gebetes, dass es etwas mit dem Menschen macht, der betet. Es macht auch mutiger. Manchmal so, dass man die Welt tatsächlich ein wenig zum Guten verändern kann. Und manchmal bringt es die Konfessionen und Religionen zusammen im gemeinsamen Gebet für den Frieden.

Haltestellen im Alltag

Man braucht keinen besonderen Ort, um zu beten. Aber es gibt Orte, die dazu besonders einladen. Ich liebe die Kirchen als kleine und große Haltestellen im Alltag. Hier sammeln sich Leute, die aus ganz unterschiedlichem Zuhause kommen. Sie treffen sich nicht an der Haltestelle, weil sie dieselbe Herkunft haben, sondern in dieselbe Richtung wollen. Sie kommen nicht zusammen, weil sie Publikum einer Veranstaltung sind. Sie singen in dieser einen Stunde dasselbe Lied. Sie sprechen dasselbe Gebet. Sie führen unter diesem Dach eine Vision auf, die Vision, dass sie Brüder und Schwestern sind, allesamt Kinder Gottes. Wo sonst gibt es solche Orte? Sie werden rar. Sie werden erst recht rar dadurch, dass Begegnungen sich immer mehr in die Welt des Internets verlagern, ein digitaler Raum, der aus Nullen und Einsen zusammengefügt wird. Wir brauchen Orte für die handfeste, handgreifliche, persönliche Begegnung.

Die raren Orte der Verbindung

Kirche ist das, was es ohne sie nicht gäbe. Es gäbe keine Räume der großen Stille, der Meditation, des Innehaltens. Es gäbe keinen Raum, in dem Wörter wie Barmherzigkeit, Seligkeit, Nächstenliebe und Gnade ihren Platz haben, es gäbe keinen Raum, in dem noch von Cherubim und Serafim die Rede ist. Die Poesie der Psalmen hätte keine Heimat mehr. Es gäbe keinen Raum, in dem eine Verbindung da ist zu uralten Texten und Liedern – zu Liedern, die die Menschen schon vor Jahrhunderten gesungen, und zu Gebeten, die die Gläubigen schon vor Jahrtausenden gebetet haben. So aber ist Kirche ein Ort, der Zeit und Ewigkeit verbindet.

Die Kirche ist der Ort, an dem der Himmel offen ist – nicht nur für die, die sich in der angeblich richtigen und wahren Kirche wähnen, sondern für alle, die an Gott glauben, und für alle, denen der offene Himmel lebenswichtig ist.

Das Himmel-offen-Halten ist keine exklusive Veranstaltung der Katholiken und der Protestanten, also der Christen. Den Himmel-offen-Halten: das machen auch die Juden, das machen auch die Muslime.

Auch ein kirchliches Beratungszentrum gehört zu den Orten, die den Himmel offen halten, zugleich gehört es zu den Orten, die dafür sorgen, dass man auf Erden aufrecht gehen kann. Das ist so und das soll so bleiben.

Auszüge aus einem Vortrag anlässlich des 60-jährigen Jubiläums des Evangelischen Beratungszentrums ebz, gehalten am 11. April 2018 in München St. Markus unter dem Titel »Begegnungen zwischen Himmel und Erde – Spiritualität in der Beratung«.

Die Passagen über das Gebet fußen auf einem Leitartikel in der Süddeutschen Zeitung vom 4./5. und 6. April 2015, der in dem Buch »Die Kraft der Hoffnung« in Gänze abgedruckt ist. Die Passagen über die Kirche fußen auf einem Leitartikel in der Süddeutschen Zeitung vom 12. Mai 2010, in Gänze abgedruckt im Buch »Der Zorn Gottes«.

1958 wurde das ebz als Anlaufstelle zur Unterstützung von Eltern und Erziehern aus Waisenhäusern gegründet. Über die Jahre wurde das Beratungsangebot um die Ehe-, Familien- und Lebensberatung, die Telefonseelsorge, die Schwangerschaftsberatung, die Pastoralpsychologie-Beratung, die Erziehungsberatung für gehörlose und hörgeschädigte Menschen und die Psychologische Information und Beratung für Schüler und Schülerinnen, Eltern und Lehrkräfte (PIBS) ergänzt. Heute ist das ebz eine der größten Einrichtungen für psycho-soziale Beratung in München. Mit seinen Angeboten an vier Standorten informiert, berät und unterstützt das ebz derzeit jährlich knapp 40 000 ratsuchende Menschen.

ZEIT UND UNZEIT

27. Januar: Holocaust-Gedenktag

Menschen wie Fritz Bauer brauchte nicht nur die
Nachkriegszeit. Das Heute braucht sie auch.

Das Vermächtnis des Fritz Bauer

Wer wissen will, wie Mut in der Demokratie ausschaut, der soll sich an diesen Mann halten.

Es gibt Formeln, die man zur Tarnung der eigenen Bequemlichkeit gern gebraucht. Zum Beispiel: »Alleine kann man ohnehin nichts bewirken.« Fritz Bauer gehört zu denen, die bewiesen haben, dass diese Formeln nicht stimmen. Ohne ihn, den Generalstaatsanwalt, hätte es den großen Frankfurter Auschwitz-Prozess nicht gegeben. Mit dem Frankfurter Auschwitz-Prozess begann die Aufklärung der deutschen Gesellschaft über die NS-Vergangenheit, begann die Auseinandersetzung mit dem Holocaust. Dieser Prozess war ein Wendepunkt in der deutschen Nachkriegsgeschichte. Ohne diesen Prozess gegen ehemalige Bewacher des Vernichtungslagers wäre die deutsche Öffentlichkeit noch länger vor den NS-Verbrechen davongelaufen. Ohne diesen Prozess hätte die Loyalität der Nachkriegsgesellschaft mit den NS-Verbrechern noch länger gedauert.

Ein Missionar des Rechtsstaats

Fritz Bauer war es, anfangs fast allein, der die justizförmige Selbstbefragung der Nation über ihre Vergangenheit betrieben hat. Im Auschwitz-Prozess hing der Lageplan des Konzentrationslagers wie eine Mahnung hinter dem Richtertisch. Für Fritz Bauer waren die NS-Verfahren Prüfsteine eines demokratischen und rechtsstaatlichen Neubeginns in Deutschland. Deswegen initiierte er den Auschwitzprozess, deswegen ermittelte er gegen den Euthanasie-Professor Werner Heyde, dem die Ermordung von hunderttausend behinderten und kranken Menschen angelastet wurde; deswegen verfolgte er die NS-Schreibtischtäter; deswegen nahm er es auf sich, als Nestbeschmutzer beschimpft zu werden.

Gedenken in der Paulskirche

Zum 50. Todestag Fritz Bauers am 1. Juli 2018 würdigte Bundespräsident Frank-Walter Steinmeier in einem Gedenkakt in der Frankfurter Paulskirche dessen Bedeutung für die Auschwitzprozesse und nannte ihn »eine der Schlüsselfiguren in der jungen Demokratie«. Es war dies das Gedenken für einen großen Mann, der ein Humanist war und ein Missionar des Rechtsstaats. Die Strafen, die Bauer in den Prozessen erwirken konnte, waren sehr unangemessen. Aber weniger die verhängten Strafen waren von Bedeutung. Entscheidender der Blick in die NS-Mordmaschinerie, zwanzig Monate lang. Ohne diesen Blick in die Gaskammern, ohne die akribische Analyse des NS-Staates wäre ein Schlussstrich unter die Vergangenheit gezogen worden.

Auschwitz lag hinter dem Eisernen Vorhang in Polen, viele deutsche Staatsanwaltschaften beriefen sich daher in den sechziger Jahren auf örtliche Unzuständigkeit. Während fast alle anderen Staatsanwälte die NS-Verfahren abwimmelten und abwinkten, betrieb Fritz Bauer die ersten großen Ermittlungen; nicht weil er rachsüchtig war, sondern weil er, wenn auch vergeblich, auf die Reue der Täter hoffte. »Die Welt würde aufatmen« und »die Luft würde gereinigt«, sagte der Generalstaatsanwalt damals. Er wartete aber vergeblich auf ein

Geständnis der KZ-Mörder; es fiel kein menschliches Wort; kein Geständnis, keine Reue, keine Bitte um Verzeihung. Die NS-Schergen von einst machten vor Gericht entweder keine Aussage oder erklärten sich für unschuldig oder beriefen sich auf einen Befehlsnotstand.

Streichelstrafen für Mörder-Nazis

Erst fünfzig Jahre später, als die Schüler von Fritz Bauer die allerletzten NS-Prozesse führten, war es anders. Oskar Gröning, der 93-jährige Angeklagte im Lüneburger Prozess wegen Beihilfe zum Mord in dreihunderttausend Fällen, hat immerhin seine moralische Mitschuld am Massenmorden in Auschwitz »mit Demut und Reue« bekannt. Das war ein neuer Akzent in der unguten Geschichte der juristischen Aufarbeitung der NS-Verbrechen. Diese Geschichte ist eine furchtbare, eine elendige und traurige, geprägt von einer widerwilligen Justiz und von Streichelstrafen für Mörder-Nazis.

Juristische Aufarbeitung der NS-Vergangenheit? Ohne Fritz Bauer dürfte man das Wort »Arbeit« gar nicht benutzen. Er hat die NS-Verfahren, wie man in der Juristerei so schön sagt, »an sich gezogen". Er hat den Gerichtssaal zum Klassenzimmer der Nation gemacht: Hier erschütterte er die falschen Gewissheiten der Nachkriegsgesellschaft, hier sprach er, mit Eloquenz und bewegendem Pathos, nicht nur die Richter, sondern die ganze Nachkriegsöffentlichkeit an.

Den Widerstand geadelt

Schon 1952 hatte er, in dem von ihm angestrengten Strafprozess gegen den rechtsradikalen Generalmajor a. D. Otto Ernst Remer, den Gründer der rechtsradikalen Deutschen Reichspartei, die Attentäter des 20. Juli 1944 rehabilitiert, die von Remer als Vaterlandsverräter beleidigt worden waren. Bauer war es, der, unter Berufung auf seinen akademischen Lehrer Gustav Radbruch, in den Gerichtssaal rief: »Ein Unrechtsstaat wie das Dritte Reich ist überhaupt nicht hochverratsfähig«.

Bauer hat den Widerstand geadelt, er hat ihn demokratisiert und selbst praktiziert – in einer Zeit, in der Verantwortung kleingeredet und KZ-Schergen von der Justiz entschuldigend zugestanden wurde, sie seien »austauschbares Rad in der Vernichtungsmaschinerie" gewesen. Das hat Fritz Bauer nicht akzeptiert. Er hat sich so keine Freunde gemacht bei seinen Justizkollegen, die zum Teil gerade die Entnazifizierungshürden genommen hatten. Er hat sich keine Freunde gemacht, wenn er darauf hinwies, dass es einen Befehlsnotstand nicht gegeben habe.

Der Staat gegen Fritz Bauer

Bauer war Außenseiter. Er arbeitete in einem Justizapparat, der wenig Energie in die NS-Aufklärung setzte. Bauer selbst sagte, er betrete feindliches Ausland, wenn er sein Dienstzimmer verlasse. Im Zug seiner Ermittlungen hatte er den Aufenthaltsort Adolf Eichmanns in Argentinien herausgefunden; Eichmann war der Organisator der Vertreibung und Deportation von sechs Millionen Juden in dem von den Nazis besetzten Europa gewesen. Weil Bauer die stille Solidarität vieler seiner deutschen Kollegen mit den NS-Verbrechern spürte und fürchtete, erfolgte sein Hinweis über Eichmann sehr diskret an den israelischen Geheimdienst Mossad. Im Film »Der Staat gegen Fritz Bauer« ist das eindrucksvoll geschildert.

Fritz Bauer wurde am 16. Juli 1903 als Sohn eines jüdischen Tuchhändlers in Stuttgart geboren. Der große Jurist und Humanist starb vor 50 Jahren, am 1. Juli 1968. Mein SZ-Kollege Ronen Steinke hat in seiner Biografie über Fritz Bauer richtig geschrieben: »So viele positive Identifikationsfiguren hat die deutsche Nachkriegsgeschichte nicht aufzuweisen. So viele

Beispiele für Zivilcourage auch nicht«. Wer wissen will, wie Mut in der Demokratie ausschaut, der soll sich an Fritz Bauer halten. Menschen wie ihn braucht nicht nur die Nachkriegszeit; das Heute braucht sie auch.

Aus dem Newsletter »Prantls Blick« vom 24. Juni 2017

8. März: Internationaler Frauentag

Gleichberechtigung? Die Geschichte lehrt, dass ohne gesetzlichen Druck und ohne Frauenquote gar nichts geht oder nur wenig. Als die »Mütter des Grundgesetzes« den Artikel 3 (»Männer und Frauen sind gleichberechtigt«) durchgesetzt hatten, geschah erst mal gar nichts: Die Männer warfen das Sakko darüber.

Frauenquoten

Sie sind für die Gesellschaft das, was für ein Kind die Schwimmflügel sind.

Die Quote gibt es schon. Es gibt sie in der Welt der Wirtschaft als Männerquote. Und in der Welt der Familie gibt es die Quote als Frauenquote. In der Wirtschaftswelt geht die Männerquote, je weiter man nach oben schaut, gegen hundert Prozent. In der Familienwelt ist die Frauenquote nicht mehr ganz so hoch, aber immer noch sehr hoch. Es geht also, anders als in der Quoten-Diskussion behauptet, nicht um die Einführung der Quote, sondern um die Durchbrechung bestehender Quoten.

Das weibliche Normative

Eine solche Durchbrechungskraft hat nur ein Gesetz. Wer die Emanzipationsgeschichte, wer die Gleichberechtigungs- und Gleichstellungsgeschichte der vergangenen hundert Jahre betrachtet, der stellt fest: Gegen die normative Kraft des männlich Faktischen hilft nur die faktische Kraft des weiblich Normativen. Dieses Normative muss klar und konkret sein.

Vor hundert Jahren, im Jahr 1918, wurde das Frauenwahlrecht in Deutschland eingeführt. Der Erste Weltkrieg war vorbei, die Revolution war im Gang, der revolutionäre Rat der

Volksbeauftragten proklamierte im November das Frauenwahlrecht. Am 30. November trat das neue Gesetz in Kraft und am 19. Januar 1919 durften die Frauen zum ersten Mal deutschlandweit wählen. Dieses Gesetz hatte bewusstseinsbildende Kraft für die Gesellschaft.

Vier Jahre später, es war 1922, erzwang die erste Frau in Deutschland, sie hieß Maria Otto, ihre Zulassung als Rechtsanwältin durch. Sie schaffte das, weil erstmals Frauen in den Reichstag eingezogen waren, die mit ihrem Engagement und dem nötigen Nachdruck erreichten, dass Frauen ab 1922 per Gesetz der Zugang zu juristischen Berufen eröffnet wurde. Heute sind mehr als die Hälfte der Neueinstellungen bei der Justiz Frauen.

Der Zeitgeist damals hielt Frauen wegen ihrer Konstitution, ihrer geistigen Unzulänglichkeit, ihrer Psyche und ihrer angeblich natürlichen Bestimmung für unfähig, Recht zu sprechen oder Rechtsbeistand zu geben. Das ist nicht einmal hundert Jahre her. Daran gilt es zum Internationalen Frauentag am 8. März zu erinnern. Und es gilt daran zu erinnern, dass der Frauenanteil in den Vorständen der großen deutschen Banken noch heute bei unter zehn Prozent liegt. Soll das Gleichberechtigung sein?

Verfassung, Vernunft und Moral

Die Gleichberechtigung ist kein Gedöns, sondern ein Gebot. Sie ist erstens ein Gebot der Verfassung, zweitens ein Gebot der Vernunft und drittens ein Gebot der Moral. Aber dieses Gebot braucht gesetzliche Konkretisierung, weil es sonst von seinen Verächtern als Gedöns abgetan wird. Zur gebotenen gesetzlichen Konkretisierung gehört die Quote. Gerade der Widerstand gegen die Quote zeigt, wie wichtig sie ist. Denn ohne ein Quotengesetz ändert sich – nichts. Das ist nicht nur die Erfahrung des vergangenen Jahrzehnts, in der die freiwillige Selbstverpflichtung der Wirtschaft, mehr Frauen in Spitzenpositionen von großen Unternehmen zu bringen, fast nichts gebracht hat. Das ist auch die Erfahrung eines ganzen Jahrhunderts. Seit 1919 steht die »Gleichberechtigung« in einer deutschen Verfassung. Und seitdem zeigt sich: Verfassungsrechtliche Postulate setzen sich nicht von allein durch. Ohne einen konkreten gesetzlichen Befehl passiert im Alltag nichts.

Verfassungsrechtliche Postulate setzen sich nicht von selbst durch; sie brauchen ihre juristische Übersetzung in den Alltag. Das war bei der Gleichberechtigung der Frauen in Ehe und Familie so. Das ist bei der Gleichberechtigung der Frauen in der Politik so. Und das wird bei der Gleichberechtigung der Frauen in der Wirtschaft nicht anders sein. In Aufsichtsräten von 105 börsennotierten und mitbestimmungspflichtigen Unternehmen gilt seit 2016 eine feste Geschlechterquote von dreißig Prozent für neu zu besetzende Posten. Das war ein erster Schritt. Aber ein erster Schritt ist nur ein erster Schritt.

Wenn der Staat sich »selbst entmannt«

Gewiss: Die Frauenquote ist nicht der Weisheit letzter Schluss. Sie macht aber Schluss damit, dass es seit ewigen Zeiten in Spitzenpositionen der Wirtschaft Männerquoten gibt, die bei fast hundert Prozent liegen. Wie gesagt: Die Frauenquote führt nicht die Quote ein; sie durchbricht eine bestehende Quote. Frauenquoten sind nur Hilfsmittel zu diesem Zweck, ein Hilfsmittel zur Herstellung vernünftiger Zustände; irgendwann, hoffentlich bald, wird man wieder darauf verzichten können. Aber bis dahin sind Quoten Hilfsmittel.

Ein Allheil- oder gar Wundermittel ist die Quote aber nicht – schon deswegen nicht, weil sie in der Vita viel zu spät wirkt; sie wirkt auf oder kurz vor dem Gipfel der Karriere. Aber schon in den Kindergärten, in den Schulen, bei den Studien-

oder Berufsentscheidungen muss das Bewusstsein geweckt werden, dass Frauen das leisten können, was Männern selbstverständlich zugetraut wird. Und vor allem: Mit der Quote erreicht man nicht unbedingt und automatisch, dass sich Frauen in Führungspositionen anders verhalten als Männer – dass sie also nicht rund um die Uhr arbeiten, und sie, anders als die meisten Männer in Spitzenpositionen, Zeit für die Familien haben.

Sie ist immer eine paradoxe Intervention, weil sie als Mittel zum Zweck letztlich dazu beitragen soll, diesen Zweck zu verändern. Der letzte Zweck der gleichrangigen Teilhabe von Frauen auf dem Arbeitsmarkt darf nicht darin bestehen, dass Frauen im rat-race einer immer brutaleren Konkurrenz genau so schnell laufen wie die Männer. Gleichberechtigung ist nicht die Gleichheit im Hamsterrad, das von der wirtschaftlichen Effizienz angetrieben wird.

Ein Blick in die Geschichte: Im Jahr 1892 hat die Deutschnationale Volkspartei (DNVP) einen »Bund zur Bekämpfung der Frauenemanzipation« gegründet; er prophezeite den Untergang Deutschlands, wenn sich der Staat durch die wählenden Frauen »selbst entmannt«. Der Untergang Deutschlands ist dann aber aus ganz anderen Gründen gekommen, unter anderem wegen der Politik der DNVP, die Adolf Hitler den Weg geebnet hat. Diese Partei gibt es seit 1933 nicht mehr, aber ihr Bund zur Bekämpfung der Frauenemanzipation hat bis in die jüngste Zeit klammheimlich weitergewirkt; er hat die Gleichberechtigung bis in unsere Tage hinein hintertrieben.

Grüne, rote und schwarze Quoten

Zwar standen schon in der Weimarer Reichsverfassung von 1919 zwei Gleichberechtigungsartikel. Erstens: »Männer und Frauen haben grundsätzlich dieselben staatsbürgerlichen Rechte und Pflichten.« Zweitens: »Die Ehe beruht auf der Gleichberechtigung der Geschlechter.« Aber beides waren

Visionen ohne Basis in den Gesetzen. Der Nationalversammlung, die 1919 die Weimarer Verfassung mit den Artikeln zur Gleichberechtigung verabschiedete, gehörten 41 Frauen an, das waren knapp zehn Prozent aller Abgeordneten; ein solcher Anteil wurde in der Bundesrepublik erst 1983 wieder erreicht, als die Grünen in den Bundestag kamen. Heute liegt er in den deutschen Parlamenten zwischen 25 und 45 Prozent. Das ist ein Fortschritt. Ohne den Druck, der von der Quote bei den Grünen ausging, hätte es diesen Fortschritt nicht gegeben.

Die Grünen fingen mit der Quote bei der Besetzung von Parteiämtern an; es folgten die roten und die schwarzen Quoten. Ohne Quoten wäre der Frauenanteil in der Politik nicht so schnell gestiegen. In der Wirtschaft wird es genauso sein. Die Quote in den Unternehmen wird hoffentlich die Wirtschaft verändern – und die Familienpolitik.

»Meine Herren und Damen«

Die sozialistische Abgeordnete Marie Juchacz war die erste Frau, die in einem deutschen Parlament reden durfte. Das war 1919. Sie begann ihre Rede mit der Begrüßung »Meine Herren und Damen!« – und sie beschrieb die Lage der Gleichberechtigung dann sehr optimistisch: »Es ist das erste Mal, dass in Deutschland die Frau als Freie und Gleiche im Parlament zum Volke sprechen darf, und ich möchte hier feststellen, und zwar ganz objektiv, dass es die Revolution gewesen ist, die auch in Deutschland die alten Vorurteile überwunden hat.« Vorurteile überwunden? Es war ein Wunsch, nicht Realität.

Fast 50 Jahre später, im März 1966, war durch einen Zufall das Präsidium des Bundestags einmal rein weiblich besetzt. Die Bielefelder Freie Presse sah das Ganze als Komödie: »Schmunzelnd und dann mit offener Heiterkeit beugten sich gestern die männlichen Abgeordneten im Bundestag der weiblichen Vorherrschaft.« So war das noch 1966. Die grüne Quote bei der Besetzung von Parteiämtern, der die rote und die schwarze Quote folgten, hat dann die Politik in Deutschland verändert.

In Ehe und Familie war es so ähnlich wie in den Parlamenten: Als der Satz, dass die Ehe »auf der Gleichberechtigung der Geschlechter« beruht, 1919 in die Verfassung geschrieben wurde, war er eine blanke Lüge. Und er blieb eine Lüge, sechzig Jahre lang. Realität war das Gegenteil, und geregelt war die Realität im Bürgerlichen Gesetzbuch vom 1. Januar 1900: Dort waren die Ehefrauen unter Verweis auf die »sittliche Ordnung« der Entscheidungsgewalt ihres Ehemanns unterworfen; in der Ehe galt, kraft göttlicher Fügung oder natürlicher Bestimmung, die männliche Dominanz. Der Mann bestimmte »Art und Umfang des Lebensaufwandes, den Ablauf des häuslichen Lebens, die Erziehung der Kinder, Wohnort und Wohnung«; der Mann hatte »Herrschaftsbefugnis über das Frauenvermögen«, er konnte den Arbeitsplatz der Frau kündigen, sofern die »ehelichen Interessen beeinträchtigt« waren.

Wanderpredigerin für Gleichberechtigung

Dann kam das Grundgesetz. Der Grundsatzausschuss des Parlamentarischen Rats hatte eigentlich keine Lust auf Gleichberechtigung. Ihm wäre eine andere Formel lieber gewesen, etwa die des Staatsrechtlers Richard Thoma: »Alle Menschen sind vor dem Gesetz gleich. Das Gesetz muss Gleiches gleich, es kann Verschiedenes ungleich behandeln.« Wären unter den 65 Räten nicht vier Frauen gewesen, es wäre bei dieser juristischen Lall-Formel geblieben. Mit ihren drei Kolleginnen Helene Wessel, Helene Weber und Friederike Nadig setzte Elisabeth Selbert so den revolutionärsten Satz des Grundgesetzes durch: »Männer und Frauen sind gleichberechtigt.«

Als der Satz bei den Beratungen erstmals zur Diskussion stand, entfuhr es dem Abgeordneten Thomas Dehler von der FDP: »Dann ist das Bürgerliche Gesetzbuch verfassungswidrig.« Genauso war es; und gleichwohl oder gerade deswegen: Es geschah erst einmal nichts. Der Satz stand im Grundgesetz, er leuchtete schön, und die Männer warfen ihr Sakko darüber. Die Frau wurde in den fünfziger Jahren erst einmal zurückgepfiffen an Herd und Staubsauger. Das Bundesverfassungsgericht musste eingreifen; erst dann bequemte sich der Gesetzgeber 1958 zu einem Gleichberechtigungsgesetz.

Die Lehre aus alledem heißt erstens: Recht kann Gleichberechtigung bremsen, Recht kann aber auch Gleichberechtigung fördern. Zweitens: Verfassungsrechtliche Postulate allein helfen gar nichts, wenn sie nicht konkret ins Alltagsrecht übersetzt werden. Das gilt für Ehe und Familie, das gilt in Staat und Gesellschaft.

Der Staat hat sich verpflichtet

Bei der Verfassungsreform nach der Deutschen Einheit ist der Gleichberechtigungsartikel des Grundgesetzes ergänzt worden: »Der Staat«, so heißt es da, »fördert die tatsächliche Durchsetzung der Gleichberechtigung von Frauen und Männern und wirkt auf die Beseitigung bestehender Nachteile hin.« Das verpflichtet den Staat; er hat dieser Pflicht noch nicht genügt. Es funktioniert nicht so richtig. Und die Selbstverpflichtung der Wirtschaft im »Corporate Governance Kodex« hat auch nicht viel gebracht.

Also muss der Staat nun das tun, was er seit der zitierten Grundgesetz-Ergänzung verspricht: Er muss die Durchsetzung der Gleichberechtigung fördern; er muss also per Gesetz Quoten vorschreiben. Quoten sind für die Gesellschaft das, was für ein Kind die Schwimmflügel sind. Eine Hilfe zum Schwimmenlernen.

Die Quote darf nicht Ausrede sein, andere wichtige Entscheidungen, zumal in der Familienpolitik, zu vernachlässigen; dazu gehören die gute Organisation und Finanzierung der Care-Arbeit, dazu gehören sicherere Arbeitsverhältnisse; zu einer guten Familienpolitik gehören auch Arbeitszeitverkürzungen und flexible Arbeitszeiten, die sich an den familiären Bedürfnissen orientieren. Es braucht einen stabilen arbeitsrechtlichen Rahmen, um die Familie zu einem Ort zu machen, an dem ein gutes Leben, ein Still-Leben mit Kindern möglich ist.

Auf der Basis einer Kolumne für Amazon-Audible vom 7. März 2018

2. April: Tag des Kinderbuchs

Als sich die Geschwister Hänsel und Gretel im Wald verirren, sind sie gemeinsam schwach und stark. Erst die Hexe weist den beiden wieder die klassischen männlichen und weiblichen Rollenmuster zu.

Hänsel und Gretel heute

Früher wurden die Mädchen befreit, erlöst oder geheiratet. Heute sind sie selber stark.

In vielen alten Märchen geht die Geschichte so: Die jungen Männer ziehen hinaus in die Welt, sie bestehen dort Abenteuer und kommen als Helden zurück. Die Mädchen aber bleiben zu Hause und warten darauf, dass sie befreit, erlöst oder geheiratet werden.

Nur bei Hänsel und Gretel ist das anders: Als die Geschwister sich im Wald verirren, sind sie gemeinsam schwach und stark. Erst die Hexe weist den beiden wieder die klassischen männlichen und weiblichen Rollenmuster zu: Der Hänsel wird eingesperrt, weil er vermeintlich der Stärkere und der Gefährlichere ist; die Gretel muss für die Hexe die Dienstmagd machen und für sie das Hexenhaus putzen. Aber dann passiert, womit die Hexe nicht gerechnet hat: Gretel ist mutig und stark, sie wird zur Heldin, die ihren Bruder aus seinem Gefängnis befreit. Sie bricht also aus der Rolle aus, die ihr die Hexe gegeben hat.

Als die Männer das Sagen hatten

In den vergangenen Jahrzehnten sind die Mädchen und Frauen aus der Rolle ausgebrochen, die ihnen die Gesellschaft zugewiesen hatte: Jahrhundertelang war es so, dass die Männer mehr wert waren – sie hatten überall das Sagen. Die Männer wirkten draußen in der Welt, die Frauen wirkten nur zu Hause. Das hat sich geändert: »Männer und Frauen sind gleichberechtigt«, so steht es im Grundgesetz.

Sie haben die gleichen Rechte. Und wenn sie als Erwachsene die gleichen Rechte haben, müssen sie auch als Kinder so aufwachsen können, dass das dann später nicht nur in der Theorie so ist. Das bedeutet zum Beispiel: Mädchen müssen eine ebenso gute Ausbildung erhalten wie die Jungen. Und sie dürfen nicht festgelegt werden auf bestimmte Berufe.

Blau oder rosa

Gleichberechtigung heißt aber nicht gleich. Gleichberechtigung bedeutet nicht, dass man so tun muss, als gäbe es keinen Unterschied zwischen Mädchen und Jungen. Der Unterschied bedeutet aber keinen Wertunterschied. Gleichberechtigung heißt, dass jeder die Chance hat, sich nach seinen Fähigkeiten zu entwickeln – dass ein Mädchen Ingenieur werden kann und ein Junge Kindergärtner; Gleichberechtigung heißt, dass eine Frau im Beruf bleiben und dort aufsteigen kann, auch wenn sie Kinder hat.

Gleichberechtigung hat nichts gegen Puppen für Mädchen und nichts gegen Autos für Jungen. Sie hat aber was dagegen, wenn man dem Mädchen das Auto aus der Hand reißt und ihr eine Puppe in die Hand drückt. Gleichberechtigung hat auch nichts dagegen, wenn der Papa das Zimmer fürs Baby blau streicht oder rosa. Gleichberechtigung heißt aber, dass der Junge und das Mädchen sein und werden kann, was er und sie will und was in ihm und in ihr steckt.

Erschienen in der Süddeutschen Zeitung für Kinder vom 3. Juni 2011

4. April: Erzähl-eine-Lüge-Tag

Machiavelli schrieb das Lob der Lüge: Wer ein großer Mann werden wolle, der müsse ein »gran simulatore e dissimulatore«, ein großer Lügner und Heuchler, sein. Ein großer Mann werden?

Trug und Trump

Im Gebirge der Fake News der Weltgeschichte sind die bisherigen Lügen des US-Präsidenten Donald Trump nur Maulwurfshügel.

Das Sicherste in der Weltpolitik sind derzeit die Lügen des Donald Trump. Sie sind sicherer als das Amen in der Kirche. Wenn man ein Ereignis für die kommende Woche vorhersagen kann, dann ist es eine neue Lüge des 45. US-Präsidenten. Nein falsch – es wird nicht eine Lüge, es werden etliche Lügen sein. Die Weltlage erscheint einem nicht zuletzt wegen dieser Lügereien so unsicher wie schon lange nicht mehr. Aber neu ist eine Politik, die auf Lügen baut, natürlich nicht.

Lug, Trug, Papst Sylvester und Trump

Mit Lug sind Kriege begonnen, mit Trug Reiche zusammengestohlen worden. Die Lüge war und ist Mittel für Machterwerb, Machterhalt, Machtsteigerung. Die Lüge reicht – um den Bogen von der großen Weltgeschichte zur kleinen deutschen Parteiengeschichte zu schlagen – von der sogenannten Konstantinischen Schenkung für den Papst bis zu den jüdischen Vermächtnissen für die hessische CDU, die es beide so nicht gegeben hat. Die Konstantinische Schenkung ist eine auf das Jahr 800 datierte gefälschte Urkunde, die angeblich im

Jahr 315 vom römischen Kaiser Konstantin ausgestellt wurde und dem Papst Sylvester und seinen sämtlichen Nachfolgern die Oberherrschaft über Rom, Italien und die Westhälfte des römischen Reichs übertrug. Es war dies ein gewaltiger Schwindel. So wie die Lüge über jüdische Vermächtnisse ein Schwindel war, die am Beginn des Kohl-Spendenskandals steht. Schwindel, Lügen, Fälschung, Betrug: Es hat all das seit jeher in der großen und der kleinen Politik gegeben – aber wohl selten in der Dichte und in der Alltäglichkeit wie bei Trump.

Machiavelli und sein Lob der Lüge

Neuerdings heißen die Lügen Fake News. Im Gebirge der politischen Lügen und Fake News der Weltgeschichte sind die bisherigen Lügen des US-Präsidenten Donald Trump nur Maulwurfshügel. Die Trump'schen Maulwurfshügel sind allerdings zahlreich; sie markieren die globalpolitische Landschaft. Mittendrin in dem Polit- und Lügenkrimi sitzt Machiavelli und schreibt das Lob der Lüge: Wer ein großer Mann werden wolle, der müsse ein »gran simulatore e dissimulatore«, ein großer Lügner und Heuchler, sein. Ein großer Mann werden? Beim früheren hessischen CDU-Vorsitzenden Manfred Kanther und seinem Schatzmeister Wittgenstein hat das nicht geklappt, beim schleswig-holsteinischen CDU-Ministerpräsidenten Uwe Barschel auch nicht. Und auf der Weltbühne klappte das zuletzt bei George W. Bush ebenfalls nicht. Dieser musste zwar nicht, wie der CDU-Politiker Kanther, vor ein Gericht wegen der Lügen, die in seinem Fall Irak-Lügen waren, dafür widerfuhr ihm aber das, was die Römer »damnatio memoriae« nannten: Die Verdammung seines Angedenkens, und zwar noch zu Leb- und Regierungszeiten.

Schon am Ende seiner Amtszeit galt Bush jun. als einer der schlechtesten Präsidenten der amerikanischen Geschichte. Er wird wohl von Donald Trump noch unterboten werden. Bei George W. Bush war die Verdammung des Angedenkens die schnelle Strafe für sein System der organisierten Lüge, die zwar viele, aber lauter besonders kurze Beine hatte – weil klar sein musste, dass alle Begründungen zur Rechtfertigung des Kriegs gegen Saddam Hussein spätestens nach dem Sieg der Anti-Irak-Allianz als amtlicher Groß-Schwindel entlarvt werden würden. So kam es auch. Bush und sein britischer Streithelfer Tony Blair saßen alsbald vor den Augen der Weltöffentlichkeit auf einem Haufen Lügen: auf der Al-Qaida-Lüge, die eine Zusammenarbeit des Irak mit Bin Laden behauptete; auf der A-, der B- und der C-Waffen-Lüge; auf der 45-Minuten-Lüge, also der Behauptung, Saddam könne binnen einer Dreiviertelstunde Massenvernichtungswaffen startklar machen. Die Biowaffen-Lüge über Saddams mobile Anthrax-Küchen, bei denen es sich allerdings um Wasserstofftanks für Wetterballons handelte, hat die US-Regierung sogar dem UN-Sicherheitsrat aufgetischt.

Die Zerfallszeiten der Lüge

Zu Bush-Zeiten hatte die US-Regierung einen gigantischen Kommunikationsapparat dafür genutzt, einen Krieg mittels voraussehbar durchschaubarer Lügen zustimmungsfähig zu machen. Es zeigte sich aber, dass auch gewiefte Propaganda und ausgefeilte politische Beleuchtungstechnik ihre Grenzen haben und Unsinn nicht in Sinn verwandeln können. Der Fall Bush jun. könnte daher ein Beleg dafür sein, dass die Zerfallszeit der politischen Lüge kürzer wird, dass also die Lüge den Lügner immer schneller einholt; die Aufdeckung der Vietnamkriegs-Lügen hatte seinerzeit viel länger gedauert als später die der Bush-Lügen dauerte.

Gegen die These von der immer schnelleren Zerfallszeit der Lüge spricht allerdings die bisherige Erfahrung mit Donald Trump. Lügenthrone waren bisher immer wackelig – ändert sich das mit Trump? Sitzt der Mann stabil auf seinen Lügen? Es wäre gut, wenn sich herausstellen würde, dass der langfristige politische Schaden der Lüge womöglich größer ist als ihr kurzfristiger Nutzen – weil die Glaubwürdigkeit verloren geht und dies die eigene Macht schwächt. Ist das so? Ich wünsche es mir, aber sicher bin ich mir nicht mehr – seine Lügereien waren und sind Medienereignisse. Schon im Wahlkampf waren viele Medien geil darauf, so eine Person von allen Seiten zu präsentieren und zum Faszinosum aufzublasen. Heute ist Trump eines. Ihm seine Lügereien nachzuweisen, ist schon fast zu einem amüsanten Gesellschaftsspiel geworden. Der Aufschrei ist dem Kopfschütteln gewichen. Wird die Veralltäglichung, wird die Gewöhnung folgen? Wird man die Lügerei zur »Twittokratie« adeln?

Von Großsprecher zu Großsprecher

Der Lügner zeigt auf die, die ihn als Lügner kritisieren und zeiht diese der Lüge. Der Vorwurf der Lüge fliegt ununterbrochen hin und her. Wenn jeder auf jeden zeigt, wenn das Misstrauen der Bürger gegen alles und gegen jeden Auftrieb bekommt – dann wird eine giftige Saat gelegt. Angesichts der Omnipräsenz und der globalen Power der Lügereien könnte es so kommen, dass Lüge und Wahrheit so sehr ineinanderfließen, dass die Leute gar nichts und gar niemandem mehr glauben und sich von Großsprecher zu Großsprecher treiben lassen. Das wäre der GAU.

Pressefreiheit ist auch dafür da, diesen GAU zu verhindern. Das funktioniert aber nicht, wenn die Menschen der Presse, wenn sie den Medien so wenig trauen wie der Politik. Der makabre Fall des Journalisten Arkadi Babtschenko sät da gewaltiges Misstrauen. Der ukrainische Geheimdienst hat mit der vorgetäuschten Ermordung des Journalisten die Welt genarrt. Der Journalist Babtschenko hat bei dieser Täuschung offenbar willig mitgemacht. Es sollte so, angeblich, ein Mordkomplott der Russen aufgedeckt werden. Das alles ist äußerst dubios. Der Journalist und seine Arbeit sind nun Teil dieser Dubiosität. Das ist ein GAU für die Pressefreiheit.

Pressefreiheit braucht Journalisten, die neugierig, unbequem, urteilskräftig und integer sind. Nur ein solcher Journalismus wird das böse und falsche Wort von der Lügenpresse abschütteln.

Nichts, gar nichts geht von selbst

Alle klagen über Trump. Aber einen gewissen Dank hat er sich verdient: Er hat den bequemen Glauben daran zerstört, dass Demokratie und Rechtsstaatlichkeit in den Kernstaaten der sogenannten freien Welt sich, und sei es auch langsam, quasi automatisch weiterentwickeln. Wir lernen: Nichts, gar nichts geht von selbst. Aufklärung ist nicht einmal vom Himmel gefallen und dann für immer da; in den USA nicht, in Frankreich nicht, in Deutschland auch nicht. Das Sichergeglaubte ist nicht sicher, weil Aufklärung nicht ein einmaliges Ereignis darstellt. Aufklärung ist immer, sie ist immer notwendig. Und die Pressefreiheit steht in ihrem Dienst; so jedenfalls sollte es sein.

Aus dem Newsletter »Prantls Blick« vom 3. Juni 2018

8. April: Internationaler Tag der Roma

Früher holte man auf dem Land die Wäsche von der Leine, wenn die Zigeuner kamen. Heute stopft man auch dort die Wäsche in den Trockner. Aber die alten Vorurteile gegen Sinti und Roma sind überall geblieben.

Europas vergessenes Volk

Wie aus Verachtung Achtung werden kann

In Berlin-Friedrichshain gibt es seit 2011 einen Ede-und-Unku-Weg. Er verbindet die Scharnweber- und die Dossestraße. Der Name »Ede und Unku« bezieht sich auf den Jugendroman »Ede und Unku«, der in der DDR sehr bekannt und Teil der offiziellen Schulliteratur gewesen ist. Millionen von Schülerinnen und Schülern haben das Buch gelesen. Grete Weishaupt hat den Roman, es war ihr erster, 1931 unter dem Pseudonym Alex Wedding geschrieben, 1933 gehörte er zu den von den Nationalsozialisten verbrannten Büchern. Er spielt in der Zeit der Weimarer Republik und handelt von der Freundschaft zwischen dem Berliner Arbeiterjungen Ede und dem Zigeunermädchen Unku.

Erfüllt von einem proletarischen Elan

Die jüdische und kommunistische Schriftstellerin Weishaupt hatte das Sinti-Mädchen Unku in den späten zwanziger Jahren des letzten Jahrhunderts in ihrer Berliner Nachbarschaft kennengelernt, mit ihr Freundschaft geschlossen und sich über die alltägliche Diskriminierung der Familie empört. Weishaupt schrieb ein mitfühlendes und leidenschaftliches

Jugendbuch abseits der üblichen bösen antiziganischen Klischees, auch abseits der romantisierenden Klischees, aber erfüllt von einem proletarischen Elan, der sich vom Klassenkampf vieles, wenn nicht alles erhoffte; auch die Beseitigung des Antisemitismus und des Antiziganismus.

Der bürgerliche Name von Unku war Erna Lauenburger. Erna Lauenburger wurde, als sie 24 Jahre alt war, ins KZ Auschwitz deportiert und dort zusammen mit ihren Kindern und vielen Verwandten ermordet. Unku war die Cousine von Janko Lauenbergers Großmutter Kaula; er heißt Lauenberger und nicht Lauenburger, weil es ein Beamter mit den Buchstaben nicht so genau genommen hat. Zusammen mit der Journalistin Juliane von Wedemeyer hat Janko Lauenberger, ein Berliner Musiker, der seit seiner Kindheit in der Band Sinti Swing spielt, nun ein Buch geschrieben, das die Geschichte von Unku und ihrer Familie bis heute weitererzählt. Es ist eine anrührende, aufrüttelnde und zartbittere Geschichte geworden.

Z633 und Z634

Es ist eine Geschichte, in der deutlich wird, warum Lauenberger das Wort »Zigeuner« hasst: Weil im KZ seinen Verwandten das Z für Zigeuner in den Unterarm gestochen wurde. Unku wurde die Nummer Z633 tätowiert, ihrer Tochter Bärbel Z634, ihrer Tochter Marie Z635. Lauenberger hört alle Vorurteile, die es gegen sein Volk gibt, wenn er das Wort Zigeuner hört. In seiner Familie nennen sich alle Sinti. Lauenbergers Buch über »Die wahre Geschichte von Ede und Unku« ist eine Familiengeschichte, die hin- und herblendet zwischen den dreißiger und vierziger Jahren des letzten Jahrhunderts und der Jugendzeit von Janko, den Jahren vor und nach der Wiedervereinigung.

Am Schluss seines Buches zieht Lauenberger sein Fazit über Politik und Gesellschaft von heute und schreibt über den

Rassismus, der »in Wellen über unser Land zu schwappen« scheine. In seiner Erinnerung waren die Neunzigerjahre viel unbeschwerter als die Zeit heute: »Wer mich damals nach meiner Herkunft fragte, tat es aus Interesse ... die Blicke der Menschen waren weich. Die Blicke, die mir heute begegnen, sind oft unfreundlich und bohrend.«

Die Minderheit in Europa, der es am dreckigsten geht

Die Vorurteile haben überlebt und sie leben wieder auf. Früher holte man auf dem Land die Wäsche von der Leine, wenn die Zigeuner kamen. Heute stopft man auch dort die Wäsche in den Trockner. Aber die alten Vorurteile gegen Sinti und Roma sind überall geblieben – in ganz Deutschland, in ganz Europa. Studien sagen, dass von allen Minderheiten die Minderheit der Sinti und Roma in Deutschland auf die schärfste Ablehnung stößt, gefolgt von Asylbewerbern und Muslimen. Man kann über die Persistenz, über die Hartnäckigkeit und über die Dynamik von Vorurteilen klagen. Aber so ein allgemeines Lamento ändert gar nichts. So ein Lamento ändert auch nichts daran, dass die Sinti und Roma die Minderheit in Europa ist, der es am dreckigsten geht: Sie sind Europas vergessenes Volk. Auch dessen grausame Verfolgung durch die Nazis (die eine halbe Million Sinti und Roma umgebracht haben) ist weitgehend vergessen; daran hat weder der Ede-und-Unku-Weg noch das 2012 in Berlin eingeweihte Denkmal für die Sinti und Roma etwas geändert.

Der vergessene Holocaust

Im Jahr 2011, zum Holocaust-Gedenktag, hat zum ersten Mal ein Sinto im Bundestag reden dürfen. Der alte Herr sprach vom vergessenen Holocaust an seinem Volk; mit dem Berliner Denkmal wurde dieser Holocaust im Jahr 2012 dem Vergessen entrissen. Der alte Herr klagte über die anhaltende Diskriminierung seines Volks; daran hat sich nichts geändert. »Wir sind doch Europäer!«, hat Zoni Weisz, ein niederländischer Holocaust-Überlebender, gerufen.

Die Europäische Union, die sich als Raum des Rechts, der Sicherheit und Freiheit begreift, muss den Sinti und Roma genau dies geben: Recht, Sicherheit, Freiheit. Abschiebepolitik ist eine Aus-den-Augen-aus-dem-Sinn-Politik. Die Politik in ganz Europa behandelt die Sinti und Roma wie Paria: Der Umgang ist von Schikane geprägt. Man will mit ihnen nichts zu tun haben. Die Umfragen spiegeln das nur wider. Der Sinn des Denkmals für die ermordeten Sinti und Roma ist daher auch ein Appell: Denk mal darüber nach, wie aus Verachtung Achtung werden kann.

Es gilt, einem diskriminierten Volk eine Zukunft zu geben – dadurch, dass man es in seiner Besonderheit respektiert, dadurch, dass man nicht auf einer Integration nach landläufigen Vorstellungen beharrt. Das ist eine deutsche und eine europäische Aufgabe.

Vorwort aus dem Buch »Ede und Unku – die wahre Geschichte. Das Schicksal einer Sinti-Familie von der Weimarer Republik bis heute« von Janko Lauenberger und Juliane von Wedemeyer, 2018, Verlag Gütersloher Verlagshaus

1. Mai: Tag der Arbeit

Weil es noch keine neuen großen Ideen, weil es keine großen Ideale gibt, suchen die Menschen im Abfall der Geschichte nach den alten. Das ist der Grund für die Wiederkehr des Nationalismus, das ist der Grund für die blöden Rufe vom »great again«, das ist der Grund für die neuen politischen Schwarzmarktfantasien.

Solidarität, was ist das?

Die digitale Vermarktlichung des Arbeitens und Lebens – und was sich dagegen tun lässt

Kann es in den Zeiten von Industrie 4.0 noch Solidarität geben? Wann und wie hat sich die konkrete Solidarität aus der allgemeinen Brüderlichkeit entwickelt? Entwickelt sich die konkrete Solidarität, die von den Gewerkschaften organisiert wurde, womöglich wieder zur allgemeinen und folgenlosen Brüderlichkeit zurück? Wenn ja, was lässt sich gegen diese Rückentwicklung tun?

In Umbruchszeiten sind Utopien realistisch

Eines vorweg: Es hilft wenig, die alte Arbeitskampf- und Gewerkschaftsrhetorik einfach 4.0-mäßig aufzumotzen. Natürlich ist es richtig, wenn Politiker und Gewerkschafter immer und immer wieder sagen, dass man sich dem digitalen Wandel nicht ausliefern darf, sondern ihn aktiv gestalten und in die richtige Richtung lenken muss. Aber wie geht das? Insgeheim hat nicht nur so mancher Gewerkschafter Angst, dass das objektiv unmöglich ist. An diese objektive Unmöglichkeit glaube ich nicht. Aber die menschenverträgliche Gestaltung des digitalen Wandels funktioniert nicht mit dem bisherigen Klein-Klein, sie funktioniert nicht mit ein bisschen Bastelei an der Arbeitszeitverordnung und ähnlichen Regelwerken.

Es hilft Utopie. In Umbruchszeiten sind Utopien realistisch. Und worin besteht die Utopie? Sie besteht – so hat das Oskar Negt schön beschrieben – in der konkreten Verneinung der als unerträglich empfundenen gegenwärtigen Verhältnisse, mit der Perspektive und Entschlossenheit, das Gegebene zum Besseren zu wenden.

Die Unerträglichkeiten

Das Unerträgliche: Da ist die Rechtlosigkeit der Crowd- und Clickworker, die ohne Anspruch auf Mindestlohn, ohne soziale Absicherung und ohne Arbeitnehmerrechte arbeiten. Das Unerträgliche: Da ist die Aussicht, dass innerhalb weniger Jahre über eine Million Taxifahrer, Busfahrer, Lieferanten, Chauffeure, LKW- und Gabelstaplerfahrer in Deutschland ihre Arbeit verlieren werden, weil die fahrerlose Mobilität kommt – und es kein Konzept dafür gibt, was mit diesen Leuten geschehen soll. Das Unerträgliche: Wir sind noch nicht vorbereitet auf eine neue Automatisierungswelle nicht nur in der Industrie, sondern auch im Bereich der Dienstleistung, wo künstliche Intelligenz massenhaft die Arbeit von Büroangestellten übernehmen wird.

Wir erleben eine paradoxe Situation: Der höchste Stand der sozialversicherungspflichtigen Beschäftigung seit der deutschen Wiedervereinigung geht einher mit einem höchsten Maß an Verunsicherung über die Zukunft der Arbeit. Die Digitalisierung umfasst den gesamten Wertschöpfungprozess – Erfindung, Entwicklung, Marketing, Einkauf, Produktion, Vertrieb, Verkauf, Entsorgung und Erneuerung. Die Neuorganisation der Arbeitsverhältnisse wird in steigendem Maß im Netz digital über die Cloud und weltweit, global in der

Crowd erfolgen. Immer mehr Menschen arbeiten »für die Plattform« und zunehmend weniger »in der Produktion«. Aufträge für allgemeine Dienstleistungen und Kleinstanbieter, Designerwettbewerbe und Programmierungsaufgaben, Personenbeförderung und Lieferdienste, Haushalts – und Betreuungsdienste werden über die Cloud mit Hilfe von Plattformen in der Crowd ausgeschrieben, vergeben und angenommen. Die Grenzen zwischen Arbeitnehmer- und Selbstständigen-Status werden fließend. Der »sozialethische Arbeitskreis Kirchen und Gewerkschaften« hat das trefflich beschrieben.

Radikale Antworten

Erwerbsarbeit findet immer stärker außerhalb des Betriebes statt. Immer mehr Aufgaben werden an Leiharbeitsfirmen und rechtlich Selbstständige ausgelagert, gerade auch in Form des durch die Digitalisierung ermöglichten Crowd-Working. Dieser radikale Wandel der Arbeitsgesellschaft verlangt radikale Antworten. Wie gesagt: Utopie besteht in der konkreten Verneinung der als unerträglich empfundenen gegenwärtigen Verhältnisse, mit der Perspektive und Entschlossenheit, das Gegebene zum Besseren zu wenden. Das Gegebene zum Besseren zu wenden – das war und ist die Aufgabe von Gewerkschaften. Die Fantasie, die man dafür braucht, wächst nicht unbedingt mit der Zahl der Fahnen, die man am ersten Mai flattern lässt.

Meine Utopie für die Zukunft der Gewerkschaften sieht so aus: Sie werden sich zu nationalen und transnationalen NGOs gegen die entgrenzte Vermarktlichung des gesamten Lebens, der gesamten sozialen Bindungen und Beziehungen entwickeln. Sie werden zur Kampforganisation gegen die Repression durch digitale Software werden. Und als solche werden sie Anziehungskraft auch für die upper middle class entwickeln, die den Gewerkschaften heute eher fern steht.

Schon immer gab es Erfindungen, die den Menschen ihre bisherige Arbeit wegnahmen. Die Druckerpresse ersetzte die Kopisten, die die Bibel von Hand abschrieben. Der mechanische Webstuhl ersetzte die Weber und ihre Handarbeit, die Fabrik ersetzte die Werkstatt. An die Stelle der Arbeit im eigenen Haus traten erst Fließband in der Fabrik und dann der Industrieroboter. Die Erfindungen veränderten die Familien – und Gesellschaftsstrukturen radikal. Das »ganze Haus« des Mittelalters löste sich mit der Industrialisierung des 19. Jahrhunderts auf.

Das ganze Haus war das Haus der generationsübergreifenden Großfamilie gewesen, in dem Kinder, Eltern, Großeltern, sonstige Anverwandte und Arbeitskräfte, das Gesinde, lebten und arbeiteten; es war ein Bund zum Überleben und Handanpacken von allen auf engstem Raum; etwas von dem, was man heute Privatheit nennt, gab es kaum. Gab es Solidarität? In gewisser Form ja. Im Rahmen der großpatriarchalen Strukturen hatten die Mitglieder der Hausgemeinschaft wechselseitige Verpflichtungen.

Wie aus der Brüderlichkeit die Solidarität wurde

In der industriellen Revolution des beginnenden 19. Jahrhunderts wurden die großfamiliären Strukturen des ganzen Hauses zerstampft von der Dampfmaschine des James Watt. Die Großfamilie wurde von der Kleinfamilie abgelöst, es entstand die Arbeiterfamilie, deren Familienleben sich bei Trennung von Esstisch und Werkbank nach den Bedürfnissen von Arbeit und Kapital auszurichten hatte: Vater, Mutter, Kinder – die Kleinfamilie war nun die neue Normalfamilie, und normal waren auch die elenden Arbeits- und Produktionsbedingungen. Aus der vagen Brüderlichkeit der Französischen Revolution wurde die Solidarität der Proletarier, eine Solidarität des Elends, die auf der Basis gemeinsamer, geteilter und erlittener Erfahrungen in den Fabriken entstand.

Verbunden durch Ort, Zeit, Routine und Alltag

Die Arbeiter waren verbunden durch Ort, Zeit, Routine und Alltag, man teilte miteinander die Erfahrung elender Produktionsbedingungen und man teilte miteinander den Zeitrhythmus, den die Fabrikherren und Zechenbarone vorgaben. Später, im Fordismus, wurde das Fließband, das Instrument und Symbol der Rationalisierung, zugleich ein Band der Gemeinsamkeit und der verbindenden Erfahrung. Die gewerkschaftliche Solidarität der Arbeiter entstand im Gleichklang von Ort, Raum und Zeit der Produktion. Diese Solidarität war die Kraft und die Macht der Gemeinsamkeit auf der Basis gemeinsamer Lebens- und Arbeitserfahrung. Diese Solidarität war Produkt nicht nur von Selbsterfahrung mit der Ausbeutung, sondern von Gemeinsamkeitserfahrung. Aus einem schwachen Brüderlichkeitsbegriff wurde ein starker Solidaritätsbegriff.

Das schwächste Glied in der Trias

Die Brüderlichkeit war und ist das schwächste Glied in der Trias der Aufklärung: Freiheit – klar; Gleichheit – klar; aber Brüderlichkeit? Freiheit und Gleichheit – diese Wörter, diese Werte, diese Forderungen verwiesen auf ein Ur-Recht. Aber die Brüderlichkeit? Das war auch etwas Schönes, das war eine schöne emotionale Verbundenheit, ein gutes Gefühl, aber rechtlich nicht so richtig greifbar, eine moralische Forderung, die auch schnell überfordert. Und ein womöglich rabiater Anspruch steckte in der Brüderlichkeit auch drin: Und willst Du nicht mein Bruder sein, dann schlag ich Dir den Schädel ein.

Brüderlichkeit: Die Brüderlichkeit in einer Gruppe wirkt ausschließend für all die, die der Gruppe nicht angehören. Wenn aber alle Menschen Brüder und Schwestern werden sollen, dann wird der Anspruch fast religiös. Kurz: Die große Brüderlichkeit oder auch große Schwesterlichkeit war (und ist) moralisch verankert und höchst anspruchsvoll, aber nicht so richtig fassbar, nicht so richtig konkretisierbar und nicht so richtig umsetzbar. Das änderte sich in der Industriegesellschaft, als sich die diffuse Brüderlichkeit zur konkreten Solidarität der Proletarier verdichtete – die nicht die Ode an die Freude, sondern die Internationale sangen und aus der gemeinsamen Alltagserfahrung gemeinsame Forderungen an die gemeinsamen Arbeitgeber stellten, die die gemeinsamen Arbeitsbedingungen betrafen.

Die gigantische, menschheitsgeschichtliche Leistung der Gewerkschaften

Das Sprachrohr dieser Gemeinsamkeit wurden die Gewerkschaften. Man kann sie gar nicht genug dafür loben, was sie da geleistet haben. Sie haben Solidarität organisiert und in individuelles und kollektives Arbeitsrecht übersetzt. Das war eine gigantische, das war eine menschheitsgeschichtliche Leistung. Das zwanzigste Jahrhundert wäre besser verlaufen, wenn die Politik nur halb so gut gearbeitet hätte wie die Gewerkschaften. Aber Solidarität ist kein nachwachsender Rohstoff. Sie bleibt nicht einfach da unter völlig geänderten Arbeitsbedingungen. Es hilft nicht viel, sie an Gewerkschaftstagen zu beschwören wie ein Sakrament. Wenn die Gleichartigkeit der Lebens- und Arbeitsbedingungen nicht mehr besteht, wenn es die gemeinsamen Arbeitserfahrungen am gemeinsamen Arbeitsort immer weniger gibt, dann regrediert die konkrete Solidarität wieder zur allgemeinen Brüderlichkeit.

Wischiwaschi-Wort

Das erleben wir gerade: Es zeigt sich an den abnehmenden Mitgliederzahlen bei den Gewerkschaften (die IG Metall ist eine rühmliche Ausnahme), es zeigt sich darin, dass Solidarität zum Wischiwaschi-Wort wird: Der Politikwissenschaftler Ulrich von Alemann hat einmal polemisiert: »Die ehemals heilige Kuh der Arbeiterbewegung hat ihre eingezäunte Weide verlassen, steht überall herum und glotzt einen mitleidheischend an: Seid solidarisch, bitte!« In der Tat wird ja zu allen nur erdenklichen Solidaritäten aufgerufen: mit den Jungen und den Alten, mit den Armen und der Dritten Welt, mit den Tieren und mit der Natur, mit den Flüchtlingen, mit den Minderheiten, mit den Familien. Die Fülle der geforderten Solidaritäten kann den Einzelnen überfordern. Der Appell an die Solidarität hat insofern nicht immer den richtigen Adressaten und er wird zu einem allgemeinen Appell an Gemeinsinn, Menschenliebe und Humanität.

Die neue Konkretion der alten Brüderlichkeit

Wir brauchen eine neue Konkretion der alten Brüderlichkeit, wir brauchen eine neue Utopie, die so hoffentlich ähnlich stark ist wie die Solidarität des 19. und 20. Jahrhunderts. Das ist so ungeheuer wichtig für die Zukunft unserer Gesellschaft. Seitdem nach 1990 der Tod der Utopien so lauthals verkündet wurde, erleben wir den Aufstieg des extremistischen Populismus und der politischen Dummheit. Die Menschen spüren die zwiespältige Wirklichkeit; sie erleben die der brisanten Lage der Arbeitsgesellschaft zwischen einem Nicht-Mehr und einem Noch-Nicht; sie spüren, wie sich der innere Zusammenhalt der Gesellschaft auflöst. Und weil es noch keine neuen großen Ideen, weil es keine großen Ideale gibt, suchen die Menschen im Abfall der Geschichte nach den alten. Das ist der Grund für die Wiederkehr des Nationalismus, das ist der Grund für die blöden Rufe vom »great again«, das ist der Grund für die neuen politischen Schwarzmarktfantasien.

Denken ist wichtiger als twittern

Was hilft dagegen? Es hilft Denken; Denken ist wichtiger als Twittern. Und es hilft Utopie. Ich glaube nicht, dass das solidarische Grundeinkommen eine zukunftsweisende Utopie ist, jedenfalls nicht hierzuland. Es ist die Flucht vor einer menschlichen Reform der Arbeitsgesellschaft. Es überlässt den Arbeitsmarkt dem Spiel der Kräfte und es führt womöglich zur sozialen Verrohung. Es widerspricht dem menschlichen Grundbedürfnis, Leistung zu erbringen und dafür entlohnt und anerkannt zu werden. Es überlässt den Wettbewerb dem Wettbewerb und etabliert daneben etwas Wattiges. Der Abschied von der Arbeitsgesellschaft wäre damit der Einstieg in die komplette, umfassende und totale Wettbewerbsgesellschaft. Das könnte den Kapitalisten so passen – BGE als Ausrede und Argument und Reservat, um ansonsten den digitalen Wilden Westen zu etablieren. Die Arbeit ist und bleibt, auch in den neuen Zeiten, der Schlüssel für die soziale Frage.

Dreißig-Stunden-Woche als künftiger Standard

Ich bin in den Zielen mit dem sozialethischen Arbeitskreis der Kirchen und Gewerkschaften einig: Gesicherte, unbefristete Arbeitsverhältnisse müssen wieder selbstverständliche Normalität werden. Die Arbeitszeiten müssen verkürzt und damit die Arbeit neu verteilt werden. Vier-Tage-Woche, dreißig Stunden-Woche als künftiger Standard. Kürzere Arbeitszeiten sollen den Lebensumständen Rechnung tragen: Familienzeit, Bildungszeit, Erziehungszeit, Pflegezeit, Altersteilzeit. Es braucht neue Offensiven zur Humanisierung der Arbeit. Es braucht eine Abwehr des zeitlichen und physischen Drucks. Die Gewerkschaften müssen die Kampforganisation gegen die digitale Vermarktlichung des Arbeitens und des Lebens sein, der Widerpart der Digitalkapitalisten. Ob man das, was sie dazu befähigt, noch Solidarität der Arbeitsgesellschaft nennt oder konzentrierte Interessenvertretung – das ist mir egal, Hauptsache es funktioniert.

Es geht darum, das Gegebene zum Besseren zu wenden. Ludwig Marcuse sagt: »Das Traurige an unserer Zeit ist nicht, was sie nicht erreicht, sondern was sie nicht versucht. Im Versuchen aber liegt der echte Idealismus.« Also: Wir wollen nicht traurig sein. Stattdessen soll versucht werden, was möglich ist. Wir sind auf einer idealistischen Veranstaltung.

Rede beim Zukunftsforum der IG Metall in Berlin am 19. Juni 2018

9. Mai: Europa-Tag

Konrad Adenauer, der Gründungskanzler der Bundesrepublik, war auch einer der Väter der Europäischen Union. Mit seinem Tod 1967 endet die Nachkriegszeit.

Europa oder der Untergang

Konrad Adenauer war der Überzeugung, dass »die Zeit des Nationalstaats vorüber« ist.

Als Konrad Adenauer starb, stand die 68er-Studentenbewegung schon vor der Tür, die mit der Würde des Staates, die dem alten Kanzler wichtig gewesen war, nichts mehr anfangen konnte. Adenauer hatte sie verkörpert. Er war, so schreibt sein Biograf Hans-Peter Schwarz, der letzte Repräsentant eines altdeutschen Staatsverständnisses; er glaubte daran, dass Staaten und Staatsmänner ihre eigene Würde haben – wollte aber gleichwohl diese Staaten und Staatsmänner in einem vereinten Europa zusammenführen. Kein neues Nationalgefühl, sondern ein Staatsgefühl wollte er stiften und es mit einem neuen europäischen Bewusstsein verbinden. Es war ein altväterliches und zugleich grandioses Unterfangen.

Mit geschmeidiger Härte

Adenauer war ein Rheinländer mit preußischem Pflichtbewusstsein, ein gläubiger Katholik, einer, der mit Raffinesse und zugleich mit geschmeidiger Härte regierte. Er war ein Republikaner mit bürgerlich-monarchischem Habitus. Er war schon »der Alte«, als er 1949 sein Amt als erster Bundeskanzler der Bundesrepublik Deutschland antrat: 73 Jahre alt, als er vereidigt wurde; 88, als er widerwillig zurücktrat; 91, als er starb.

Einer der Gründerväter

Der Gründungskanzler der Bundesrepublik ist zugleich einer der Gründerväter des vereinten Europa – geboren 1876 unter der Kanzlerschaft des Fürsten Bismarck, gestorben 1967, kurz nach dem zehnten Jahrestag der Unterzeichnung der Römischen Verträge, also der Gründungsurkunde der Europäischen Union. Adenauer war der Überzeugung, dass »die Zeit des Nationalstaats vorüber« sei: »Wir haben nur noch zwischen Untergang und Einigung zu wählen.« Dieser, sein Satz aus einem Regierungsbulletin des Jahres 1955, klingt, als habe ihn Adenauer aus dem Jenseits ins Diesseits, aus dem Elysium, dem Rückzugsort der großen Helden, ins zerstrittene Europa von heute geschleudert.

Begnadeter Wahlkämpfer

Adenauer war ein großer Staatsmann und ein alter Filou, ein begnadeter Wahlkämpfer mit der Gabe, komplizierte Dinge simpel zu machen und schlicht auszudrücken. »Einfach denken ist eine Gabe Gottes. Einfach denken und einfach reden ist eine doppelte Gabe Gottes«, ist einer der berühmten Sätze, in denen er mit dieser Gabe kokettierte. Einen Populisten würde man ihn heute nennen. Seine Kritiker arbeiteten sich an Adenauer ab mit einem oft heiligen Zorn: Sie kritisierten seine Nachsicht mit alten Nazis, die für Adenauer, wie sein Staatssekretär Hans Globke, Leute waren, die »von früher was verstehen«. Adenauers Gegner kritisierten seine Politik der strikten Westbindung, sie kritisierten seine Politik der Wiederbewaffnung Deutschlands. Für den Schriftsteller

Heinrich Böll und andere Intellektuelle war er Inbegriff einer miefigen, verlogenen und bigotten Nachkriegsgesellschaft.

Ganz falsch lagen sie damit nicht; sie verkannten aber, wie Adenauers Politik das Land auch stabilisierte und mit der Demokratie versöhnte, die den Bundesrepublikanern bis weit in die Fünfzigerjahre hinein suspekt war. Die große Rentenreform 1957 beispielsweise, mit der die dynamische Rente eingeführt wurde, war weit mehr als ein geniales Wahlgeschenk des »Alten vom Rhein«; sie war ein Umverteilungsprojekt, geformt aus sozialkatholischem Geist, bezahlt vom neuen bundesdeutschen Wohlstand; sie war unglaublich populär und demokratiestabilisierend – und bescherte der CDU/CSU bei der Bundestagswahl von 1957 den bisher einzigen Sieg mit absoluter Mehrheit.

Der rechte und der linke Schuh

Adenauer steht für das politische und geistige Klima der ersten beiden Nachkriegsjahrzehnte – aber nicht er allein. Man muss, um den Geist dieser Zeit zu erfassen, Adenauer und den Schriftsteller und späteren Literaturnobelpreisträger Heinrich Böll nebeneinanderstellen. Die beiden waren Gegenspieler, und sie symbolisieren die frühe Bundesrepublik in komplementärer Weise. Sie waren wie der rechte und der linke Schuh der jungen Demokratie. Böll wurde 1917 in Köln geboren, in dem Jahr, in dem Adenauer erstmals Kölner Oberbürgermeister wurde; Bölls erstes Buch wurde 1949 veröffentlicht, jenem Jahr also, in dem der Bundestag Adenauer zum ersten Bundeskanzler wählte.

1975, acht Jahre nach Adenauers Tod, schrieb der bittere Böll einen wunderbar einlenkenden Satz: »Adenauer mag mehr Verdienste haben (...), als ich zu erkennen imstande bin, und möglicherweise hat er nur einen politisch gravierenden Fehler begangen: dass er zu lange regierte und mit greisenhafter Boshaftigkeit seine eigene Größe in lauter senile Kleinlichkeit auflöste.« Für Bölls Verhältnisse war das eine beinah glänzende Rehabilitierung des Alten – zu einer Zeit freilich, in der das Land die Adenauer-Ära schon hinter sich gelassen hatte. Der Westpolitik Adenauers war die Ostpolitik Willy Brandts gefolgt, und die Achtundsechziger-Generation hatte ihren Eltern deren beredtes Schweigen zur Nazi-Vergangenheit wütend vorgehalten. Brandt hatte den Friedensnobelpreis, Böll den Literaturnobelpreis erhalten. »Mehr Demokratie wagen« war zu einem neuen deutschen Motto und das Land aufgeklärter, rebellischer, auch schon ein wenig liberaler geworden.

Da gibt es nichts zu weinen

Mit dem Tod Adenauers vor fünfzig Jahren endete die Nachkriegszeit. Der *Spiegel* hat zum 50. Todestag am phänomenalen Ruf Adenauers, der vielen Deutschen als zweiter Bismarck gilt, gekratzt – mit angeblich ganz neuen Erkenntnissen über antidemokratische Züge und über die Abgebrühtheit, mit der er politische Gegner habe observieren lassen. So neu sind diese Erkenntnisse nicht. Die Kritik daran findet man, zum Beispiel, in schärfster Form bei Heinrich Böll, etwa in der Rezension des ersten Bandes der »Erinnerungen« von Adenauer, die Böll im Auftrag Rudolf Augsteins für den *Spiegel* geschrieben hat. Und mit seinem Misstrauen gegenüber dem Volk hat Adenauer nie hinter dem Berg gehalten. Vielleicht wäre Adenauer heute, siebzig Jahre später, nicht mehr so skeptisch wie damals. Demokratie glaubt an den Menschen.

Adenauer starb, zwei Jahre nach Winston Churchill, fast im gleichen Alter wie dieser. An den viel bewunderten Trauerfeiern für Churchill in London orientierte sich nun das deutsche Protokoll, organisiert von Hans Globke. Aufbahrung im Kabinettssaal des Palais Schaumburg, Requiem im Kölner Dom, zelebriert vom 79-jährigen Kardinal Frings; an der Spitze eines Schiffskonvois auf dem Rhein wurde der Sarg dann auf den Rhöndorfer Waldfriedhof übergeführt. Überall ein dichtes Spalier von Menschen. Und fast alle, die in der Welt Rang und Namen hatten, gaben ihm die letzte Ehre: Der US-Präsident Lyndon B. Johnson, der britische Premier Harold Wilson, Frankreichs Präsident Charles de Gaulle, der frühere israelische Premier David Ben Gurion. Der Staatsakt war auch eine Kundgebung und ein Ausrufezeichen hinter den Wirtschaftswundersatz: Wir sind wieder wer. Und »da jitt et nix zo kriesche«. Das waren, das sind die verbürgten letzten Worte Adenauers: Da gibt es nichts zu weinen.

Die Organisation Europas

Charles de Gaulle hatte in seinem Trauertelegramm am Todestag Adenauers dessen historische Leistung wie folgt zusammengefasst: »Nach einem schrecklichen Krieg hat Adenauer sein Land erneuert. Er hat ohne Unterlass an der Organisation Europas gearbeitet. Er hat sich zum Vorkämpfer der Versöhnung Frankreichs und Deutschlands gemacht.« In der Tat: Da gibt es nichts zu weinen.

Erschienen in der Süddeutschen Zeitung vom 18. April 2017

15. Mai: Welttag der Informationsgesellschaft

Jedwede Kommunikation steht seit August 2017 unter der Kuratel des Staates, jedwede Intimität in Computern ist von Ermittlern einsehbar. Warum lassen sich die Bürger das gefallen?

Die digitale Inquisition hat begonnen

Vom Umbau des Rechtsstaats in einen Präventionsstaat – und was dagegen zu tun ist

Die digitale Inquisition hat begonnen; der Staat führt sie durch. Das Bundeskriminalamt installiert Staatstrojaner in privaten Computern, Laptops und iPhones. Es tut dies auf gesetzlicher Grundlage; aber dieses Gesetz ist bedenklich: Es ist, nach einem hastigen Gesetzgebungsverfahren, am 24. August 2017 in Kraft getreten. Das Gesetz erlaubt den Sicherheitsbehörden, die Infiltration und Überwachung von IT-Systemen aller Art, es erlaubt das Überwinden aller vorhandenen Sicherheitsvorkehrungen zum Schutz von Handys, Tablets und Laptops mittels einer Spionage-Software, um jedwede Kommunikation an der Quelle überwachen zu können. Diese Software ist nun nicht mehr nur einsatzbereit; sie wird nun eingesetzt, heimlich natürlich.

An der Quelle sitzt der Staat

Die Ermittler, die das Wort »Staatstrojaner« nicht mögen, reden harmlos von »Quellen-TKÜ«, von der Überwachung der Telekommunikation an der Quelle also. Aber es ist dies ganz und gar nicht harmlos. Die neue Form der Überwachung ist ein neuer Höhepunkt der Nine-Eleven-Politik. Seit dem

11. September 2001 ist die Politik der westlichen Welt, auch die der Bundesrepublik, dabei, ihre Rechtsstaaten in Präventions- und Sicherheitsstaaten umzubauen. Der Präventions- und Sicherheitsstaat zehrt von den Garantien des alten Rechtsstaats; der Präventions- und Sicherheitsstaat entsteht, indem er diese Garantien verbraucht.

Das gesamte Nutzungsverhalten

»An der Quelle saß der Knabe« – so beginnt ein berühmtes Gedicht von Schiller. Dort sitzt jetzt nicht mehr der Knabe, sondern das Bundeskriminalamt. Fredrik Roggan, er ist Professor für Strafrecht an der Fachhochschule der Polizei des Landes Brandenburg, beschreibt die neue Inquisition so: »Der Zugriff erfolgt heimlich und kann nicht nur einmalig und punktuell stattfinden, sondern sich auch über einen längeren Zeitraum erstrecken. Nicht nur neu hinzukommende Kommunikationsinhalte, sondern sämtliche auf einem informationstechnischen System gespeicherten, gegebenenfalls viele Jahre alte Inhalte sowie das gesamte Nutzungsverhalten können überwacht werden« – inklusive tagebuchartige Aufzeichnungen, inklusive Film- und Tondokumente. So hat es der Jurist in einem akribischen Aufsatz in der Fachzeitschrift *Strafverteidiger* (im Dezemberheft 2017) analysiert.

Kommunikation unter Kuratel

Deswegen ist die Beschreibung der neuen Rechtslage mit »digitaler Inquisition« richtig beschrieben. Sie tut nicht körperlich weh, sie ist einfach da; sie macht die Kommunikation unfrei, sie zerrt die intimsten Informationen in die analogen oder digitalen Akten der Ermittler. Jedwede Kommunikation steht jetzt unter der Kuratel des Staates, jedwede Intimität in Computern ist jetzt von Ermittlern einsehbar. Schranken und

Sperren, die es diesbezüglich beim Lauschangriff noch gab, gibt es nicht mehr. Wie schrieb das Verfassungsgericht einmal: Die freie und geschützte Kommunikation sei eine »elementare Funktionsbedingung eines auf Handlungsfähigkeit und Mitwirkungsfähigkeit seiner Bürger begründeten freiheitlichen Staatswesens.« Vorbei. Und das »Grundrecht auf Gewährleistung der Vertraulichkeit und Integrität informationstechnischer Systeme«, das die vom Bundesverfassungsgericht 2008 in seinem Urteil zur Online-Durchsuchung proklamiert hat, ist nicht mehr viel wert.

Staatliches Infiltrationsinteresse

Der Polizeirechts- und Strafrechtsexperte Fredrik Roggan hat den Zielkonflikt, den das Staatstrojaner-Gesetz mit sich bringt, verschärft und brutalisiert, anschaulich beschrieben: Einerseits besteht jetzt, um die Staatstrojaner wirksam einsetzen zu können, ein staatliches Interesse an infiltrierbaren IT-Systemen. Sicherheitslücken in den elektronischen Kommunikationssystemen von Jedermann, die den Behörden bekannt sind, sollen also aus Gründen der Verfolgung einzelner Verdächtiger oder Gefährder nicht geschlossen werden. Das aber kollidiert, so stellt Roggan richtig fest, mit dem staatlichen Auftrag, die Bürger zu schützen. Das Bundesamt für Sicherheit in der Informationstechnologie hat ja den Auftrag, die Sicherheit in der Informationstechnik zu fördern.

Warum sich Bürger das gefallen lassen

Warum lassen sich das die Bürger bisher gefallen? Wohl aus drei Gründen. Erstens: weil die Politik die Angst vor dem Terror immer wieder beschwört und forciert, findet fast alles Billigung, was echt oder angeblich die Gefahr entschärfen kann. Zweitens: weil die Bürger die meisten Freiheitsbeschränkungen nicht spüren; die meisten Eingriffe – so auch die mittels Staatstrojaner – finden ja heimlich statt. Drittens: weil die Bürger in Deutschland daran glauben, dass das Bundesverfassungsgericht »es« im Notfall schon wieder richten wird. Aber: Das Karlsruher Gericht kommt mit diesem Richten kaum noch hinterher.

Mit der Installation der Staatstrojaner durch das BKA beginnt nun auch die Möglichkeit, in Karlsruhe dagegen zu klagen – für jeden, der potentiell betroffen sein könnte.

Erschienen in der Süddeutschen Zeitung vom 27. Januar 2018

Anmerkung: Der Datenschutzverein »Digitalcourage« hat am 7. August 2018 beim Bundesverfassungsgericht Verfassungsbeschwerde gegen den Staatstrojaner eingereicht.

23. Mai: Tag des Grundgesetzes

Der Staat ist um des Menschen willen da,
nicht der Mensch um des Staates willen.

Die Kirschen der Freiheit

Die Grundrechte wurden auf zitterndem
Boden geschrieben, haben aber gar
nichts Zitterndes und Zaghaftes an sich.

Man traut es sich fast nicht zu sagen: Es gibt Verfassungen, die sich schwungvoller lesen, die sprachgewaltiger und volkstümlicher sind, und in denen man lustvoller blättert. Das Grundgesetz ist kein poetisches und kein mitreißendes Epos. Es ist eigentlich eine Sperrholz-Verfassung, trocken und spröde. Vom revolutionären Stolz der ersten deutschen Verfassung, der Paulskirchen-Verfassung von 1848, ist nichts mehr zu spüren. Dieses Grundgesetz, hundert Jahre später auf Anordnung der Besatzungsmächte geschrieben, ist nüchtern, fast schüchtern.

Ein Liebeskummerbrief

Wenn man andere Verfassungen liest, hört man die Glocken läuten und die Orgel brausen; die Artikel dort klingen so packend wie die Strophen einer Nationalhymne und so anrührend wie ein altes Volkslied, sie versprechen Glück, Freiheit und goldene Zukunft; sie sind wie Liebesbriefe an ein Land. So eine Verfassung ist das Grundgesetz nicht. Es ist ein Liebeskummerbrief, geschrieben in einer Mischung aus Hoffnung und Verzweiflung, entstanden 1948/1949 im deutschen Dreck, in Schutt und Elend.

Das Grundgesetz-Wunder

Das Grundgesetz ist leise; trotzdem hat es eine Kraft entwickelt, die ihm einst kein Mensch zugetraut hat. Ohne dieses Grundgesetz wäre das Land nicht, was es ist: eine leidlich lebendige Demokratie, ein passabel funktionierender Rechtsstaat, ein sich mühender Sozialstaat. Das Grundgesetz kann nicht hinweggedacht werden, ohne dass der Erfolg der Bundesrepublik entfiele. Es gehört zum Besten, was den Deutschen in ihrer Geschichte widerfahren ist.

Das war ihm nicht in die Wiege gelegt. Man merkt den 146 Artikeln an, dass sie in einer staatsrechtlich schwierigen Situation entstanden sind, dass seine Schöpfer damit keinen Staat machen wollten, dass sie Angst davor hatten, mit dem Grundgesetz die staatliche Teilung zu zementieren. Die Verfassungen der Bundesländer hatten dieses Problem nicht, im Gegenteil: Das bayerische oder hessische Verfassungswerk etwa wollte den Bestand des Landes sichern. Diese Landesverfassungen sind konkreter, praktischer, detaillierter als das Grundgesetz; sie sind hier christlich, da sozialistisch, hier verzopft und da modern. Das Grundgesetz ist vergleichsweise abstrakt. Erst das Bundesverfassungsgericht hat es zu dem gemacht, was es ist: die wahrscheinlich wirkmächtigste Verfassung der Welt, ein Vademecum für die Staatsbürger, ein Werk mit Rechten und Garantien, auf die man sich gern beruft.

Das höchste Gericht hat das Grundgesetz stark gemacht

Es wäre ein wenig zu hart, wenn man konstatierte, dass das Grundgesetz im Jahr 1949 den Menschen erst einmal Steine gab, wo die Landesverfassungen zwei Jahre vorher noch Brot ausgeteilt haben. Tatsache ist, dass das Brot der Landesverfassungen dürr geworden ist, sich aber die Grundrechte des Grundgesetzes als unerwartet nahrhaft herausgestellt haben. Sie sind es ja vor allem, die beim Lobpreis des Grundgesetzes gemeint sind, weil die nachfolgenden Staatsorganisationsregeln kaum jemand kennt. Diese Grundrechte aber wären abstrakt geblieben, wenn das Gericht in Karlsruhe sie nicht konkretisiert und gestärkt hätte. Karlsruhe hat dafür gesorgt, dass der Satz von der Unantastbarkeit der Menschenwürde im Artikel 1 kein bloßes Sprüchlein blieb. Das höchste Gericht hat das Grundgesetz stark gemacht (auch wenn das Gericht dabei nicht immer so mutig und stark war, wie man es sich gewünscht hätte). Die Landesverfassungen hat gar niemand gestärkt. Das Grundgesetz hat eine Adresse: Karlsruhe; die Landesverfassungen haben keine. Man darf die Karlsruher Richter daher Väter und Mütter des Grundgesetzes nennen; aus den Männern und Frauen, die 1948/49 dieses Werk geschrieben haben, sind dann dessen Großväter und Großmütter geworden. Das von ihnen allen geschaffene Grundgesetz hat evolutionäre Potenz. Es war Motor für die geglückte Modernisierung der Gesellschaft. Das ist das Grundgesetz-Wunder.

Eine sinnlose Strafarbeit?

Man sieht es diesem Grundgesetz nicht an, dass es im Dreck entstanden ist, in Schutt und Elend. Die Deutschen, für die es gemacht wurde, interessierten sich kaum dafür, sie hatten anderes zu tun. Sie räumten die Trümmer weg, die der Nationalsozialismus in ihnen und um sie herum hinterlassen hatte. Sie hatten Hunger und die Furcht, das Überleben nicht zu schaffen. Sie hatten, wie Erich Kästner trotzig schrieb, »den Kopf noch fest auf dem Hals«, aber sie hatten genug von Politik. Demokratie war ihnen suspekt. Sie galt als Import der

Siegermächte, und die zu schreibende Verfassung verstand man als eine von Briten, Franzosen und Amerikanern auferlegte sinnlose Strafarbeit.

Die Verfassungsarbeiter sahen das anders. Für sie war das Werk ein Scheck für eine bessere Zukunft; aber auch sie hatten, wie alle, Angst vor der Zementierung der deutschen Teilung und, vor allem, vor einem neuen Krieg. Die Sowjets hatten Berlin abgeriegelt, die Blockade sollte fast ein Jahr dauern. Unter miserableren Voraussetzungen ist kaum eine Verfassung geschrieben worden. Die dreißig Fachleute, die vor sechzig Jahren aus den zerbombten Städten der Westzonen zum Verfassungskonvent in die Idylle der Insel Herrenchiemsee kamen, haben sich an Martin Luther gehalten: Sie haben befürchtet, dass die Welt untergeht – und trotzdem das Bäumchen gepflanzt.

Nichts Zittriges, nichts Zaghaftes

Es war die erfolgreichste Pflanzaktion der deutschen Geschichte. Bei den Feiern zu den Jubiläen des Grundgesetzes besichtigt man stolz diesen Baum, der ein deutscher Stammbaum geworden ist; man preist seine Früchte. Zu Jubiläen gehört üblicherweise ein Blick zurück, der das Damals in ein rosig-nostalgisches Licht taucht. Ein solcher Blick wäre aber beim Grundgesetz-Jubiläum nicht Verklärung, sondern Verfälschung; er machte das Wunder kleiner. Es war gar nichts rosig. Die Grundrechte sind nicht zuletzt deswegen so eindrucksvoll, weil sie auf zitterndem Boden geschrieben worden sind und trotzdem gar nichts Zittriges, gar nichts Zaghaftes haben. In einer Zeit, in der es keine Sicherheiten gab, in der die Deutschen die Unfreiheit noch verinnerlicht hatten, brach der Verfassungskonvent mit dem überkommenen Staatsbild. Der Staat sollte von nun an der Freiheit seiner Bürger dienen, nicht umgekehrt der Bürger der Sicherheit des Staates.

Ein Staat um der Menschen willen

Und so schrieb man es auch in den Artikel eins des Entwurfs von Herrenchiemsee: »Der Staat ist um des Menschen willen da, nicht der Mensch um des Staates willen.« In der Endfassung wurde daraus die Grundnorm: »Die Würde des Menschen ist unantastbar. Sie zu achten und zu schützen ist Verpflichtung aller staatlichen Gewalt.« Das war und ist keine Predigt, das ist heute geltendes Recht.

Hunderttausende Displaced Persons zogen damals durch die Städte, eineinhalb Millionen Flüchtlinge lagerten allein im kleinen Schleswig-Holstein; aber über ein Grundrecht auf Asyl wurde nicht lang debattiert, es war selbstverständlich angesichts der bitteren Erfahrungen, die man selbst mit Verfolgung und Abweisung erfahren hatte. Die Mordrate war in den unsicheren Nachkriegsjahren auf bis dahin ungekannte Höhen gestiegen; die Abschaffung der Todesstrafe wurde trotzdem ins Grundgesetz geschrieben. Die neue Kriegsgefahr, die Gefahr von Spionageakten und von Anschlägen war mit Händen zu greifen; doch über das Verbot der Folter wurde keine Sekunde gestritten; man wusste, was passiert, wenn Demütigung zum Instrument staatlichen Handelns wird. Es saßen viele zuvor politisch Verfolgte in den Gremien, die das Grundgesetz vorbereiteten. Nie mehr später in einem deutschen Parlament war ihr Anteil so hoch.

Im sichersten Deutschland

In unsicherster Zeit also wurden Grundrechte geschaffen. Später, im sichersten Deutschland, das es je gab, wurden sie revidiert: erst das Grundrecht auf Asyl, weil das »Boot« angeblich voll war; dann das Grundrecht auf Unverletzlichkeit der Wohnung, weil man angeblich sonst der organisierten Kriminalität nicht Herr werden konnte; heute ist es der islamistische Terror, dessen Bekämpfung Grundrechte angeblich im Wege stehen. Die Kirschen der Freiheit werden madig gemacht.

Wunder und Wunden

Das Wort »Wunder« und das Wort »Wunden« liegen nah beieinander. Dem Wunder sind Wunden geschlagen worden. Wenn bei den Grundgesetz-Jubiläumsfeiern viel Weihrauch verbrannt wird, dann dient die Räucherei wohl auch dazu, den Blick auf diese Wunden zu trüben. Von einem Stolz der Politik auf die Bürger- und Freiheitsrechte spürt man im politischen Alltag sehr wenig, seitdem ein ungeschriebenes »Grundrecht auf Sicherheit« zum Super-Grundrecht aufgestiegen ist. Das Bundesverfassungsgericht kümmert sich seit Jahren um die Grund- und Freiheitsrechte, Regierung und Bundestag kümmern sich um deren Einschränkung. Der Gesetzgeber auf dem Gebiet der inneren Sicherheit tut so, als müsse er – mit Vorratsdatenspeicherung, Computerdurchsuchung und sonstigen Überwachungsmaßnahmen – eher den Staat vor dem Bürger schützen als den Bürger vor dem Staat. An die Stelle des Stolzes auf die Bürgerrechte ist das Vorurteil getreten, man müsse diese kleiner machen, um so mehr Sicherheit zu schaffen. So kommt es, dass das sichere grundrechtliche Fundament nicht mehr sicher ist.

**Anschrift für die neuen Liebeskummerbriefe:
Schloßbezirk 3, 76131 Karlsruhe**

Ein solcher Befund gilt den Sicherheitspolitikern als Alarmismus. Wer nichts angestellt habe, sagen sie, müsse vor schärferen Kontrollen keine Angst haben. Solche Sätze sind die Stricke, an denen immer neue Sicherheitsgesetze wie trojanische Pferde in den Rechtsstaat hineingezogen werden. Die schönste Beobachtung, die man zum Grundgesetz-Jubiläum machen kann, ist daher die: Der Widerstand gegen den politischen Verzehr des Bürgerrechte wächst, er artikuliert sich auch in den Klagen, die in Karlsruhe erhoben werden – beim Bundesverfassungsgericht, Schloßbezirk 3, 76131 Karlsruhe. Diese Klagen sind die neuen deutschen Liebeskummerbriefe; und das Verfassungsgericht bemüht sich in seinen Antworten immer mehr, den Kummer zu lindern.

Geschenke zum Jubiläum

Was soll man dem Grundgesetz wünschen? Noch ein bisschen mehr Demokratie zuallererst. Das Misstrauen gegen das Volk ist unberechtigt geworden. Als sich Konrad Adenauer, der Präsident des Parlamentarischen Rats, und Carlo Schmid, der Staatsrechtsprofessor und große SPD-Parlamentarier, am 1. September 1948 kennenlernten, beschloss Adenauer das Gespräch so: »Was uns beide unterscheidet, ist nicht nur das Alter, es ist noch etwas anderes: Sie glauben an den Menschen, ich glaube nicht an ihn, und habe nie an den Menschen geglaubt.« Noch nach Jahren hat Adenauer den Sozialdemokraten bei Empfängen in eine Ecke gezogen und gefragt: »Glauben Sie immer noch an den Menschen?« Carlo Schmid tat es; er glaubte an den Menschen – trotz der bitteren Erfahrungen mit den NS-Verbrechern und dem Nazi-Reich.

1949 hatte man keinen Anlass zu überlegen, ob die strenge Rationierung der Mitwirkungsrechte der Bürger auf die Wahl zu den Parlamenten ein Dauerzustand bleiben solle. Das Grundgesetz war ja als vorläufige Ordnung gedacht; als sich herausstellte, dass aus der vorläufigen eine feste Ordnung geworden war, und als nach der Wiedervereinigung eine Verfassungsreform auf der Tagesordnung stand, hatten sich aber viele Politiker schon so an die Bequemlichkeiten des streng repräsentativen Systems gewöhnt, dass die Mehrheiten für mehr Demokratie nicht zustande kamen. Alle Bundesländer kennen das Plebiszit. Was dort gut ist, kann auf Bundesebene nicht rundweg des Teufels sein.

Eine Demokratie, die nicht an den Menschen glaubt und die Menschen nicht mag, ist keine gute Demokratie. Die Politik darf den Bürger nicht als notwendiges Übel der Demokratie betrachten. Die repräsentative Demokratie braucht daher eine Ergänzung – sie braucht eine Prise direkte Demokratie. Es wäre gut und heilsam, die repräsentative Demokratie durch plebiszitäre Elemente, also durch Volksbegehren und Volksentscheid, zu ergänzen. Nach siebzig Jahren Bundesrepublik ist die Tür, die das Grundgesetz dafür vorgesehen hat, immer noch nicht geöffnet worden. Im Artikel 20 Absatz 2 des Grundgesetzes heißt es: »Alle Staatsgewalt geht vom Volke aus. Sie wird vom Volke in Wahlen und Abstimmungen ... ausgeübt.« Diese Abstimmungen gibt es bis heute nicht.

Nein, danke. So nicht.

Gewiss: Wenn man nach den Erfahrungen bei den volksverhetzenden Pegida-Demonstrationen und angesichts der rassistischen Kloaken im Internet von »direkter Demokratie« spricht, laufen viele aufrechte Demokraten schreiend davon. Man kann das schon verstehen. Es bleibt einem ja selbst dieses eigentlich so sympathische Wort im Halse stecken. Kann, soll, darf man die Demokratie wirklich der Straße und dem Netz ausliefern – diesen Slogans und diesem Hass, den man da findet? Die Forderung, Volksbegehren und Volksentscheid auch auf Bundesebene einzuführen, hat es daher kaum je so schwer gehabt wie heute. Soll das, so kann man fragen, die Zukunft der Demokratie sein? Diese Pöbelei, diese Aggression? Nein, danke. So nicht. Und trotzdem: Die Forderung nach Plebisziten auf Bundesebene war und ist richtig. Wäre sie, als sie nach der Deutschen Einheit ganz oben auf der politischen Tagesordnung stand, erfüllt worden – das Gefühl, dass »die da oben eh machen, was sie wollen« hätte sich nicht so gefährlich ausbreiten können. Aus einer Politikverdrossenheit, die schon seit Langem grassiert, wäre nicht diese partielle Politikverachtung geworden – die bis in die bürgerliche Mitte reicht. Deutschland braucht keine Hinwendung zu Nationalismus und Radikalismus. Es braucht stattdessen eine Hinwendung der Politik zu den Menschen. Die Demokratie muss näher hin zum Bürger.

Der Text basiert auf Artikeln in der Süddeutschen Zeitung vom 19. Mai 2009 und 19. Juli 2008.

20. Juni: Weltflüchtlingstag

Die Konferenz in Envian über die Rettung der in Nazi-Deutschland verfolgten Juden wurde 1938 zum Desaster in Plüsch. Warum das, trotz aller Unterschiede, eine Mahnung und Warnung ist für die heutigen Flüchtlingskonferenzen.

Diese verdammten Zahlen

Die Humanität ist bedroht, massiv,
wie schon seit Jahrzehnten nicht mehr.

Hören wir den Bericht einer Konferenzbeobachterin zu dem Thema, das derzeit alle anderen Themen überrollt. Lesen wir ihren Bericht über die Stimmung im Konferenzsaal, in dem über die Flüchtlinge beraten wurde: »Dazusitzen, in diesem wunderbaren Saal, zuzuhören, wie die Vertreter von 32 Staaten nacheinander aufstanden und erklärten, wie furchtbar gern sie eine größere Zahl Flüchtlinge aufnehmen würden und wie schrecklich leid es ihnen tue, dass sie das leider nicht tun könnten, war eine erschütternde Erfahrung.« Wie spüren wir die Verzweiflung der Berichterstatterin: »Ich hatte Lust aufzustehen und sie alle anzuschreien. Wisst ihr denn nicht, dass diese verdammten 'Zahlen' menschliche Wesen sind?«

1938/2018: Wie sich die Abwimmel-Mechanismen ähneln

32 Staaten? So viele Mitgliedsstaaten hat die Europäische Union doch gar nicht! Das ist dem Sozialpsychologen Harald Welzer aufgefallen, als er vor zwei Jahren in der Zeit über die »gespenstische Gegenmenschlichkeit« der europäischen Flüchtlingspolitik schrieb. Dem Wissenschaftler fiel auf, was

jedem auffällt, der sich mit der Konferenz von Evian beschäftigt und dabei die EU-Konferenzen von heute im Kopf hat, die sich mit der Abwehr von Flüchtlingen beschäftigen: Wie sehr sich die Abwimmel-Mechanismen ähneln – damals, 1938, bei der Flüchtlings-Konferenz von Evian und heute, bei den Flüchtlings-Konferenzen in Brüssel.

Das Zitat zu Beginn bezieht sich nicht auf die Gegenwart und auf die Weigerung so vieler europäischer Staaten, Flüchtlinge aus den Kriegs- und Krisengebieten aufzunehmen; es bezieht sich nicht auf den Flüchtlingsgipfel von Brüssel in den vergangenen Tagen, nicht auf den Triumph der Flüchtlingsabwehr von 2018. Das Zitat klingt aktuell, ist aber alt, es gehört zu einer Konferenz, die vor achtzig Jahren am Genfer See, im französischen Kurort Evian, in Evian-les-Bains begann. Und die verzweifelte Beobachterin dieser Konferenz war Golda Meir, die spätere Ministerpräsidentin Israels. Von ihr stammt das Zitat darüber, dass Menschen keine Zahlen sind.

Die Flüchtlingskonferenz von Evian

In Evian verhandelten vom 6. bis 15. Juli 1938 auf Einladung des US-Präsidenten Franklin D. Roosevelt die Staaten der Welt darüber, wie den in Nazi-Deutschland verfolgten Juden geholfen werden könnte. Ziel der Konferenz war, die Aufnahme von 540 000 Juden aus dem Deutschen Reich und aus dem soeben »angeschlossenen« Österreich zu regeln. Die Konferenz scheiterte grandios. Die zehn Tage im schönen Hotel Royal waren das finstere Ende der Belle Epoque, ihr Ergebnis war null, es war ein Desaster in Plüsch und Prunk. Keiner wollte die Flüchtlinge aufnehmen, vor allem deswegen nicht, weil die Nazis ihnen vorher Geld und Vermögen abnahmen. Arme jüdische Flüchtlinge wollte keiner haben. Die Flüchtlingskonferenz scheiterte vier Monate vor dem Novemberpogrom in Deutschland. Frankreich und Belgien behaupteten, sie hätten schon den äußersten Grad der Sättigung mit jüdischen Flüchtlingen erreicht. Die Niederlande meinten, bereits aufgenommene Juden müssten erst weiterreisen, bevor neue aufgenommen werden können. Das hört sich bekannt an.

Ein Desaster in Plüsch

Evian, der Ort des bekannten Mineralwassers, war und ist ein erschreckendes Beispiel für die Verweigerung von Hilfe. Die Konferenz gilt als einer der beschämenden Höhepunkte der Appeasement-Politik gegenüber Adolf Hitler; Kritik am NS-Diktator wurde mit keinem Wort geübt. Die Konferenz von Evian vor achtzig Jahren endete mit einem Bankett, einem Feuerwerk, einer unverbindlichen Abschlussresolution und der Einigung darauf, die Konferenz regelmäßig zu wiederholen. Der *Völkische Beobachter,* das publizistische Parteiorgan der NSDAP, kommentierte triumphierend, man habe der Welt ihre geliebten Juden angeboten, aber: »Keiner will sie.«

Warum die Unmenschlichkeit nicht abfärben darf

So war das damals. Man soll, man darf keine falschen Vergleiche ziehen. Die Lage der Flüchtlinge von heute ist eine ganz andere als die der Juden in Nazi-Deutschland. Aber um die Menschen hinter der Zahl geht es auch heute, sollte es auch heute gehen; doch die Einzelschicksale interessieren die Politik kaum mehr; die Flüchtlinge gelten als Teil einer bedrohlichen Masse; von »Menschenfleisch« hat der italienische Innenminister Matteo Salvini von der rechtsextremen Partei Lega verächtlich gesprochen. Das ist die Sprache des Unmenschen. Die Unmenschlichkeit beginnt mit solcher Sprache. Sie darf nicht abfärben, auch nicht ein wenig. In einer Runde von Bürgermeistern über Fragen von Migration und Integration klagte kürzlich eine Teilnehmerin über den groben Ton, der sich in amtlichen Verlautbarungen neuerdings artikuliere. Ihr Zwischenruf, dass man doch mit Menschen zu tun habe, wurde mit genervtem Stöhnen der Runde quittiert.

Die Egoismen sind vergleichbar

1849 hat Franz Grillparzer den Satz geschrieben: »Von der Humanität durch Nationalität zur Bestialität.« Wer Grillparzer liest und wer Leute wie Salvini hört, der weiß, dass die Humanität wieder bedroht ist, massiv, wie schon seit Jahrzehnten nicht mehr. Es darf nicht passieren, dass sich ein merkwürdiger Stolz darauf entwickelt, rechtsverachtend und schweinisch daherzureden.

Menschenfleisch: Das ekelhafte Wort des italienischen Innenministers fiel im Zusammenhang mit den Bootsflüchtlingen im Mittelmeer. Das deutsche Passagierschiff St. Louis fällt einem da ein; es war ein Schiff der Hamburger Reederei Hapag: 937 Passagiere an Bord, fast nur deutsche Juden, versuchten ein halbes Jahr nach den Novemberpogromen auszuwandern, mit gültigen Papieren in der Tasche. Das Schiff absolvierte im Mai und im Juni 1939 eine Irrfahrt durch die Meere. Nachdem es weder in Havanna noch in den USA anlegen durfte, musste es nach Europa zurückkehren, die Passagiere wurden in Antwerpen an Land gebracht. Nach neueren Forschungen wurden 254 der Passagiere im Holocaust ermordet.

Wenn Gerede tötet

Wie gesagt: Die Juden von damals sind mit den Flüchtlingen von heute nicht vergleichbar. Aber vergleichbar sind die Egoismen der Staaten und vergleichbar ist das zynische Reden von Politikern. Der niedersächsische Innenminister Boris Pistorius hat das in einem Interview vor ein paar Jahren in der

Süddeutschen Zeitung beklagt: »Da wird heute wieder geredet wie damals, vom sozialen Frieden, der durch die Aufnahme der Flüchtlinge bedroht sei; da wird wieder geredet von der innenpolitischen Balance, die durch die Flüchtlinge gefährdet werde; da wird vom Missbrauch des Asylrechts geredet. Genau so war es damals. Nach und an diesem Gerede sind damals so viele Menschen gestorben. Die Konferenz von Evian hätte vielen Menschen das Leben retten können. Daraus gilt es zu lernen. Der Versuch, den europäischen Kontinent abzuschotten, bedeutet: Wir haben nichts gelernt.«

Wenn wir die Ergebnisse der diversen Flüchtlingsgipfel betrachten – was haben wir gelernt?

Aus dem Newsletter »Prantls Blick« vom 1. Juli 2018

17. Juli: Internationaler Tag der Gerechtigkeit

Recht ist etwas, woran wir glauben, weil es auf unsere Wünsche antwortet, auch wenn es deren Schöpfung ist.

Irrung, Wirrung, Wahrheit

Petra Morsbachs Roman »Justizpalast« über die Richter und ihren Alltag

Mit Petra Morsbach verbindet mich einiges, nicht nur ein digitaler Disput über Franz Josef Strauß, den wir uns einmal geliefert haben. Aber dieser Disput war unser erster Kontakt. Also: Ich hatte am 5. September 2015 zum hundertsten Geburtstag von Franz Josef Strauß in der *Süddeutschen Zeitung* eine Würdigung über Strauß geschrieben, die »Das Kreuz des Südens« überschrieben war und die im Untertitel dem früheren CSU-Chef bescheinigte, dass er zwar einerseits Bayern grundlegend modernisiert, andererseits der Bundesrepublik aber die schwärzesten Skandale beschert habe. Dieser bayerische Politikertypus wird mit dem Dreiklang »vital, brutal, sentimental« anschaulich beschrieben.

Eine unabhängige Staatsanwaltschaft

Petra Morsbach war mein Text zu milde, zu gewogen, zu unkritisch. Sie schrieb damals wohl gerade an den Passagen ihres Buches, in denen zwei Richter, die Hauptfigur des Romans und ihr Richterfreund, sehr heftig mit Strauß abrechnen. Und es spotten die beiden darüber, dass die Journalisten ihm »in postdemokratischer Ekstase« huldigen, sich an einem Soziopathen ergötzen und »in freiwilliger Unterwürfigkeit delirieren«.

Nun, ich war und bin zwar nicht als glühender Freund der CSU-Politik bekannt; aber in Nachrufen und sonstigen Laudationes, ich gestehe es, neige ich zu einer gewissen Nachsicht, die Strauß womöglich wirklich nicht verdient hat – zumal er, und da bin ich schon bei unserem Thema, die Ermittlungsbehörden und die Justiz nicht besonders geschätzt hat; er hat sie benutzt, bisweilen brutal. In Petra Morsbachs Buch taucht das an der einen oder anderen Stelle auf; und sie schreibt davon, wie die Justiz »Spuren, die in die Politik führten, einfach übersehen konnte«. An diesen Stellen wird Morsbach wunderbar rechtspolitisch, sie lässt ihre Hauptfiguren, und da stimme ich sehr zu, eine unabhängige Staatsanwaltschaft fordern – eine Staatsanwaltschaft, die nicht weisungsgebunden ist und nicht eingegliedert in die Hierarchie der Exekutive, also ins Regierungshandeln.

Wie der Rechtsstaat zu Schanden wird

Es geht dann um »Macht und Missbrauch« – so heißt das erste Buch des früheren hohen Finanzbeamten Wilhelm Schlötterer, der schon in seiner aktiven Zeit aufgedeckt und angeprangert hat, wie Strauß gezielt in Ermittlungen eingriff und Ermittlungen verhinderte. Schlötterer spielt eine nicht unwichtige Rolle in Morsbachs Buch, weil sein Fall ein Beispiel dafür ist, wie Gerechtigkeit und Rechtsstaat zu Schanden werden. Diesem Kritiker Schlötterer ging es schlecht; ihm wurden Beförderungen verweigert, es gab Straf- und Disziplinarverfahren gegen ihn. Aber seine Protestationen führten zur Aufdeckung des Amigo-Systems, das zu Beginn der Justiz-Karriere von Thirza Zorniger noch sehr im Schwange war und das die bayerische Justiz nicht unbeleckt ließ.

Zorniger, die Frau mit dem anmutigen Vor- und dem martialischen Nachnamen, ist die Hauptfigur in Petra Morsbachs Justizepos. Diese Thirza Zorniger im Buch ist genauso alt wie ihre Schöpferin Petra Morsbach. Und Thirza Zorniger wiederum ist genau in der Zeit in die bayerische Justiz eingetreten, in der ich auch in diese Justiz eingetreten bin. Im Gegensatz zu Thirza Zorniger bin ich dort nach sechs Jahren wieder ausgetreten. Ich habe mich herausgearbeitet, Petra Morsbach hat sich mit ihrer Richterin Thirza Zorniger hineingearbeitet.

Die Unabhängigkeit des Hamsters im Rad

Im Münchner Justizpalast, der dem Roman den Namen gegeben hat, habe ich – wie Thirza Zorniger auch – die mündliche Prüfung zum Zweiten Staatsexamen abgelegt, dort hat mich der Prüfungsvorsitzende im Vorgespräch allen Ernstes gefragt, ob ich denn »gedient« hätte; dort hat der Personalchef des Justizministeriums mit mir als frisch examiniertem Volljuristen das Einstellungsgespräch geführt; dieser Personalchef war dann später, bis zu dessen Auflösung durch Edmund Stoiber, der letzte Präsident des Bayerischen Obersten Landesgerichts gewesen.

Sechs Jahre habe ich später als Richter und Staatsanwalt in Regensburg gearbeitet, in einem Gebäude, das dort auch »Justizpalast« heißt – und so aussieht wie der etwas geschrumpfte Münchner Justizpalast, in dem Petra Morsbachs Roman spielt. Die Häuser, die Justiz-Palast heißen, stammen ja alle aus der Zeit des Obrigkeitsstaats, aus der Zeit, in der die Staatsgewalt auf Beeindruckungsarchitektur Wert legte. Heute verkleidet diese Beeindruckungsarchitektur eine oft ziemliche miese Sach- und Personalausstattung, in der die Eingangszahlen sehr und die Richterzahlen kaum steigen und die Unabhängigkeit des Richters der Unabhängigkeit des Hamsters im Rad ähnelt.

Ich habe beim Lesen geschmunzelt über den Spott, den Petra Morsbach Jurastudenten über den Justizpalast formulieren lässt – als »pompösen Kasten ... dessen Zentralhalle ein Drittel des Gebäudes einnahm, so dass nicht genug Platz für Richterbüros und Gerichtssäle war ... die Halle als Ausdruck des Prinzips der Öffentlichkeit; die Kuppel als von Kirchen übernommene Würdeformel, letztlich ein Herrschaftssymbol ...«. Und dann die Skulpturen, die dort herumstehen: der bronzene Prinzregent »im Renaissance-Faschingskostüm ... und die neobarocken Steinfiguren auf dem Dach, die etwa Unschuld und Laster, Rechtshilfe und Rechtsschutz bedeuten sollten, im Grunde aber theatralisch verdrehte Nackedeis waren«. Es ist anrührend zu lesen, wie diese bespöttelte Architektur, wie dieser Justizpalast der Richterin Thirza Zorniger zur Heimat wird.

Kleine Akte des Widerstands

Diese Heimat, von der Petra Morsbach schreibt, kenne ich also ein wenig. Und oft hatte ich beim Lesen das Gefühl, ich kenne auch die Personen, von denen sie schreibt – nicht weil ich sie wirklich erlebt habe, sondern weil die Justiz bestimmte Charaktere anzieht und bestimmte Charaktere formt. »Der tägliche Strom von Streit und Selbstgerechtigkeit« (S. 399) provoziert auch kleine Akte des Widerstands – und sei er nur von so skurriler Art wie beim Richter Wjetrek, der Verhandlungen mit Frankfurter Edelkanzleien gern so früh ansetzte, dass die Anwälte den Flieger um fünf Uhr nehmen mussten«.

Morsbach definiert »DIE JUSTIZ« wie folgt: »Ein ehrfurchtgebietendes, schwindelerregendes Konstrukt aus Anspruch und Verblendung, Abstraktion und Herrschaftssicherung, Moral und Missbrauch, Redlichkeit und Routine, Zwanghaftigkeit und Zynismus.« Und dann fügt sie an: »Nicht zu durchdringen«.

Aber genau das tut sie auf den 480 Seiten ihres Romans. Petra Morsbach ist eine wunderbare Beschreiberin – ich habe nie einen literarischen Text gelesen, in dem über die bundesdeutsche Justiz und ihren Alltag, über ihre Protagonisten, über ihr Wesen und Walten, über Sein und Schein, Anspruch und Wirklichkeit so kenntnisreich, so umfassend erfassend und so packend geschrieben wurde wie von unserer Preisträgerin.

Ihr Roman »Justizpalast« ist ein Epos der Wirrungen, Irrungen und Wahrheiten des Justizbetriebs – dargestellt am Leben der Richterin Thirza Zorniger. Es gibt keinen anderen Roman von dieser Art; es gibt in der deutschen Literatur zwar packende Justizreportagen, es gibt treffliche Justizkritik, es gibt die Gerichtsreportage, wie sie in der Weimarer Zeit Paul Schlesinger, genannt Sling, schrieb; seine Prozessberichte waren Miniaturdramen aus dem Justizalltag, durchsetzt mit Spott, Ironie und kluger Belehrung; es gibt die kritischen Justizreportagen des Menschenverstehers Uwe Nettelbeck aus den 1960er-Jahren, die stets auf der Seite des Angeklagten stehen, ohne sich mit ihnen gemein zu machen; es gibt die Bestseller-Kurzgeschichten Ferdinand von Schirachs; und es gibt natürlich Heinrich von Kleist, den Zerbrochnen Krug und den Dorfrichter Adam – und es gibt, in Frankreich, Balzac. Aber so einen profunden Blick in den bundesdeutschen Justizapparat gab und gibt es bisher nicht.

Zahnräder, die Menschen sind

Wir blicken in einen Justizapparat, dessen Zahnräder Menschen sind. Diese Menschen sind Juristen mit blendenden Staatsexamina, aber mit privaten Problemen, wie sie halt Menschen so haben; und es sind Menschen mit Schwächen, die die beste, die strengste und anspruchsvolle Ausbildung nicht verhindern kann: »Eine Justiz ohne unerfahrene Richter gibt es nicht. Denn jeder erfahrene Richter war einmal ein unerfahrener Richter«; wie einfach und wie wahr. Es ist dies ein Werk der Aufklärung über Glanz und Elend der Justiz.

Am beeindruckendsten fand ich die Passagen, in denen sich die Richterin Thirza Zorniger als Familienrichterin quält – weil, wie Morsbach so schön schreibt, »auch sympathische, vernünftige Leute sich in Trennungssituationen fern ihrer Standards verhalten können«. »Grauenhaft. Grauenhaft« – entfährt es ihr, als es um die Entziehung des Sorgerechts geht. Und es folgt ein Satz, der einem ans Herz geht: »Der Umgang mit der bedenkenlosen, alltäglichen Geldgier im allgemeinen Zivilrecht ist dagegen ein Kinderspiel«.

Was das Recht leisten soll

Was soll das Recht leisten? Es ist einerseits dafür da, das Leben zu akzeptieren, und zwar so, wie es ist, und es andererseits zu ordnen – gerade dann, wenn es schwierig und kompliziert, also gewissermaßen unordentlich ist. Unordentlichkeiten gibt es überall: in Restaurants und Bäckereien, in Schulen, in den Kirchen, im Bundestag, in der Justiz natürlich auch. Am häufigsten sind diese Unordentlichkeiten aber im ehelichen und nichtehelichen Alltag: Wenn es in den persönlichen Beziehungen drunter und drüber geht und im Drüber und Drunter Kinder gezeugt, geboren und erzogen werden (mit solchen Turbulenzen in der Familie Zorniger beginnt das Buch) – dann muss das Recht die Dinge ordnen. Aber das sagt und schreibt sich einfacher, als es ist.

Juristen haben den Ruf, kleinlich zu sein. Manchmal stimmt das auch. Ich bin, auch das gestehe ich, an den 480-Seiten-Roman über die Justiz erst einmal kleinlich herangegangen – weil ich wusste, dass Petra Morsbach nicht Jura studiert hat, sondern Philologie und Theaterregie... Ich ging an das Buch heran wie der Korrektor an eine Jura-Klausur: Ich wollte die juristischen Fehler finden. Aber ich fand kaum einen. Petra Morsbach hat sich hineingearbeitet, ja hineingebohrt in die Juristerei, sie jongliert behände mit den komplizierten Problemen und den komplexesten Fällen, sie erklärt auf verständliche, geradezu lustvolle Weise, was ein dinglicher Arrest ist und wozu solche Rechtsfiguren gut sind. Das ist juristische und literarische Virtuosität.

Justitias Mühle

Petra Morsbach hat recherchiert wie der Teufel, sie saß viele Jahre lang in den Gerichtssälen, hat mit Dutzenden von Juristen und Richtern aller Gerichtszweige und Instanzen gesprochen – und man liest mit Erstaunen, Respekt und Bewunderung das Ergebnis. Wenn ich etwas vorschlagen darf: Ich würde ihr dafür nicht nur den Wilhelm-Raabe-Preis, sondern auch den Dr. jur. h.c. verleihen. Sie hat, mittels schriftstellerischer Recherche, ein profundes Studium der Rechtswissenschaft samt Rechtsphilosophie absolviert. Und wenn sie ihre Fälle, die Fälle der Thirza Zorniger beschreibt und ihre Lösung darlegt, dann hatte ich manchmal das Gefühl, ich lese das juristische Repetitorium von Alpmann/Schmidt; nur viel besser und verarbeitet mit den Mitteln des poetischen Realismus – den Wilhelm Raabe, der Namensträger dieses Preises, in der deutschen Literatur begründet hat. Der Vater von Wilhelm Raabe, Gustav Karl Maximilian Raabe, war übrigens Aktuar am Amtsgericht in Braunschweig, später dann Justizamtmann zu Stadtoldendorf. Raabe kannte die Welt, von der Morsbach schreibt. Er hat 1884 einen der ersten Umweltromane geschrieben, »Pfisters Mühle«, der davon handelt, wie die Wasserverschmutzung durch eine Zuckerrübenfabrik ein Ausflugslokal in den Ruin treibt. Über 130 Jahre später hat Morsbach nun einen Roman über Justitias Mühle geschrieben.

Recht ist etwas, woran wir glauben, weil es auf unsere Wünsche antwortet, auch wenn es deren Schöpfung ist – so sagt es

Stanley Fish, US-Professor für Englische Literatur und Rechtstheorie. Glauben wir nach der Lektüre des Romans immer noch daran, dass es auf unsere Wünsche antwortet? Ich wünsche mir, dass Richter sich so mühen, wie sich Petra Morsbach gemüht hat. Ich wünsche mir, dass die Richter für Menschen, die bei ihnen Recht suchen, so viel Sensibilität haben, wie Petra Morsbach sie für die Justiz hat. Ich wünsche mir, dass die Akribie und die Leidenschaft, die Petra Morsbach in diesen Roman gelegt hat, die Akribie und die Leidenschaft ist, mit der Richterinnen und Richter immer wieder zu arbeiten versuchen.

Das Schwert weglegen

Es gibt ein Gemälde im Plenarsaal des Oberlandesgerichts Düsseldorf, auf dem sitzt die Justitia da wie eine Amazonenkönigin. Den Blick aufwärts gerichtet hält sie Schwert und Waage, sie hält diese Requisiten triumphierend herrisch, als handele es sich um ein Beutestück. Das Gemälde ist ein wenig unangenehm. Angenehmer wird es nur dadurch, dass diese Justitia auf ihrem Schoß auch ein Buch liegen hat. Man möchte Justitia wünschen, dass es Petra Morsbachs Buch »Justizpalast« ist – und möchte ihr raten, dass sie das Schwert weglegt, um umzublättern.

Laudatio anlässlich der Verleihung des Wilhelm-Raabe-Preises an Petra Morsbach für den Roman »Justizpalast« am Sonntag, 5. November 2017 im Staatstheater Braunschweig

6. August: Frauen-Gleichstellungstag

Wie die Rechtsanwältin Elisabeth Selbert 1948/49 heldinnenhaft dafür sorgte, dass der Artikel 3 ins Grundgesetz kam. Das Land dankte es ihr nicht.

Aufbruch
in eine neue Zeit

Waschkorbweise Post
für die Gleichberechtigung

Ein kleiner Dialog aus den Gründungstagen der Bundesrepublik: »Sag mal, Carlo, ich finde in den Herrenchiemsee-Protokollen gar nichts zu der Frage der Gleichberechtigung. Wann habt ihr das denn besprochen?« So fragt Elisabeth Selbert, damals 51, Rechtsanwältin aus Kassel, ihren berühmten Parteikollegen. Die Beratungen auf der Insel Herrenchiemsee, die bis zum 23. August 1948 gedauert haben, sind zu Ende, am 1. September tritt in Bonn der Parlamentarische Rat zusammen, der auf der Basis des Herrenchiemsee-Entwurfs das Grundgesetz formuliert. Carlo Schmid und Elisabeth Selbert sind beide für die SPD Abgeordnete im Parlamentarischen Rat.

»Es waren ja nur Herren anwesend«

Carlo Schmid druckst nicht lange herum: »Wann wir die Gleichberechtigung besprochen haben? Gar nicht, waren ja nur Herren anwesend.« Aber der Staatsrechtler aus Württemberg räumt ein: »Die Frauenrechte sind auf dem Stand der Jahrhundertwende, und wenn sich da was ändern soll, brauchen wir eine neue Formulierung im Grundgesetz. Lass es mich doch bitte wissen, wenn Du einen konkreten Entwurf hast.« Das klingt ein wenig gönnerhaft. Aber Elisabeth Selbert lässt sich nicht lange bitten. »Den habe ich«, sagt sie: »Männer und Frauen sind gleichberechtigt.«

Wenn es Elisabeth Selbert nicht gegeben hätte

Ob sich der Dialog wirklich so abgespielt hat? Er könnte sich jedenfalls so abgespielt haben. Ein Fernsehfilm über Elisabeth Selbert hat ihn so nachgezeichnet. Zwar standen schon in der Weimarer Reichsverfassung von 1919 zwei Gleichberechtigungsartikel. Erstens: »Männer und Frauen haben grundsätzlich dieselben staatsbürgerlichen Rechte und Pflichten.« Und zweitens: »Die Ehe beruht auf der Gleichberechtigung der Geschlechter.« Aber diese Gleichberechtigung war »eine rein papierene«, wie Elisabeth Selbert schon im Oktober 1920 als Delegierte auf der SPD-Reichsfrauenkonferenz in Kassel gesagt hatte. Der Weimarer Verfassungssatz, dass »die Ehe auf der Gleichberechtigung der Geschlechter« beruht – er war 1919 eine blanke Lüge und er blieb auch eine Lüge. Und er wäre eine Lüge geblieben, wenn es nicht Elisabeth Selbert gegeben hätte.

Herrenchiemsee hatte keine Lust auf Gleichberechtigung

Die erste Fassung des Gleichheitssatzes im Grundgesetz wollte es bei der Weimarer Formel belassen; sie sprach lediglich davon, dass Männer und Frauen »dieselben staatsbürgerlichen Rechte und Pflichten haben«. Aber dann kam Elisabeth Selbert. Und ins Grundgesetz kam auf Drängen von ihr der revolutionäre Satz: »Männer und Frauen sind gleichberechtigt.« Auf Herrenchiemsee, wo 33 Herren bis zum 23. August 1948 getagt und das Grundgesetz vorberitetet hatten, war so ein Satz noch keinem der Herren in den Sinn gekommen.

Der Grundsatzausschuss des Parlamentarischen Rats, der anschließend zu Bonn tagte, hatte eigentlich auch keine Lust auf Gleichberechtigung. Ihm wäre eine andere Formel lieber gewesen, etwa die des Staatsrechtlers Richard Thoma: »Alle Menschen sind vor dem Gesetz gleich. Das Gesetz muss Gleiches gleich, es kann Verschiedenes ungleich behandeln.« Wären unter den 65 Räten nicht die vier Frauen gewesen, es wäre bei dieser juristischen Lall-Formel geblieben.

Erst stachelte Elisabeth Selbert ihre drei Kolleginnen im Parlamentarischen Rat an. Da war erstens die Sozialdemokratin Friederike Nadig, Geschäftsführerin der Arbeiterwohlfahrt in Ostwestfalen; da war zweitens die Zentrumspolitikerin Helene Wessel, die in den fünfziger Jahren zu den bekanntesten Frauen im politischen Leben der Bundesrepublik gehörte; sie trat dann später zusammen mit Gustav Heinemann der SPD bei und wurde erbitterte Gegnerin der Wiederbewaffnung. Und da war drittens Helene Weber, die »Mutter der CDU-Fraktion«; sie war bis 1962, als sie 81-jährig starb, Mitglied des Bundestags und galt als Vertraute von Konrad Adenauer. Selbert, Nadig, Wessel und Weber: Zusammen überzeugten sie ihre widerstrebenden 61 männlichen Kollegen von der zukunftsweisenden, damals fast abenteuerlichen Gleichberechtigungsformel.

Elisabeth Selberts Sternstunde

Elisabeth Selbert zog wie eine Wanderpredigerin durchs Nachkriegsdeutschland, sie mobilisierte Frauengruppen, Gewerkschaften, Betriebsrätinnen und die weiblichen Abgeordneten der Landesparlamente, sie organisierte Ende 1948 eine der wenigen öffentlichen Aktionen zur Grundrechtsdebatte. Die Frauen aller Landtage meldeten sich beim Parlamentarischen Rat, nur die aus Bayern nicht. »Waschkorbweise« sollen die Briefe in Bonn eingetroffen sein; sie sind leider nicht erhalten. Elisabeth Selbert redete den Vätern des Grundgesetzes ins Gewissen: »Die Frau, die während der Kriegsjahre auf den Trümmern gestanden und den Mann an der Arbeitsstelle ersetzt hat, hat heute einen moralischen Anspruch darauf, wie ein Mann bewertet zu werden.« In der ersten Lesung des Grundgesetzes im Parlamentarischen Rat unterlag Selbert noch. Aber am Ende wurde ihr Gleichheitssatz im Parlamentarischen Rat einstimmig verabschiedet. Das war die Sternstunde der Elisabeth Selbert.

Die Frau wurde aber dann in den fünfziger Jahren erst einmal zurückgepfiffen an Herd und Staubsauger. Das Bundesverfassungsgericht musste eingreifen – immer und immer wieder.

Der Undank des Vaterlandes

Honoriert wurde Elisabeth Selbert ihr Kampf um die Gleichstellung der Frau in allen Lebens- und Rechtsgebieten nicht. Sie blieb die einzige der vier weiblichen Abgeordneten des Parlamentarischen Rats, die nicht in den Bundestag einzog. Elisabeth Selbert wäre gern die erste Richterin des Bundesverfassungsgerichts geworden – und es hätte ihr dies fürwahr gebührt. Die von ihr angestrebte Nominierung scheiterte aber nicht zuletzt an der mangelnden Unterstützung aus der SPD. Bis zum 85. Lebensjahr betrieb sie dann ihre auf Familienrecht spezialisierte Rechtsanwaltskanzlei in Kassel. Sie starb im Jahr 1986, fast neunzigjährig. Das Land verdankt ihr viel, die Gleichberechtigung verdankt ihr den Aufbruch in eine neue Zeit.

Aus dem Newsletter »Prantls Blick« vom 12. August 2018

1. Sonntag im September: Tag der Heimat

Heimat ist das, was Halt gibt. Eine Politik, die Halt gibt, ist eine Politik gegen den Extremismus.

Das deutscheste aller deutschen Wörter

Geschwurbel oder Substanz?

Das Wort Heimat gehört zu den schönsten der deutschen Sprache. Es ist zart und kraftvoll. Es scheint in die Kindheit, es weckt Erinnerungen, es steht für Sehnsüchte. Kann man mit diesem Wort Politik machen? Man kann. Deshalb war das Wort jahrzehntelang suspekt. Heimat ist in Deutschland so verklärt und verkitscht worden, dass aus einem Wort der Geborgenheit ein Wort der Verlogenheit wurde. Und es ist missbraucht worden; es wurde verarbeitet zum Duft- und Lockstoff der Deutschtümler. Aus einem der deutschesten der deutschen Wörter wurde, wohl gerade deswegen, ein ungutes, eines, das vor allem in den ranzigen und braunen Ecken der Gesellschaft zu Hause war. Das war ein Fehler; diesen Fehler hat die demokratische Politik erkannt.

Neue Heimatpolitik

Man darf die Heimat nicht denen überlassen, die damit Schindluder treiben. Daher reden jetzt alle von ihr, das Wort ist in der deutschen Politik zum neuen Lieblingswort geworden. In Bayern gibt es ein Heimatministerium, in Nordrhein-Westfalen auch. Und es wurde viel gespottet darüber, dass auch im Bund ein Heimatministerium errichtet wurde, als Teil des Bundesinnenministeriums. Da gibt es eigentlich nichts zu spotten.

Heimat ohne Heim gibt es nicht

Worum geht es bei so einem Heimatministerium, worum müsste es gehen? Nicht um Deutschtümelei, nicht darum, dass der Heimatminister einen Trachtenhut aufsetzt; es geht nicht um Blut und Boden, nicht um Retrolook, es geht nicht um die Förderung von Heimat- und Schützenvereinen. Worum geht es? Es geht erstens darum, etwas gegen die provinzielle Depression, gegen die Landflucht zu tun. Und es geht zweitens darum, dass das Wohnen in den Städten wieder bezahlbar wird. Heimatpolitik ist also, nicht zuletzt oder gar zu allervorderst, gute Immobilienpolitik und gute Infrastrukturpolitik. Die Immobilienpolitik braucht neue Mobilität. Heimatpolitik ist eine Politik, der klar ist, dass der Mensch ein Heim braucht. Das Wort Heimat beginnt nicht ohne Grund mit »Heim«. Heimat ohne Heim gibt es nicht.

Ein Heimatminister: das ist also erstens ein Minister gegen die Landflucht. Und ein Heimatminister, das ist zweitens ein Minister für eine kluge Boden- und Wohnungspolitik in den Städten. Beides ist notwendig. Beide Politikbereiche liegen brach, seit Jahrzehnten. Wer von Heimat spricht, denkt an einen Ort, an ein Haus, an eine Wohnung. Heimat beginnt damit, dass der Einzelne sich aufgehoben weiß: in seinem Haus, in seiner Wohnung und in einem Gemeinwesen.

Ein Etikett zum Aufkleben?

Neue Heimatpolitik. Der Bundespräsident hielt zum Tag der Einheit eine Art heimatkundlichen Vortrag. Und selbst die

Grünen buchstabieren das Wort sorgfältig, nutzen es wie ein Zauberwort und gerade so, als könne man damit den Rassismus und den Neonazismus exorzieren oder zumindest der AfD das Wasser abgraben. Man muss sich auch darüber nicht gleich wieder lustig machen. Es ist ja gewiss richtig, dass man das Wort Heimat nicht den Rechtsradikalen überlassen darf; der Gehalt des Wortes ist zu wertvoll. Es darf aber auch nicht sein, dass man das Wort nur als Etikett auf eine Politik klebt, die man eh schon immer gemacht hat: Den Grünen wird sie Synonym für Umweltschutz und Energiewende. Den Sozialdemokraten wird sie ein Ausdruck der sozialen Gerechtigkeit. Den CDU/CSUlern wird sie zum Ausweis für ihren Konservativismus. Und die AfD erklärt ihre Anti-Flüchtlingspolitik zur Heimatpolitik. Es wäre wenig sinnhaft, wenn das Reden von Heimat nur das alte Geschwurbel über Identität ablösen würde.

Was ist Heimat?

Heimat ist mehr als eine Postleitzahl, mehr als eine Adresse irgendwo. Heimat ist das, was Halt gibt. Eine Politik, die Halt gibt, ist eine Politik gegen den Extremismus. Immer mehr Menschen sind von dem, was »Globalisierung« genannt wird, austauschbar gemacht worden. Das Gefühl einer flüchtigen Existenz haben auch Menschen in den Ländern, in die sich Flüchtlinge flüchten – und so erleben viele Menschen selbst in wohlgefügten Gesellschaften wie in Deutschland oder Österreich die Flüchtlinge als Boten eines Unglücks, das auch ihnen selbst auflauert. Also wehren sie sich gegen die Fremden, um ihnen nicht gleich zu werden; sie sehen diese als Menetekel. Das ist der Boden, auf dem wieder die alten Wahnideen wachsen, der Nationalismus und der Rassismus.

Heimatliche Politik ist eine Politik, die den Menschen ihre Unsicherheit nimmt; gute Heimatpolitik denkt nicht nur an die

Sanierung von Denkmälern, sondern, zum Beispiel, an die Sanierung der Mietpolitik und der Rentenpolitik. Wenn man sich das Wohnen in den Städten und das Leben im Alter nicht mehr leisten kann, dann ist man entheimatet. Einer guten Heimatpolitik geht es weniger um Brauchtumspflege, nicht um Beschilderung von Wanderwegen und nicht darum, dass die Marktplätze alle zehn Jahre andersherum gepflastert werden. In einer sich entvölkernden Provinz geht es vor allem darum, wie man junge Menschen zum Bleiben oder zur Rückkehr bewegt. Diese Entvölkerung – ein Problem vor allem im Osten Deutschlands – ist kein Naturgesetz. Sie ist eine Folge davon, dass Arbeit und Leben dort nicht oder kaum vereinbar sind. Was muss also Heimatpolitik in der Provinz leisten? Sie muss alles daran setzen, dass junge Menschen hier leben und arbeiten können.

Heimat – kein billiger Modegag

Und was muss eine gute Europapolitik leisten? Wer seinen Nationalstaat als Heimat erlebt hat, will daraus nicht vertrieben werden. Er will, wenn die Heimat Nationalstaat zu schwach wird, Europa als zweite Heimat. Heimatlichkeit könnte also ein Indikator werden für bürgernahe Politik. Heimatpolitik sollte aber nicht das Schicksal der »Fair-Trade-Produkte« teilen. Die stehen heute auch bei Discountern im Regal und komplettieren das Sortiment, um den Kunden zu binden. So ähnlich machen es jetzt die Parteien mit der Heimat; so machen es auch die Kabarettisten, die wiederum damit ihren Spott treiben, um ihr Ironie- und Humorsortiment zu erweitern. Es wäre schade, wenn das Reden von Heimat ein politischer Modegag bliebe. Dafür ist Heimat zu wichtig.

Erschienen in der Süddeutschen Zeitung vom 23. Oktober 2017

2. Sonntag im September: Tag des Denkmals

Das Hambacher Schloss in Neustadt an der Weinstraße ist neben der Frankfurter Paulskirche das wichtigste Symbol der deutschen Demokratiebewegung. 1832 wurde dort das Hambacher Fest ausgerichtet. Es war die erste Großdemonstration der deutschen Geschichte. Vor der Kulisse der Schlossruine forderten dreißigtausend Menschen Pressefreiheit, Versammlungsfreiheit, Meinungsfreiheit, nationale Einheit, die Neuordnung Europas und das Ende der Fürstenherrschaft.

Oh Schilda, mein Vaterland

Das Hambacher Fest, ein Volksfest des Widerstands: Fiktive Reportage über die erste deutsche Großdemonstration am 27. Mai 1832

Die dreißigtausend Menschen waren im Rausch. Es war der Rausch nach einem rauschhaften Fest, nach einer Volksversammlung wie Deutschland sie noch nie gesehen hatte. Die ganze Nacht wurde in Neustadt geböllert, gefressen, gesoffen und jubiliert. Zum Übernachten reichten die Betten in den Gaststätten ohnehin nicht aus, auch nicht die Massenquartiere, die auf Stroh in den Schulsälen eingerichtet worden waren.

Es war eine Nacht zum Schwelgen, eine Nacht der auftrumpfenden Genugtuung darüber, dass Generalkommissär Ferdinand von Andrian-Werburg mit seinem Versuch, das Fest zu verbieten und den Belagerungszustand über die halbe Rheinpfalz zu verhängen, gescheitert war.

Dreißigtausend vor der Ruine

Auf tausend Festbesucher hatten sich vor vier Wochen die Organisatoren eingestellt – der Publizist und Verleger Johann Georg Wirth aus München und der Journalist Philipp Jakob Siebenpfeiffer, der frühere Landkommissär von Homburg;

die Plätze an den Tischen vor der Ruine des Hambacher Schlosses hatten sie nummeriert, sie sollten den Festbesuchern per Los zugewiesen werden. Dreißigmal so viele Menschen waren nun an diesem 27. Mai 1832 zu einer Großkundgebung gekommen, die sich die Abschüttelung innerer und äußerer Gewalt auf die Fahnen geschrieben hatte.

Hinauf, Patrioten

Der Festtag war bisher eine Heerschau der deutschen Opposition, ein Zirkus der Revolution, ein Wirrwarr der hochfliegenden Ideen, der Fantastereien und der Zukunftsvisionen. Aufruhr lag in der Luft und verwandelte sich dann in einen friedlichen, herrlich beseligenden Maientag, an dem unentwegt Reden gehalten, Fahnen geschwungen, Gedichte proklamiert, Könige und Fürsten angeklagt, die Republik und die Demokratie gefordert wurden. Der Zorn der Bürger über die Pressezensur, die Wut der verarmenden Winzer über die Zölle, der Ärger über die Missernten von 1829 und 1831, der Grimm über die sozialen Missstände und die Klage über das Fürstenjoch lösten sich im Taumel dieses Tages auf. Das war die von Metternich gefürchtete verruchte Verbrüderung. Und die Staatsmacht schaute zu aller Überraschung zu. Wie lange noch?

Die Nacht nach all den vielen Reden ist aber erst einmal eine Nacht des Stolzes, eine Nacht der bier- und weinseligen Begeisterung, die nun eine Hambacher Revolution durch den Deutschen Bund rollen sieht. Ist das Übertreibung? Was kann schon Übertreibung sein nach so einem Tag, der eine einzige Übertreibung, eine einzige Steigerung aller Erwartungen gewesen ist?

Was für ein Tag! Vom frühen Morgen an war der ganze Berg mit einem Gewühl von Menschen bedeckt. Kokardenbuben hielten ihre Packen den Anstürmenden mit dem Ruf entgegen: Es lebe die Freiheit. Die Böller krachten, die Glocken läuteten, die Musik spielte, die Drehorgel akkompagnierte den Gesang der politischen Emigranten aus Polen, und ein Freiheitslied löste das andere ab: »Noch ist Polen nicht verloren« wechselte mit der Marseillaise und der Hymne, die Siebenpfeiffer zum Fest gedichtet hatte: »Hinauf, Patrioten, zum Schloß, zum Schloß«.

Bis Mittag dauerte es, bis der Festzug oben war, allen voran die Bürgergarde mit Frauen und Jungfrauen, an die sich Siebenpfeiffer in der Einladung ausdrücklich gewandt hatte, weil deren politische Missachtung in der europäischen Ordnung ein Flecken ist. Jeder Festordner hatte eine Schärpe in den Sehnsuchtsfarben Schwarz-Rot-Gold umgelegt, und an der Spitze des Zuges trug der Bürger Philipp Abresch aus Neustadt die deutsche Trikolore; ins Rot des mittleren Streifens waren die Wörter »Deutschlands Wiedergeburt« geschrieben. Seit diesem Festtag ist Schwarz-Rot-Gold die Farbe der deutschen Demokraten. Selbst die Bonbons sind schwarz-rot-gold eingewickelt; und der Devotionalienhandel blüht in diesen Farben.

Alle halbe Stunde Rapport

Der komplette Landrat, die Versammlung der steuerkräftigsten Bürger Rheinbayerns, zog stolz zur Großdemonstration auf die Burg, gefolgt von Deputationen aus Rheinpreußen, Baden, Hessen, Württemberg, Franken, Altbayern, Sachsen, Hannover, Westfalen, Nassau, Lichtenberg, Coburg und Frankfurt, gefolgt von Festbesuchern aus fast allen deutschen Staaten, nach Stämmen geordnet, dazu die halbe Studentenschaft aus Heidelberg und Delegationen der Burschenschaften. Hambach ist in diesen Tagen aber auch Tummelplatz von Informanten und Konfidenten aller deutscher Staaten (Fürst von Metternich soll schon vorab ein halbes Dutzend Berichte erhalten haben). Chevauxlegers hatten längs des Weges zum Schloss Position bezogen und mussten alle halbe Stunde Rapport geben. Ein Mainzer Spitzel wurde enttarnt und für einige Stunden im Neustädter Rathaus eingesperrt.

Fürsten hinaus

Die bestellten Protokollanten und Obskuranten bekamen dann auch einiges zu hören: Von den jungen Leuten aus Heidelberg wurde ein Gesang angestimmt, der zum Refrain hatte: »Nun kommt der Völker Schmaus, Fürsten zum Land hinaus«. Und Johann Georg Wirth hielt sich nicht zurück: »Die Ursache der namenlosen Leiden der europäischen Länder liegt einzig und allein darin, dass die Herzöge von Österreich und die Kurfürsten von Brandenburg den größten Teil von Deutschland an sich gerissen haben und unter dem Titel der Kaiser von Oesterreich und der Könige von Preußen nicht nur ihre eigenen Länder nach orientalischen Formen beherrschen und deren Kräfte zur Unterdrückung der Freiheit und der Volkshoheit der europäischen Nationen verwenden, sondern auch ihr Uebergewicht über die kleineren Länder Deutschlands benützen, um auch die Kräfte dieser dem Systeme fürstlicher Alleinherrschaft und despotischer Gewalt dienstbar zu machen«.

Dreiunddreißig revolutionäre Reden

Ludwig Börne war als Ehrengast aus Paris gekommen und lauschte so begeistert, dass er gar nicht bemerkte, wie man ihm seine goldene Taschenuhr stahl. Schaubuden waren aufgebaut, Karussells drehten sich, die Leute redeten sich die Köpfe heiß und hungrig. Die einfachen Leute ließen sich von den Brot- und Wursthöckerinnen und den Bier- und Weinwirten verköstigen, die mit ihren Karren durch die Menge rumpelten; die bessergestellten Herrschaften speisten, vom Mittagsregen wenig gestört, für einen Gulden und 45 Kreuzer in der überdachten Laube. Und Regierung und Militär hatten die Massen entgegen allen Befürchtungen einreisen, reden, essen, feiern und gewähren lassen. Und nun, am Abend, nach dreiunddreißig revolutionären Reden, machen die Gastwirte das Geschäft ihres Lebens.

Bajonette und Protestaktionen

Nicht mit allen. Der junge Bürstenbinder Johann Philipp Becker aus Frankenthal, 23 Jahre alt, verlässt das tolle Treiben in Neustadt an der Haardt noch am Abend, eilt nach Landau, wo er in der Kaserne des 6. Regiments übernachtet und versucht, ihm bekannte Unteroffiziere auf den großen Schlag gehörig einzustimmen. Er glaubt nicht daran, dass das Christkindchen die Freiheit bescheren würde, einen Glauben, den er den gemäßigten Liberalen unterstellt. »Hoffet nichts von den Fürsten«, hatte er zuvor in seiner Rede vor dem Hambacher Schloss die Menge beschworen, »und protestiert nicht mehr, denn hinter den Verfügungen der Regierung sind Bajonette, hinter unseren Protestationen ist nichts. Darum können die Regierungen so weit gehen, wie sie wollen, und mit uns machen, was sie wollen. Sind wir bewaffnet, werden die Regierungen nicht mehr so keck seyn, gesetzwidrige Verfügungen zu erlassen. Dann können die Regierungen nicht mehr gehen, so weit wie sie wollen und nicht mehr aus uns machen, was sie wollen«.

So ist die Lage: Becker und seine Freundesschar hoffen, die ergrauten Volksfreunde, die grundgescheiten Doktoren und Professoren würden schon dafür sorgen, dass die ungeheure Versammlung nicht abläuft wie das Hornberger Schießen. Aus irgendeinem Winkel der Schlossruine würden schon Waffen und Munition zur Verteilung gelangen. Die Organisatoren des Nationalfestes, Wirth und Siebenpfeiffer, verfügen aber als Waffe nur über ihre Feder und über die (vom Staat schon mehrfach versiegelten) Druckmaschinen, auf denen sie den *Boten aus Westen* und die verbotene *Deutsche Tribüne* drucken. Wirth verlangt die Anklage der Monarchen wegen Hochverrats an der Menschheit, Siebenpfeiffer streitet für ein Gesamtdeutschland ohne Schlagbäume. Aber ohne Gewalt soll es gehen, irgendwie anders, sagen sie, irgendwie im Rahmen der bestehenden Gesetze jedenfalls. Nun inspizieren die beiden das Neustädter »Haus der Schützen«, wo sie sich mit den führenden Liberalen, mit Buchhändlern, Studenten und Schriftleitern aus dem ganzen Deutschen Bund treffen, einige hundert Leute insgesamt. Einziger Punkt der Tagesordnung: Wie soll es weitergehen nach dem Fest der Hoffnung?

Putsch oder Nicht-Putsch?

Die Studenten wollen es wissen, sie bedrängen Siebenpfeiffer, er spricht vage von einer provisorischen Regierung, von einem Nationalkonvent, von einem permanenten Ausschuss, der nun die Aufgabe der überall im Land schon gegründeten Presse- und Vaterlandesvereine übernehmen und als Organ des Volkes Gesprächspartner des Frankfurter Bundestags sein soll, aber alles im Rahmen der geltenden Gesetze. Putsch oder Nicht-Putsch? Revolution oder nicht? Unsicherheit und Ratlosigkeit steigen. Revolutionäre Töne werden angeschlagen, aber die meisten Redner haben als einziges revolutionäres Mittel nur Petitionen an die Machthaber anzubieten.

Da reißt dem jungen Bürstenbinder Becker der Geduldsfaden, er springt zornig auf ein umgestülptes Weinfass neben der Rednertribüne und ruft dem Sprecher zu: »Halt endlich's Maul mit deinem Legitimitätsschmus dort drüben!« Beckers Forderung nach Bürgerbewaffnung scheitert aber schon daran, dass keine Waffen da sind. »Die Aufforderung zum Aufstand«, hält ihm ein gemäßigter Liberaler entgegen, »kommt mir lächerlich vor, da sich dergleichen Dinge nicht mit Bratwürsten erledigen lassen«. Es wird also zunächst nur die Herausgabe einer Festschrift und die Organisation weiterer Feste beschlossen, überall im Deutschen Bund soll es Nationalfeste geben.

Vom festlichen Taumel zum ängstlichen Zittern

Der Advokat Nikolaus Hallauer, Delegierter der Stadt Sankt Wendel, will, wie viele andere, mehr, sehr viel mehr: Er beantragt noch einmal und mit noch mehr Vehemenz die Bildung einer provisorischen Regierung. Aber nun lässt die Euphorie der Deputierten nach, der festliche Taumel wird zum ängstlichen Zittern und bei etlichen Delegierten kommen Zweifel auf, ob sie überhaupt legitimiert seien, so entscheidende Beschlüsse zu fassen. Also wird darüber abgestimmt, ob sich die versammelten Männer nun als Abgeordnete oder als Privatpersonen sähen. Die Mehrheit betrachtet sich als Privatpersonen, demnach also als nicht legitimiert. Und damit ist alles gelaufen und vorbei. Nikolaus Hallauer verlässt den Saal, weinend wie ein Schlosshund, und prophezeit den Zurückgebliebenen: Im Gefängnis sehen wir uns wieder. Die Versammlung geht ohne Ergebnis auseinander.

Das Fazit: Es hat ein großartiges Fest gegeben – aber kein Konzept darüber hinaus. Auch die Völker haben ihre Maitage, wo blütenumkränzte Hoffnung erwacht, wo die patriotische Fantasie mit rosenfarbenen Gesichtern spielt, so hat Siebenpfeiffer vor wenigen Stunden vor dem Hambacher Schloss gesagt. Es ist bei den Fantasien und Gesichtern geblieben.

Der wohlprotokollierte Prozess

Epilog: Aus Paris kam Spott, aus den deutschen Hauptstädten Repression. Den Spott über die Abstimmerei formulierte Heinrich Heine im Pariser Exil: »Als die Frage der Kompetenz zur Sprache gekommen, als man darüber stritt, ob die in Hambach anwesenden Patrioten auch wirklich kompetent seien, im Namen von ganz Deutschland eine Revolution anzufangen, da sind diejenigen, welche zur raschen Tat rieten, durch die Mehrheit überstimmt worden und die Entscheidung lautete, man sei nicht competent. O Schilda, mein Vaterland«.

Die Vertreter der Obrigkeit wussten genauer als die Hambacher, was zu tun war: Verfolgung. Metternich sah in Hambach die allgemeine Umwälzungspartei Europas am Werk. Die Organisatoren und Redner des Hambacher Festes wurden verhaftet und vor Gericht gestellt. Die Broschüre mit den Hambach-Reden diente als Grundlage für den größten Pressestrafprozess aller Zeiten: Anklagen gegen 15 Personen wegen direkter Aufreizung zum Umsturz sowie zur Bewaffnung gegen die Staatsgewalt durch Reden an öffentlichen Orten und durch Druckschriften.

Wort für Wort

Der Prozess mit zweihundert Zeugen dauerte von 29. Juni bis 16. Juli 1833 und ist wohlprotokolliert. Franz Xaver Gabelsberger, der eine neue Kurzschrift erfunden hatte, stenografierte den Verhandlungsablauf Wort für Wort. Die Geschworenen hatten größte Sympathien für die Angeklagten. Ihr Obmann verkündete zum Schluss mutig, indem er die Hand aufs Herz legte: Wir finden keine Schuld an ihnen. Daraufhin trat ein anderes Gericht, das Zuchtpolizeigericht, in Aktion. Es gab Verurteilungen wegen Beleidigung in- und ausländischer Behörden zur hierfür zulässigen Höchststrafe von zwei Jahren.

Der Staat zog die Zügel scharf an, die Bürger zogen sich ins Biedermeier zurück. Viele der Hambacher Redner gingen ins Exil und starben dort. Der Bürstenbinder Becker freilich wurde Agitator und Organisator der Revolution von 1848, im Jahr 1849 Oberbefehlshaber der badischen Volkswehren und 1864 Gründungsmitglied der I. Internationale.

Erschienen am 26. Mai 2007 in der Süddeutschen Zeitung am Wochenende zum 175. Jubiläum des Hambacher Festes

11. September: Gedenktag zu Ehren der Opfer von Terroranschlägen

34 Menschen sind von der RAF ermordet worden; 3 500 kamen bei den Attentaten der islamistischen Terroristen von New York und Washington ums Leben. Weitere Anschläge, auch in Deutschland, folgten. Es gibt neben den Mordziffern andere wichtige Unterschiede zwischen den RAF-Terroristen von damals und den islamistischen Terroristen von heute. Diese Unterschiede spüren die Opfer aber nicht, denn sie sind alle Opfer eines verbrecherischen Wahns. Die RAF-Jahre haben das sicherheitspolitische Klima in Deutschland grundlegend verändert und diese Prägung reicht bis heute. Im Zentrum der Terrorfahndung der RAF-Jahre stand Horst Herold, der Präsident des Bundeskriminalamts. Sein Beispiel lehrt, wie man ein hervorragender Kriminalist, exzellenter Kriminologe, Polizeiführer – und zugleich ein Bürgerrechtler sein kann.

Wie aus dem Verfolger ein Opfer wurde

Horst Herold, der Terrorbekämpfer – ein Staatsdenker und Staatsdiener

Als Journalist trifft man viele Menschen; man befragt sie, man interviewt sie, man diskutiert mit ihnen. Das ist journalistischer Alltag. Manche dieser Begegnungen hat man alsbald wieder vergessen, manche prägen sich ein. Einige sind so prägend und so berührend, dass sie zu einem Teil des eigenen Lebens werden. Von so einer Begegnung, von so einer Beziehung möchte ich Ihnen erzählen.

Die Erinnerung an den Deutschen Herbst

Der gegebene Anlass ist der 40. Jahrestag der Entführung des Arbeitgeberpräsidenten Hanns Martin Schleyer durch die RAF am 5. September 1977. Mit diesem Tag begann der sogenannte Deutsche Herbst, der eine Zeit der Entführungen, der Erpressungen und der terroristischen Morde war. Ich selber war damals, in diesem Deutschen Herbst, ein junger Student der Rechtswissenschaften. Den damaligen Chef des Bundeskriminalamts, Horst Herold – von ihm und den Begegnungen mit ihm möchte ich erzählen –, kannte ich aus dem Fernsehen.

In den Nachrichtensendungen war Horst Herold vor vierzig Jahren öfter zu sehen als der Bundeskanzler. Herold war ein eher bullig wirkender Mann mit einer großen schwarzen Brille, dahinter ein entschlossen-kämpferisches Gesicht. Er war der Held der Krisenstäbe. Er hatte das polizeiliche Informationssystem Inpol erfunden und eingeführt, er hatte die Möglichkeiten des Computers und der Datennetze schon erkannt, als die Unternehmer, die heute damit Millionen und Milliarden verdienen, noch gar nicht geboren waren.

Er galt als genialer Kriminalist, aber besonders beliebt war er bei uns Rechtsstudenten nicht. Schon vor seiner BKA-Zeit, als Polizeichef von Nürnberg, hatte er Mittel und Methoden propagiert, die es ermöglichen sollten, dass die Polizei möglichst schon am Tatort ist, bevor dort der Täter auftaucht. »Kriminalkybernetik« nannte er das. Suspekt schien mir das.

Ausgeburt der Vorhölle

Wir Jurastudenten hielten Horst Herold für einen Dr. Mabuse der Polizei, für einen Datenschnüffler, für einen Computerwahnsinnigen, der Informationen säuft wie ein Alkoholiker den Schnaps. Die Rasterfahndung per Computer, die er erfunden hatte, galt uns als eine Ausgeburt der Vorhölle. Aber diese Vorhölle war erfolgreich: Herold fand den Schlüssel zur Fahndung gegen Ulrike Meinhof & Co in deren eigenen Schriften, aus denen er seine Methoden für das Rastern destillierte. So brachte er die erste und die zweite Generation der RAF ins Gefängnis.

Als ich 1988 Journalist wurde, war Herold längst Pensionär. Im Alter von 58 Jahren war er, nachdem er im Kampf gegen die RAF aus der Kriminalklitsche namens BKA eine Art deutsches FBI gemacht hatte, zwangsweise in den Ruhestand geschickt worden – der damalige Bundesinnenminister Gerhart Baum (FDP) hatte an Herold ein liberales Exempel gegen den Datenwahn statuieren wollen.

Staatsdenker und Staatsdiener

Ich schrieb über den Hungerstreik der inhaftierten RAF-Terroristen, ich schrieb 1989 über die Ermordung von Alfred Herrhausen, dem Chef der Deutschen Bank. Herold schickte mir dazu eine kurze Notiz, eine kleine Korrektur. Ich rief ihn an, wollte seine Einschätzung vom Stand der Fahndung hören. Ich erwartete einen Law-and-Order-Freak, erwartete die Personifizierung polizeilicher Hybris in seiner Gestalt. Selten habe ich mich so getäuscht. Ich erlebte, erst am Telefon, dann in natura, keinen zackigen und keinen polternden Sheriff, sondern einen nachdenklichen Kriminalphilosophen – einen Staatsdenker und Staatsdiener, einen Herrn von vollendeten Umgangsformen und bestrickender Liebenswürdigkeit.

Wir kamen ins Gespräch; und aus einem Gespräch wurden viele, manche waren wie Vorlesungen. Ich lernte dabei, was Kriminalistik ist – ein Handwerk und eine Wissenschaft. Ich lernte, dass ein hervorragender Kriminalist zugleich ein wunderbarer Kriminologe sein kann, einer, der darüber sinniert, wie Extremismus entsteht und wo und wie sich Extremismen berühren. Und ich entdeckte beim Reden über die Sicherheitsgesetze einen aufrechten Bürgerrechtler.

Die Finsternis des Wohnzimmers

Fast 35 Jahre lang lebte der Pensionist Herold hinter den Mauern einer Grenzschutzkaserne in Oberbayern – als »letzter Gefangener der RAF«, wie er es selbst einmal formulierte. Abgeschieden, sehr abgeschieden: Man passierte erst eine Schranke mit bewaffneten Posten, fuhr vorbei am ersten gelben Kasernenblock, wandte sich nach rechts, an weiteren

Kasernenblöcken vorbei, stand dann vor einem Drahtgittertor und einer bizarren Idylle: Ein ummauerter Flecken Grün, ein paar Bäume, ein Fertighaus, links vom Eingang ein Rhododendronbusch – das Häuschen, in dem Doktor Herold mit seiner 2017 verstorbenen Frau lebte. Immerhin: Die Erdwälle, die das kleine Anwesen in den Jahren des RAF-Terrors noch schützend umgeben hatten, waren planiert; es war seitdem nicht mehr so finster im Wohnzimmer der Herolds.

Ein Stück Kaserne

Sie wohnten nicht ganz freiwillig dort. Die Kasernen-Ecke hatte ihnen der Staat zugewiesen. Nirgendwo anders wollte der Staat seinen Diener a.D. Horst Herold schützen. Der Staat hat ihm die »Lehmgrube«, wie Herold das Areal nennt, auch nicht geschenkt, wie Caesar seinen Soldaten ein Grundstück geschenkt hat; der Staat hat sich das Stück Kaserne von Herold teuer abkaufen lassen. Was blieb dem Mann übrig: Er war damals die gefährdetste Person der Republik, sein Nachfolger drängte ihn, die Dienstwohnung im Bundeskriminalamt zu verlassen. Wo sollte er hin? Wo war er einigermaßen sicher? Der Staat hatte sich außer Stande erklärt, Herolds Anwesen im heimatlichen Nürnberg zu bewachen. Herold hatte es verkaufen müssen, um sich vom Erlös in einer Ecke der oberbayerischen Kaserne in aller Eile ein Fertighaus bauen zu lassen. Vielleicht war das die Rache der Ministerialbürokratie an einem Mann, der ihr zu mächtig gewesen war. Jetzt ließen sie ihn ihre Macht spüren.

Zartbittere Weltweisheit

In der Kaserne verbunkerte sich der Mann, dessen Fahndung die RAF so gefürchtet hatte, vor deren Anschlägen; hier versteckte er sich vor der Öffentlichkeit. Hier schob er die Erinnerungen weg, die sich aber nicht wegschieben ließen. Hier wollte er Ruhe haben und fand sie doch nicht richtig. Alle Relikte, Requisiten und Archivalien aus der RAF-Zeit hatte er aus den Wohnräumen in den Keller verbannt, weil er ohnehin fast alles im Kopf hat – jedes Detail der misslungenen Fahndung, nach der vor vierzig Jahren missglückten Fahndung nach dem entführten Hanns Martin Schleyer.

Herold grämte sich über die Bücher, die entlassene Ex-Terroristen schreiben, weil so »die Interpretationshoheit den Tätern überlassen bleibt«. Das Buch, das er selbst über die RAF schreiben wollte, hat ihm damals, nach der Entlassung als BKA-Präsident, der damalige Innenminister Baum verboten; er gab ihm den ersehnten Zugang zu den Akten nicht. Es ist wie ein Wunder, wenn einer in Verbunkerung nicht verbiestert. Herold verbiesterte und verbitterte nicht; zartbitter freilich konnte er schon sein. Aus dem markanten Großpolizisten wurde ein weltweiser, großväterlicher Herr, dem zuletzt die Pflege seiner schwerkranken Frau zur Lebensaufgabe wurde.

Staunen und Selbstzweifel

Die Selbstauflösung der RAF im Jahr 1998 hat er staunend und selbstzweiflerisch erlebt. Wir war es dazu gekommen? War der Terrorismus der dritten Generation womöglich auch daran gestorben, dass keiner mehr auf ihn achtete? Hätte es noch ganz andere Wege gegeben, auf den Terrorismus zu reagieren – andere Wege als fahnden, verhaften, einsperren? Was wäre gewesen, wenn es eine Versöhnungsinitiative wie die des damaligen Justizministers Klaus Kinkel nicht erst 1992 gegeben hätte?

Dem alten Horst Herold fehlte hinter den Kasernenmauern die Freiheit, diese Fragen nicht nur zu stellen, sondern sie zu beantworten. Und so plante er seit längerem seine letzte große Aktion, die geordnete Flucht aus dem Kasernen-Gefängnis, zurück nach Nürnberg, dorthin wo einst sein Berufsleben als Richter, als Staatsanwalt, als Polizeidirektor und Polizeipräsident begonnen hatte. Heimkehr. Die Heimkehr ist ihm gelungen. Die Kaserne liegt hinter ihm. Er hat sich neu eingerichtet. Der Deutsche Herbst hat für ihn Jahrzehnte gedauert. Kurz vor seinem 94. Geburtstag hat er ihn hinter sich gelassen. Den 94. Geburtstag im Oktober 2017 feierte er schon in seiner neuen Wohnung in seiner alten Heimatstadt Nürnberg.

Es ist gut zu wissen, dass das Wort Staatsdiener zwar ein altes, aber kein leeres Wort ist. Horst Herold hat es ausgefüllt.

Aus dem Newsletter »Prantls Blick« vom 3. September 2017

15. September: Internationaler Tag der Demokratie

Warum die Wahlkampfstrategen auf den TV-Auftritt der Kandidaten warten wie die Kinder auf Weihnachten.

Das Duell der Demokratie

Nicht der Wahlkampf ist langweilig, sondern das Gerede darüber.

Als Journalist bekommt man ziemlich viel Post, von einem Kanzlerkandidaten aber eher selten. Der Brief, von dem ich Ihnen heute erzählen will, ist ziemlich lang und er beginnt, für den Schreiber untypisch, etwas gewunden: »Als Journalist«, heißt es da, »müssen Sie über mich und meinesgleichen Politiker schreiben, meine Arbeit, auch deutlich, kritisieren – während es umgekehrt gerade nicht meines Amtes ist, Ihre Kommentare öffentlich zu kritisieren.«

Gerhard Schröder schreibt mir einen Brief

Aber gleichwohl klagt der Schreiber in diesem Brief dann seitenlang darüber, dass die »Vielzahl sozialer Komponenten« in seinem Wahlprogramm von mir nicht gewürdigt würden; der Schreiber stört sich an der »Geringschätzung«, ja dem »Hochmut«, die ich seinem »Engagement für die Arbeitnehmer, die Rentner und die Schwachen in dieser Gesellschaft« entgegenbrächte.

Der Absender war Gerhard Schröder – und der Brief war, wie sich herausstellte, eigentlich gar kein richtiger Brief, sondern eine Art Wahlkampfgag. Denn gleichzeitig mit dem Brief erreichte mich ein Buch aus dem Hoffmann-und-Campe-Verlag mit dem Titel »Und weil wir unser Land verbessern«, in dem »26 Briefe für ein modernes Deutschland« abgedruckt waren, darunter auch der zitierte Brief an mich.

Als es noch kein TV-Duell gab

Das war im Jahr 1998, in dem Jahr also, in dem Schröder nach einem furiosen Wahlkampf Helmut Kohl als Kanzler ablöste. Der Brief war eine pfiffige Idee in einer Zeit, in der es in Deutschland noch kein Fernsehduell zwischen Kanzler und Kanzlerkandidat gab, weil sich Helmut Kohl diesem Format strikt verweigerte; zur Begründung sagte der damalige CDU-Generalsekretär Peter Hintze später, Kohl habe »den Kanzlerstatus nicht beeinträchtigen lassen und den Kanzlernimbus nicht gefährden« wollen. Geholfen hat Kohl diese Vorsicht nichts, er wurde als Kanzler abgelöst – und Schröder konnte daran gehen, »sein Engagement für die Schwachen in dieser Gesellschaft« zu beweisen, was er in einer Art und Weise bewerkstelligte, die der SPD fast den Garaus gemacht hätte.

Eine späte Referenz

Ich habe mich an Schröders Brief-Buch-Wahlkampfaktion deswegen erinnert, weil er darin von den Vorzügen der Mediendemokratie schrieb, seine Medienkompetenz herausstellte und dafür plädierte, »dass die Politik sich der Vermittlung durch die Medien stellt«; er werde »auch weiterhin versuchen, das offen und unverkrampft zu tun«. Mitten im Wahlkampf und trotz seiner Offenheit und Unverkrampftheit hatte Schröder natürlich keine Zeit dafür, das alles selbst zu schreiben – das hat sein Redenschreiber und Mastermind, der wunderbargeniale und weltläufige Publizist Reinhard Hesse, gemacht, der 2004 allzu früh im Alter von 48 Jahren gestorben ist. Dies ist also eine kleine Gelegenheit, dem Kollegen Hesse, der mehr Bücher unter dem Namen Schröders als unter seinem eigenen veröffentlicht hat, eine späte Referenz zu erweisen.

Jung, frisch, Kennedy

Natürlich berief sich Schröder in dem Brief von 1998 auch noch auf John F. Kennedy, dem »vorgeworfen worden sei, er habe die Wahl 1960 vor allem wegen des Fernsehens gewonnen« – was allerdings kein Vorwurf war und ist, sondern ein Faktum: Aller Wahrscheinlichkeit nach hatte der damals 43-jährige Kennedy gegen den nur vier Jahre älteren Richard Nixon nicht wegen der Debatte gewonnen, die nach allgemeinem Urteil unentschieden verlaufen war, sondern weil Kennedy sich als jung und frisch hatte präsentieren können, als new hope for a new era.

Wie Weihnachten

Seit dem Duell zwischen Kennedy und Nixon von 1960 warten Wahlkampfstrategen auf die TV-Duelle wie Kinder auf Weihnachten – und hoffen auf die überwältigende Kraft des guten Eindrucks ihres Kandidaten. Im Bundestags-Wahlkampfjahr 2017 war es so: Die SPD, in den Umfragen weit hinter der Union liegend, setzte – beflügelt vom Zulauf, den die Kundgebungen ihres Kanzlerkandidaten Martin Schulz hatten – auf einen neuen Schulz-Effekt, der am Sonntag, 3. September um 20.15 Uhr mit dem TV-Duell Matin Schulz gegen Angela Merkel beginnen sollte. Die Kanzlerin und ihr Herausforderer stellten sich den Fragen von vier Moderatoren. Es war dies das einzige direkte Aufeinandertreffen der beiden Kanzlerkandidaten vor laufenden Kameras. Ein zweites Duell hatte sich Merkel, wie schon früher, verbeten.

Zwei Duelle – sozusagen ein Hin- und ein Rückspiel – gab es nur 2002, als das Format zum ersten Mal ins deutsche Fernsehen kam, damals als Duell zwischen Edmund Stoiber und Gerhard Schröder. Schröder, der einige Zeit vorher noch angekündigt hatte, er werde »sitzend, stehend oder liegend« mit diesem Herausforderer debattieren, hatte aber dann etwas mehr Mühe, als man allgemein erwartet hatte. 2005 (Merkel gegen Schröder) war es Merkel, die ein zweites Duell verhinderte – und dabei blieb es 2009 (Steinmeier gegen Merkel) und 2013 (Steinbrück gegen Merkel); und so war es 2017 auch.

Kulisse, hinter der es brodelt

Angela Merkel reichte ein Auftritt, ihr reichte ein TV-Duell; die Kamera war nie richtig ihr Freund, aber sie hat gelernt, mit ihr verträglich zu leben, und sie hat gelernt, mit einem wohlüberlegten und pointiert kurzen Satz im Gedächtnis zu bleiben: »Sie kennen mich!« So sagte sie das 2013, beim Duell gegen Steinbrück – das damals 18 Millionen Menschen verfolgt haben. Das war und ist spektakulär. Das mag mit der Spektakelhaftigkeit zu tun haben, mit der das alles inszeniert wird. Vor allem aber hat es damit zu tun, dass die Leute spüren: Die Langweiligkeit des Wahlkampfs ist nur eine Kulisse, hinter der es brodelt. Sie wollen wissen, wie die Politiker nach dem Wegräumen der Kulisse agieren werden.

Es ist, seitdem Merkel Kanzlerin ist, schick geworden, über die Langweiligkeit der Wahlkämpfe zu lästern. Diese Langeweile ist ihr Erfolg – und sie ist womöglich auch gefährlich, wenn und weil sich die Menschen in einer Sicherheit wiegen, die nicht existiert. Nicht der Wahlkampf ist langweilig, sondern das Gerede darüber. Schon gar nicht langweilig war das Schicksal der Schulz-SPD, die in den Umfragen erst nach oben schoss und dann nach unten fiel. Und es ist auch nicht langweilig zu beobachten, ob es der Konkurrenz noch gelingen wird, die von Merkel inszenierte Langeweile aufzubrechen.

Gut, aber nicht gut genug

Peer Steinbrück schaffte es 2013 beim TV-Duell, sich von einer aussichtslosen auf eine weniger aussichtslose Position zu bringen. Er war gut genug, um einen guten Eindruck zu hinterlassen, aber nicht gut genug, um die Stimmung zu wenden und dem Wahlkampf einen Umkehrschub zu geben. Auf diesen Umkehrschub warteten die Sozialdemokraten auch 2017. Sie beschworen das Jahr 2002, als Schröder es wider alle Erwartung doch noch schaffte, Edmund Stoiber zu besiegen. Duelle leben von der Erwartung einer Überraschung.

Aus dem Newsletter »Prantls Blick« vom 27. August 2017

PS: Die Beschwörung half nichts. Schulz schaffte es bekanntlich nicht. Er war nicht gut genug, um einen überzeugenden Eindruck zu hinterlassen.

21. September: Weltfriedenstag

Die Lehren der Geschichte sind seltsam leer,
wenn es um Russland geht.

Entspannungspolitk ist nie zu Ende

Warum man mit Russland reden muss

Von Zeit zu Zeit fällt mir die Kiste ein. Zuletzt war das in der Ukraine-Krise so – und soeben wieder. Es war am sehr frühen Samstagmorgen, als ich aufwachte und auf dem Handy die Nachrichten aus Syrien las; die Nachrichten über die Angriffe der Trump-Allianz auf syrische Ziele; die Nachrichten über Vergeltungsschläge für Giftgas-Einsätze; die Nachrichten über den sich zuspitzenden Konflikt zwischen Russland und dem Westen; die Nachrichten über die militärische Allianz des französischen Präsidenten Macron und der britischen Premierministerin May mit dem US-Präsidenten Trump.

Der Krieg, in Sütterlin-Schrift

Die Kiste, die mir wieder einmal in den Sinn kam, ist nicht irgendeine Kiste mit altem Krusch und alten Büchern. Es ist eine schöne, stabile Holztruhe, die einst im Zimmer meiner Großmutter Maria stand – einer resoluten oberpfälzischen Bauersfrau, an die ich in Verehrung denke und über die ich, wie Sie wissen, gelegentlich schreibe. Großmutter hatte 15 Kinder geboren, also einige Kinder mehr, als die Europäische Union in den ersten dreißig Jahren ihrer Existenz Mitgliedsstaaten zählte. Ihre wichtigsten Erinnerungen waren in dieser Holztruhe verwahrt, auf welcher in Sütterlin-Schrift »Der Krieg« stand.

Onkel Oskar

Darin befanden sich die vielen Briefe, die ihre Söhne und Schwiegersöhne von allen Fronten des Zweiten Weltkriegs und ihre Töchter von den Arbeitsdienst-Einsätzen nach Hause geschrieben hatten. Einer der vielen Briefschreiber war Soldat in der deutschen 11. Armee unter General Erich von Manstein, die 1941/1942 versuchte, Sewastopol auf der Krim zu erobern. Ein anderer Briefschreiber, mein Onkel Oskar, liegt im Grab Nummer 687 im US-National Cemetery Hampton/Virginia. Er gehörte zur Besatzung des deutschen U-Boots 85, das 1942 vor Cape Hatteras, vor der Küste von North Carolina, vom US-Zerstörer Roper torpediert wurde. Weil das U-Boot langsam sank, konnten an die vierzig Matrosen in den Atlantik springen. Sie wurden, es war in der Nacht von 14./15. April 1942, von US-Wasserbomben getötet und dann geborgen und beerdigt.

Das Wunder in der Kiste

Was würde Großmutter sagen, frage ich mich bei der Erinnerung an diese Kiste; was würde Großmutter sagen, wenn sie noch lebte? Ich habe das Lesen, das Schreiben und die biblischen Geschichten von ihr gelernt – und auch den Zorn auf den Krieg und auf die Hetze und die Gottlosigkeit der Nazis. Was würde sie sagen? »Schreib was, Bub«, würde sie wohl sagen, »schreib was, dass es nicht wieder Krieg gibt«. Sie würde mir dann, wie so oft, nicht nur vom Zweiten, sondern auch vom Ersten Weltkrieg erzählen und vom deutsch-französischen Krieg von 1870/1871, den sie selbst, sie war 1886 geboren, aus den Erzählungen ihres Vaters kannte. Sie würde, in beschwörendem Ton, von Gravelotte, Verdun und von Sedan berichten und davon, wie sie, knapp dreißigjährig, selbst den ersten Krieg erlebte; wie er auf einmal da war, 1914, mitten im schönsten August. Und dann würde sie vielleicht vom großen »Wunder« reden, das sie kaum glauben könne, wenn sie in ihrer alten Kiste krame. Man müsse dies' Wunder hüten wie ein rohes Ei: das Wunder Europa nämlich und den Frieden.

Das gemeinsame europäische Haus, das vor bald dreißig Jahren zu schönsten Hoffnungen Anlass gegeben hatte, sieht heute schon fast wieder so aus wie der Bahnhof von Bayerisch Eisenstein in den Zeiten des Kalten Krieges: Dort, an der tschechischen Grenze, an der Grenze zum ehemaligen Ostblock, ging eine massive Mauer quer durch die Bahnhofshalle. Das Klo war im Osten. 1991 öffnete Bundeskanzler Helmut Kohl den Grenzbahnhof wieder. Es war, es ist Zeit für eine Neuöffnung Europas. Russland ist, das wird in den letzten Jahren zu oft vergessen, ein Teil davon. Es wäre gut, wenn man das auch in der Art des Umgehens wieder spüren würde.

Die große Entfremdung

Bundespräsident Frank-Walter Steinmeier hat von einer »galoppierenden Entfremdung« zwischen dem Westen und Russland gesprochen. Eine ganze Reihe von ehemaligen Politikern hat das in einem Beitrag in der FAZ auch wie folgt beklagt – »gegenseitige Sanktionen, die Schließung von Einrichtungen und Dialogforen, die einmal der Verständigung und Kooperation dienten, folgen in immer schnelleren Rhythmus.« Helmut Schäfer (Staatsminister im Auswärtigen Amt von 1987 bis 1998), Edmund Stoiber (Bayerischer Ministerpräsident von 1993 bis 2007), Horst Teltschik (Vorsitzender der Münchner

Sicherheitskonferenz von 1999 bis 2008), Günter Verheugen, (EU-Kommissar von 1999 bis 2010) und Antje Vollmer (Vizepräsidentin des Bundestags von 1994 bis 2005) bedauern, »dass mit dem Beschwören einer russischen Bedrohung eine neue Aufrüstungsoffensive in Gang gesetzt wird« und dass »die Spirale aus Maßnahmen und Gegenmaßnahmen sich zunehmend von den realen Gründen und Anlässen« löse. Ein Zusammenbruch der westlich-russischen Beziehungen und der Abbruch fast aller Gesprächsforen drohe auch noch den Rest an globaler Stabilität zu gefährden; die Erinnerung an zwei Weltkriege mit Millionen von Toten sei verblasst.

Überwindung der Sprachlosigkeit

Die Mahner plädieren für »die Überwindung der Sprachlosigkeit«. Über alle Konflikte und Streitpunkte mit Russland müsse offen geredet werden, ohne Vorbedingungen, Vorverurteilungen und Drohungen. »Deutschland und die Europäische Union sollten dazu die Initiative ergreifen«. Die Mahner haben ohne Zweifel und ohne jede Einschränkung recht.

Die Mahner schließen an – an einen Aufruf vom Dezember 2014. Es war ein deutscher Aufruf gegen den Krieg, auf den Nordamerika, die EU und Russland nach Meinung der Unterzeichner »unausweichlich« zutreiben – und er suchte den Weg zu Befriedung. Roman Herzog, der mittlerweile verstorbene Alt-Bundespräsident, hatte unterschrieben und Hans-Jochen Vogel, der Ehrenvorsitzende der SPD. Unterschrieben hatten Altkanzler Gerhard Schröder, viele ehemalige Minister und Verteidigungsexperten. Sie verurteilten die russische Annexion der Krim als völkerrechtswidrig, konstatierten aber gleichzeitig: »Wir dürfen Russland nicht aus Europa hinausdrängen«. Der Aufruf war Ausdruck einer Befürchtung, die damals auch den alten, mittlerweile auch verstorbenen Helmut Kohl in seinem damals neuen Europabuch plagte: »Im Ergebnis müssen der Westen genauso wie Russland und die Ukraine aufpassen, dass wir nicht alles verspielen, was wir schon einmal erreicht hatten«. Es ist unendlich viel schief gelaufen, seitdem Putin am 25. September 2001 seine Rede im Bundestag hielt, in der er ein langfristiges und umfassendes Kooperationsangebot machte.

Verteufelung und Selbstgerechtigkeit vermeiden

Kohl verurteilte damals zu Recht, dass die G-7-Staaten Russland aus dem Treffen der größten Industrienationen hinausgedrängt hatten. Das war nicht Diplomatie, das war Gehabe; Gehabe ist der Geschlechtstrieb der Politik. Dieses Gehabe ist in den vergangenen drei, vier Jahren immer schlimmer geworden. Die Lehren aus der Geschichte sind seltsam leer, wenn es um Russland geht. Erinnerung heißt Befreiung – auch von den alten Feindbildern und den Methoden, sie aufzubauen. Es gilt die Verteufelung des Gegners und die eigene Selbstgerechtigkeit zu vermeiden.

Es fehlt einem der visionäre Pragmatismus von Egon Bahr. Dieser visionäre Pragmatismus hatte, seit den Sechzigerjahren des vorigen Jahrhunderts, vermeintlich Unmögliches zum Ziel: mit einer ideologie- und illusionsfreien Politik dem Kalten Krieg allmählich ein Ende zu machen. Das Unmögliche wurde möglich. Das Unmögliche begann ganz klein: Als die Berliner Mauer errichtet war, bestand Brandt-Bahr'sche-Politik nicht darin, ständig nur »Die Mauer muss weg!« zu rufen. Sie wollte die Mauer durchlässig machen und schaffte das zunächst mit einem Passierscheinabkommen, das Westberlinern über Weihnachten Verwandtenbesuche in Ostberlin erlaubte. Das waren die bescheidenen Anfänge des Wandels durch Annäherung. Visionärer Pragmatismus scheut das Kleine nicht – wenn er weiß, dass das Kleine der Einstieg ist zum entfernt liegenden Großen. Das ist es, was den Menschen heute fehlt: Sie haben das Gefühl, sei es in der Europa- oder der Flüchtlingspolitik, dass die Politiker sich im Klein-Klein erschöpfen, dass sie nichts wagen, weil sie kein großes Ziel kennen.

Sanktionen abbauen

Die neue Ostpolitik begann damals damit, dem Ostblock nicht mehr den Rücken zu zeigen, sondern sich ihm zuzuwenden. Die Entspannungspolitik führte zum Grundlagenvertrag mit der DDR; und am Ende stand die gewaltlose Implosion der Sowjetunion. Was lehrt uns das? Es gibt eine Lehre, die weit über das Ende des Ostblocks hinausreicht. Sie lautet: Entspannungspolitik ist nie zu Ende. Es muss sie auch heute geben.

Der frühere Außenminister Genscher hat dem Westen im Jahr 2015, das war ein dreiviertel Jahr vor seinem Tod, geraten, Putin wieder die Hand zu reichen. Das war auch das Anliegen von Egon Bahr. Auch er mahnte, kurz vor seinem Tod bei einer Buchvorstellung: »Wir könnten wie zu Beginn der Entspannungspolitik sondieren – und beginnen, einseitig Sanktionen gegen Russland abzubauen.« Die Mahnung gilt immer noch. Sie steht im Testament von Bahr und Genscher. Sie gehört zur Kraft der Hoffnung.

Aus dem Newsletter »Prantls Blick« vom 15. April 2018

1. Sonntag im Oktober: Erntedank

Warum es einen Sturm der Aufklärung braucht.

Fällt in diesem Jahr aus

Vom Erntedank der Bauern und der Politiker

Die evangelische Pfarrerin Silke Niemeyer aus Lüdinghausen begann dieser Tage eine kleine Predigt im Deutschlandfunk wie folgt: »Erntedank fällt in diesem Jahr aus.« Sie wies darauf hin, dass die Bauern über eine schlechte Ernte klagen, dass gar von einem »Katastrophenjahr« die Rede sei – Frost in der Apfelblüte, Trockenheit im Frühjahr, Getreidepreise im Keller, aber kaum Kartoffeln.

Gottesdienstliebling

Das mit dem ausfallenden Erntedank war natürlich nur ein kleiner Predigerkniff, weil dieser Tag, der Erntedank, ja fix im Kalender steht. Und in den ländlichen Gegenden ist dieser Tag, traditionell ist es der erste Sonntag im Oktober, mit festem Brauchtum verwachsen; die Altäre sind dann prächtigst geschmückt, so dass der Tag neben dem Heiligabend zum Gottesdienstliebling geworden ist.

Gott zu danken, so meinte die Pfarrerin, sei angesichts dessen leicht, selbst dann, wenn man nicht mehr recht an ihn glaubt. Schwerer falle es vielen, den Bauern zu danken, die die

Lebensmittel produziert haben. Das gewachsene ökologische Bewusstsein sei zwar großartig, habe aber eine Kehrseite: Bauern ernten mehr Prügel als Dank. Also bricht die wackere Pfarrerin eine Lanze für die Bauern – und wünscht sich, dass das ökologische Bewusstsein doch bitte auch das Verständnis dafür wecken solle, unter welchem Druck die Bauern in einer Wirtschaft stehen, die auf Kostensenkung und Gewinnvermehrung ausgerichtet ist.

Danke für die AfD?

Das ist eine schöne Predigt – und irgendwie passt sie nicht nur auf die Bauern, sondern auch auf die Politiker, für die ein Bundestagswahlsonntag die Zeit der Ernte ist. Es mag gut sein, dass viele Christ- und Sozialdemokraten nach dem Wahlsonntag vom 24. September 2017 ihre erste Stellungnahme zum Wahlausgang am liebsten so begonnen hätten wie die Rundfunkpfarrerin ihre Predigt: »Erntedank fällt in diesem Jahr aus.« Wofür sollten sie am Ende des Tages, nach Schließung der Wahllokale, danken? Dafür, dass die Wähler eine rassistische Partei in den Bundestag gewählt haben? Dafür, dass fortan neben den Christdemokraten, den Sozialdemokraten, den Freidemokraten, den Linken, den Grünen und den Nationalkonservativen, die es in der AfD durchaus gibt, auch Neonazis von der AfD auf den blauen Sesseln des Parlaments sitzen? Sollen sich die Demokraten, nur insgeheim natürlich, trösten mit dem Sprichwort, dass eben die dümmsten Bauern die größten Kartoffeln ernten?

Der Spruch von den größten Kartoffeln

Es ist wirklich nicht ganz einfach in diesen Zeiten mit dem politischen Erntedank. Es fügte sich jedenfalls, dass auf den Wahlsonntag vom 24. September 2017 ausgerechnet der Erntedank-Sonntag folgte. Der Zufall des Kalenders birgt Anlass zum Nachdenken.

Deutschland – leicht entflammbar

Ein paar Tage vor der Bundestagswahl erreichte mich ein Brief einer Leserin aus Bottrop. Sie hatte in einem alten Buch von mir gelesen, genauer: im ersten politischen Sachbuch, das ich geschrieben habe. Das ist lange her, erschienen ist das Buch im Jahr 1994, vor der damaligen Bundestagswahl, es war die letzte, die Helmut Kohl gewonnen hat. Das Buch trägt den Titel »Deutschland – leicht entflammbar« und es handelt unter anderem von der Schändung von KZ-Gedenkstätten und jüdischen Friedhöfen, es handelt von den Brandanschlägen auf Ausländerwohnungen und Flüchtlingsunterkünfte; die einschlägigen Zahlen waren stark gestiegen; das Buch handelt von einer Politik, die darauf mit der Einschränkung des Asylgrundrechts im Grundgesetz reagierte. Die Leserin meinte, dieses alte Buch mit den »Ermittlungen gegen die Bonner Politik« (so der Untertitel) lese sich doch »mit Zeitverschub« sehr aktuell.

Entstigmatisierung

Ich habe daraufhin selber nachgelesen: »Noch nie in der Nachkriegsgeschichte sind«, so heißt es da, »Nazis und Neonazis so dreist, so schamlos und gewalttätig aufgetreten. Sie taten sich leicht, weil die Staatsgewalten abgetaucht waren. Deutschland pubertiert gewalttätig. Seit der Vereinigung von Bundesrepublik und DDR sind seine Nerven labil, seine Stimmungen unausgeglichen. Es gärt und es brodelt in seinem Inneren. Reife ist nicht in Sicht.« Von der Entstigmatisierung rechtsextremer Ideologie ist die Rede.

»Deutschland, leicht entflammbar. Ermittlungen gegen die Bonner Politik«. Die Leserin aus Bottrop fragte mich also, wie denn nun, 23 Jahre später, mein Fazit heute aussähe. Ja wie? Aus der »Bonner Politik« ist die »Berliner Politik« geworden. Und wie verhält es sich mit der Entflammbarkeit? Hat die sich nun, mit Pegida und den Erfolgen der AfD, politisch realisiert?

Abwimmeleien

Gewalt beginnt mit Worten: In dem Buch von 1994 habe ich berichtet, wie seinerzeit der Staat auf widerliche Hetzgedichte gegen Ausländer und Asylbewerber reagierte. Anzeigen wegen Volksverhetzung wurden abgewimmelt. Die Rufe wie »Ausländer raus« und »Deutschland den Deutschen« seien zwar gegen das Bleiberecht eines Ausländers gerichtet und damit im weiteren Sinne diskriminierend und ausländerfeindlich, »nicht aber gegen ihr Lebensrecht in der Gemeinschaft und damit gegen den Persönlichkeitskern eines Ausländers gerichtet«. Mit diesem Wortgeklingel aus dem juristischen Subsumtionsautomaten hat die Staatsanwaltschaft Rostock seinerzeit, nach den Ausschreitungen von Rostock-Lichtenhagen, einschlägige Strafverfahren eingestellt. Ähnliche Abwimmeleien kann man heute, in Internet-Zeiten, lesen; sie sind nicht mehr so ausführlich, sie sind routinierter.

Reime gegen Ausländer

In einem bayerischen Polizeipräsidium kursierte damals ein Flugblatt, das von einem Polizeibeamten fleißig kopiert wurde. Es handelte sich um ein Sammelsurium von Vorurteilen und Gemeinheiten mit dem Titel: »Der Asylbetrüger in Deutschland«. Das Gedicht begann so: »Herr Asylbetrüger, na wie geht's? Oh, ganz gut, bring Deutschen Aids; komm direkt aus Übersee – hab Rauschgift mit, so weiß wie Schnee; verteil im Sommer wie im Winter, sehr viel davon an deutsche

Kinder.« Der Polizeibeamte hielt das, wie er sagte, für lustig; und das Bayerische Oberste Landesgericht hielt das jedenfalls nicht für strafbar. In Köln, wo ein Mitglied der Rechtsaußen-Partei »Die Republikaner« das Pamphlet verbreitet hatte, sprach das Landgericht den Angeklagten frei. Es handele sich, sagten die Richter damals, nur um eine »geschmacklose Übertreibung«.

Vaterlandsverräter

Ich habe damals, 1994, konstatiert, die deutsche Demokratie sei nur »bedingt abwehrbereit«. Der deutsche Staat präsentiere sich gegen die Rechtsextremisten klein und schwach. »Vertritt man deutsche Interessen, wird man von der Weltmacht Medien als Rechtsextremist herabgesetzt und regelrecht fertig gemacht«, klagte ein Brief von damals. Und in einem offen mit Absendernamen und Adresse versehenen Brief an die *Süddeutsche Zeitung* hieß es über Journalisten und Politiker, die sich für Flüchtlinge einsetzen: »Wer solche Mistkerle, solche Vaterlandsverräter, umlegt, müsste eine Abschußprämie bekommen.« Die Polizei reagierte auf so etwas gelassen, auch auf Morddrohungen mit avisiertem Todesdatum: »Sie glauben gar nicht, wie häufig das mittlerweile ist«.

Potenzierte Häufigkeiten

Wie häufig heute? Das Internet hat die Häufigkeiten von damals noch potenziert. Das Netz funktioniert wie ein Durchlauferhitzer für Gemeinheiten. Das ist einer der Unterschiede zwischen 1994 und heute. Es gibt das Netz und seine Tücken. Ich wünsche mir, dass das Netz in Zukunft wie ein Durchlauferhitzer für die Gegenwehr funktioniert, dass sich dort der Aufstand der Demokraten gegen die Neonazis und ihre Gemeinheiten zeigt.

Ein Sturm der Aufklärung

Heiner Geißler würde so ein Sturm der Aufklärung im Netz gefallen. In einem Lebensrückblick kurz vor seinem Tod im September 2017 hatte er auf die Frage, ob er etwas bedauere, eine überraschende Antwort parat: »Ich hätte manchmal noch mehr Krach schlagen müssen«. Es gilt, den demokratischen und sozialen Rechtsstaat und die Grundrechte glaubwürdig und überzeugend zu verteidigen und hochzuhalten – und, wenn es sein muss, zu diesem Zweck auch Krach zu schlagen.

Aus dem Newsletter »Prantls Blick« vom 24. September 2017

3. Oktober: Tag der Deutschen Einheit

Die Abwicklung der Justiz in der DDR.
Das musste sein. Aber musste es
auf diese Weise sein?

Vom letzten Tag der DDR

Reste aufbrauchen – im Stadtbezirksgericht Berlin-Mitte

Damals, 1990, am letzten Arbeitstag der DDR, saß ich im Amtszimmer des Direktors des Stadtbezirksgerichts Berlin-Mitte in der Littenstraße. Die Littenstraße hieß auch damals, zu DDR-Zeiten, schon Littenstraße. Sie war und ist benannt nach dem jungen Strafverteidiger Hans Litten, der 28 Jahre alt war, als er 1932 in einem Strafprozess mit dem Zeugen Adolf Hitler aufeinander traf und ihn rhetorisch vor Gericht zerlegte. Der Zeuge Hitler, so schilderten es Prozessbeobachter, schrie »wie eine hysterische Köchin«, als Litten ihm Terrortaktik vorwarf und ihn mit seinen eigenen Zitaten zwei Stunden lang in die Enge trieb. Kaum an der Macht, ließ das NS-Regime den linken Anwalt im KZ verschwinden. Im KZ Dachau erhängte er sich nach fünfjährigem Martyrium im Februar 1938. Man darf seinen Namen nicht vergessen.

Gegenläufige Treppen

In dem prächtigen Jugendstil-Palast an der Littenstraße residierten in DDR-Zeiten die wichtigsten Gerichte Ostberlins und der DDR. Heute sitzt dort das Amtsgericht Berlin Mitte. Das

Gericht ist ein fast märchenhafter Bau, innen eine gewaltige lange Halle mit schlanken Pfeilern, zwischen die Umgänge und Emporen eingespannt sind. Breite, gegenläufige Treppen führen nach oben. In diesem Haus also, das schon den kaiserlichen Richtern, denen der Weimarer Republik und denen des Hitler-Reiches gedient hatte, erlebte ich den letzten Tag des Staates DDR – im Amtszimmer von Uwe Weitzberg, Direktor des Stadtbezirksgerichts Berlin-Mitte.

Ratlos und aufgebracht

Auf einer außerordentlichen Versammlung der DDR hatte ich ihn ein paar Monate vorher kennengelernt. 677 Richter, weit mehr als die Hälfte der Richterschaft der DDR, standen damals ratlos und aufgebracht zugleich auf den Treppen und Emporen des Palastes und erklärten, die Richterschaft der DDR sei »in ihrer Masse fähig und bereit«, in einem demokratischen Rechtsstaat zu arbeiten. Daraus wurde nichts. Die DDR-Richter wurden in ihrer Masse nicht übernommen. Und da half es nichts, wenn sie sich in ihren letzten Monaten an die Devise von Kurt Wünsche, des letzten DDR-Justizministers, gehalten hatten. Man müsse sich, hatte der gesagt, »freihalten von rückschauender Selbstveredelung, aber auch von Flagellantentum«.

Wie gesagt. Hat denen alles nichts geholfen. Ich saß also am letzten Arbeitstag der DDR-Justiz im Amtszimmer des Gerichtsdirektors an der Littenstraße. Und diese Szenen, diesen Tag möchte ich zum Tag der Deutschen Einheit schildern.

Waschkörbe mit Formularen standen auf den Gängen

Der letzte Tag im Stadtbezirksgericht Berlin Mitte. Auf den Umgängen und Treppen standen lange Reihen von Waschkörben, vollgestopft mit Formularen. Es waren Vordrucke für den Rechtsverkehr mit Cuba, mit Mozambique, mit Vietnam und mit Ungarn. Niemand brauchte sie mehr, niemand wollte sie mehr brauchen. Die Justizsekretäre hatten die Regale leergeräumt. Die zerfledderten »Kombi-Zusatztaschen« aus dem Sortiment von »Robotron Organisationsmittel«, schon dreimal mit Leukoplast geflickt, waren nun Abfall. Dort lagen auch die hektographierten »Aufrufe zum Schutz des sozialistischen Eigentums durch erhöhte Wirksamkeit der Strafverfahren«.

Im Wartestand

Auf dem Weg zum Direktor. An einer Tür hängt ein Zettel: »Sämtliche in den Arbeitsrechtskammern angesetzten Termine sind wegen unvollständiger Gerichtsbesetzung aufgehoben«. Ähnliche Zettel kleben vor anderen Sitzungssälen: »Verhandlungen werden wegen fehlender Schöffenbesetzung abgesetzt«. Die ehrenamtlichen Richter, auf die die DDR immer so stolz war, sind einfach ausgeblieben. »Neuer Termin«, so ist zu lesen, »ergeht durch das zuständige Gericht«. Im Vorübergehen sagt einer: »Die Zettel hängen schon seit Wochen«. Das künftig zuständige Gericht arbeitet in einer anderen juristischen Welt, mit anderem Personal und mit anderen Gesetzbüchern, als sie bisher auf den Gerichtsschreibtischen in Ostberlin standen. An diesem Tag erlischt die Justizhoheit der Ostberliner Richter. Sie werden in den Wartestand geschickt, ihre Gerichte zugesperrt. Die Justiz in Westberlin übernimmt das rechtliche Regiment für die ganze Stadt Berlin.

»Sterben täte man am liebsten«, sagt Ingrid Scherat, und sie hat Tränen in den Augen. Die stellvertretende Direktorin am Stadtbezirksgericht Berlin-Mitte sitzt am Telefon ihres Büros und sagt jedem Anrufer das Gleiche: »Wir sind nur noch wenige Stunden hier.« »Die Leute«, so erklärt sie beim

Auflegen, »begreifen nicht, dass wir zumachen, dass wir zumachen müssen«.

Die Westberliner Justiz, dirigiert von Jutta Limbach, der damaligen Justizsenatorin und späteren Präsidentin des Bundesverfassungsgerichts, fuhr einen harten Kurs: Sie schickte die Ostberliner Kolleginnen und Kollegen nach Hause. Anders als in allen anderen Ländern der ehemaligen DDR durfte das Justizpersonal nicht vorläufig weiterarbeiten. Der Gesamtberliner Richterwahlausschuss sollte Leben und Wirken der Richter untersuchen. »Die Bevölkerung hat kein Vertrauen in die Ost-Justiz!«, erklärte Jutta Limbach.

»Jeden Morgen in Demut und Reue Sünden bekennen«

»Warum«, so fragt mich damals, an diesem letzten Arbeitstag der DDR, Ingrid Scherat, »warum rennen uns dann die Leute die Bude ein?« In der Tat meldet sich binnen weniger Minuten ein halbes Dutzend aufgebrachter Ostberliner in ihrem Büro. Sie wollen Auskünfte, Abschriften und Bestätigungen, die ihnen hier niemand mehr geben kann. Die Akten der Richterin Scherat lagen schon beim Amtsgericht Charlottenburg. Die Mittvierzigerin sitzt nun in ihrem Büro wie bei sich selber zu Gast, vor leeren Schränken. 21 Jahre lang war sie Richterin in diesem Haus gewesen. Sie kocht. »Reste aufbrauchen« – die letzte Kanne Kaffee. Was sie denn jetzt machen wolle in den nächsten Monaten? »Jeden Morgen in Demut und Reue Sünden bekennen!« Die Juristin ist voll bitterer Melancholie. Am liebsten, so sagt sie mir, würde sie ein Zeitungsinserat aufgeben: »Wer etwas gegen mich vorzubringen hat, möge sich melden«. Sie glaubt, dass niemand sich melden würde.

Der letzte Tag der DDR-Justiz. Endzeitstimmung im großen Gerichtsgebäude an der Littenstraße in Ostberlin, bedrückende Stille, Abschiedsszenen in den Registraturen. Die einen machen sich Hoffnungen. »Wie viele von uns werden die denn nehmen?« Die anderen reden Fraktur. Von einem »Kahlschlag« ist die Rede, von »Okkupation«, von der »fehlenden Sensibilität« der West-Justiz. Ein Richter erzählt, dass viele Kläger ihre Klagen wieder zurückgenommen hätten, weil sie damit nicht nach Westberlin gehen wollten. Er möchte zwar, sagt er, »den Westberliner Richtern nichts unterstellen, aber ob die, die in saturierten Verhältnissen großgeworden sind, unsere Leute überhaupt verstehen?« Böse Äußerungen aus der Westberliner Justiz werden kolportiert: »Kein Handschlag mit einem Richter aus Ostberlin!« »Die in Westberlin«, befürchtet einer der Verfemten, »sind eine geschlossene Kaste. Die wollen keinen von uns. Für die sind wir nur die Halbgewalkten von der SED.«

Uwe Weitzberg sitzt die letzten Stunden in seinem Direktorenzimmer. Keine großen Reden, gar nichts, nur da sitzen. Frauen mittleren Alters klopfen und fragen, was sie denn mit der Kaffeekasse machen sollen. »Es wird«, so prophezeit Weitzberg, »eine allgemeine Entwertung unserer beruflichen Qualifikation einsetzen: Das fängt beim Meister an und hört beim Juristen noch lang nicht auf.« 27 Jahre später fällt das den politischen Beobachtern auch wieder ein, wenn es darum geht, die Wahlergebnisse vom 24. September 2017 zu analysieren.

»Ich kann schlecht sagen, ich hätte nichts gewusst«

Alle fragen sich seitdem, wie man sich denn das Wahlergebnis, die hohen Prozente für die AfD, erklären solle. Man kann 27 Jahre zurückgehen bei der Antwort – und ich nehme jetzt einmal die Justiz als Exempel, weil ich nun einmal damals, am letzten Tag, dort im Gericht saß. Damals, kurz nach der Wende, war es so: Die DDR-Justiz schwankte zwischen Resignation und Aufbruch. In Ostberlin, so erzählte mir Weitzberg an diesem Tag, sei »das Pendel jetzt bei der Resignation stehen geblieben«. Er selber habe seine Entlassung eingereicht. Der Elan, mit dem er sich vor einem halben Jahr an die Spitze des neugegründeten Deutschen Richterbundes (Ost) gestellt hat, ist verbraucht. Er weiß: Als Direktor ist er verdächtig. Und er ist ehrlich: Seine Leitungsaufgaben hätten zwangsläufig Kontakte mit dem Ministerium für Staatssicherheit mit sich gebracht. »Ich hab zwar nicht mitgemacht; aber ich kann schlecht sagen, ich hätte nichts gewusst!« Weitzberg hat seine Bücher schon zusammengepackt. Er vertauscht das Direktorbüro mit einer kleinen Rechtsanwaltskanzlei: Das Schild ist bestellt, drei Zimmer sind gemietet. Er teilt sie sich mit einem Richterkollegen, der gleichfalls den Schnitt vollzogen hat. Weitzberg hat lange gehofft, es käme anders.

Als Direktor Weitzberg einen Zettel unterschrieb. Es war sein Entlassungsgesuch

»Richter war er mit Leib und Seele«, sagt mir seine Stellvertreterin. Aber dann kam der Auftritt, bei dem seine Kollegen glaubten »jetzt ist er durchgedreht«. Sie erzählt: Als die Westberliner Justizsenatorin in der Kaffeestube des Gerichts zu Gast war und harte Worte sagte – vom Vertrauensverlust, den die Ostberliner Richter selbst zu verantworten hätten, und von der Zeit der Prüfung, die sie deshalb jetzt auf sich nehmen mussten – da hätte er sich gern für seine Kollegen in die Bresche geworfen, ein Plädoyer halten wollen für den »aufrechten Gang der Ostberliner Richter in die Gesamtberliner Justiz«. Dazu fühlte er sich verpflichtet – auch als Vorsitzender des Bundes der DDR-Richter. Aber, so erinnert er sich, »es waren nur Fragen zugelassen«. Und so fragte er die Senatorin, ob er einen schnell geschriebenen Zettel unterschreiben solle, den er der Versammlung vorlas. Es war sein Entlassungsgesuch. Und als die Senatorin meinte, dass sie ihn ja nicht kenne, da setzte er seinen Namen unter die Zeilen und ging.

Richter oder Funktionär?

Eine »ordentliche Übergabe« der Gerichtsakten an die Westberliner Kollegen hätte Weitzberg sich gewünscht – aber nicht einmal miteinander geredet habe man: »Die kommen nur her, um die Akten abzutransportieren.« Er nennt die Art und Weise, wie die Übernahme der Ostberliner Justiz durch den Westen vor sich geht, »chaotisch«. Und Weitzberg bedauert, dass deshalb der Rechtsschutz für die Ostberliner für einige Zeit auf der Strecke bleibe. Und gerade jetzt wären vor den Ostberliner Gerichten die Verhandlungen angesetzt gewesen, in denen man den vielen Arbeitern hätte beispringen wollen, die zu Unrecht gekündigt worden seien. »Wie sollen«, fragt Weitzberg, »die Kollegen im Westen damit zurechtkommen? Die kennen doch das alte Arbeitsgesetzbuch der DDR nicht!«

Mit solchen Worten machte er den Westberliner Justizstaatssekretär Wolfgang Schomburg fürchterlich zornig. »Die Richter drüben«, so schimpfte dieser, »die tun doch schon seit Monaten nichts mehr.« Jetzt würden sie versuchen, »sich als Gralshüter der Rechtsordnung darzustellen – das hätten die doch schon jahrelang sein können«. Stattdessen hätten die sich nicht als Richter, sondern als Funktionäre verstanden.

»Der West-Mensch hat ja kein Chromosom mehr als wir«

Weitzberg schüttelte den Kopf. Nein, man habe eine Richterehre gehabt, sagt er. Und dann verabschiedet er mich. Leute vom Justizpersonal wollen noch ein Foto machen. Dann möchte er noch eine Stunde allein sein.

Weitzberg ist Rechtsanwalt geworden. Auf einem Geschäftsflug mit Mandanten von Berlin nach Salzburg – es sollte Licht in höchst verworrene Geschäftsbeziehungen gebracht werden – ist er ein paar Jahre später zusammen mit einem Anwaltskollegen und allen anderen Insassen der Maschine ums

Leben gekommen. Die Cessna war am 19. Februar 1996 auf dem Flughafen Tempelhof gestartet, sie stürzte beim Anflug auf Salzburg ab, bohrte sich in den Waldboden und ging in Flammen auf.

Zum Abschied

Es ist dies eine deutsche Geschichte zum 27. Jahrestag nach der Deutschen Einheit. »Sterben täte man am liebsten« – das war einer der letzten Sätze, den mir Uwe Weitzbergs Stellvertreterin zum Abschied gesagt hatte, kurz bevor die DDR-Justiz zugesperrt wurde.

Aus dem Newsletter »Prantls Blick« vom 1. Oktober 2017

10. Oktober: Tag der Obdachlosen

Die Betrachter können rätseln, ob sie den Detlef aus der Suppenküche oder einen Philosophen der Aufklärung vor sich haben.

Die Welt wird obdachlos

Dürre, versalzenes Wasser, soziale Katastrophen

Wenn Sie zu mir ins Büro kommen, sehen Sie gleich links von der Tür auf einer weißen Stele eine Skulptur aus dunklem, gebranntem Ton. Es ist ein überlebensgroßer Männerkopf: eindrucksvolles, ausdrucksstarkes, zerfurchtes Antlitz, mächtiger Bart. Manche Besucher meinen, Karl Marx zu erkennen. Es ist aber nicht Marx, es ist Jürgen.

Auf Augenhöhe

Jürgen war ein Obdachloser in Berlin, der Künstler Harald Birck hat ihn vor Jahren porträtiert. Birck ist ein Bildhauer, der vor zehn Jahren in Zusammenarbeit mit der Berliner Stadtmission Porträtbüsten von obdachlosen Menschen gefertigt und sie dann in Ausstellungen präsentiert hat, auf Augenhöhe mit den Besuchern und auf Augenhöhe mit den Porträtbüsten von berühmten Persönlichkeiten. Die letzte der historischen Berühmtheiten, die Birck porträtiert hat, war Martin Luther. Für Birck hat die gemeinsame Ausstellung von Berühmtheiten und von Leuten, die man allenfalls mit dem Vornamen kennt, einen tiefen Sinn: Jeder hat ein Gesicht;

und das Gesicht der obdachlosen Menschen ist oft bewegender als das, das zu einem berühmten Nachnamen gehört. Die Betrachter können rätseln, ob sie den Detlef aus der Suppenküche oder einen Philosophen der Aufklärung vor sich haben.

Wie der Indianer im Reservat

Ich habe mir den Kopf von Jürgen ins Büro gestellt, weil es gut ist, sich daran zu erinnern, dass es Leute gibt, die sich die *Süddeutsche Zeitung* nicht leisten können und die es notgedrungen eher mit alten Zeitungen zu tun haben – als Unterlage und gegen die Kälte. Jürgen hat in Berlin unter den Brücken gewohnt, er war Bergarbeiter in der DDR gewesen, Familie, zwei Töchter. Ein furchtbarer Verkehrsunfall seiner Frau hatte ihn aus dem geordneten Leben geworfen; sie war bei dem Unfall verbrannt. Er wurde, wie er es seinem Porträtisten erzählte, »ein freier Vogel«, hat immer versucht, »ordentlich« zu wohnen, es gelang ihm aber nicht mehr. Am Schluss war es so, dass Jürgen wirklich eine gute Unterkunft hatte und einen vollen Kühlschrank, wie er stolz erzählte. Aber er hat nichts mehr gegessen. Er starb mit 58. Und zuletzt, in seiner letzten Wohnung, hatte er sich gefühlt »wie der Indianer im Reservat«.

Ich habe auf den Porträt-Kopf von Jürgen geschaut, als ich über die Weltklimakonferenz nachdachte, die im November 2017 in Bonn stattfand. Es trafen sich Delegierte aus 196 Staaten sowie Vertreter von 500 Nichtregierungsorganisationen und mehr als tausend Journalisten, insgesamt 25 000 Teilnehmer zu einer der größten Konferenzen, die je in Deutschland stattgefunden haben. Jürgen hätte wahrscheinlich gesagt: Gegen Erderwärmung habe er nichts, ihn habe es als »freier Vogel« in Berlin doch manchmal ziemlich säuisch gefroren. Aber Jürgen war nicht blöd. Er wusste um die Problematik; er wusste davon, was Erderwärmung und Klimawandel anrichten: Wenn Gletscher schmelzen und Meeresspiegel ansteigen, dann verschwinden Inseln wie die Fidschi-Inseln, dann werden immer mehr Regionen in Afrika und Asien unbewohnbar. Die Welt wird immer mehr obdachlos – das ist die Folge des Klimawandels. Dürren, versalzenes Wasser, soziale Katastrophen.

In Äthiopien bringt der Klimawandel Millionen Kaffee-Kleinbauern in Not. Sie können nur überleben, wenn ihnen der Umzug in hohe Lagen gelingt. Ein Bericht des Internal Displacement Monitoring Centre (eine 1998 gegründete internationale nichtstaatliche Organisation) geht davon aus, dass klima- und wetterbedingte Katastrophen – Hitzewellen, Stürme, Dürren, Überschwemmungen – im Jahr 2016 23,5 Millionen Menschen vertrieben haben. Der Klimawandel zwingt mehr Menschen zur Flucht als alle Kriege zusammen. Er verursacht auch Kriege um Ressourcen. Die Weltklimakonferenz ist also eine Fluchtursachen-Bekämpfungskonferenz. Sie ist eine Konferenz gegen globale Obdachlosigkeit.

Bettler und Könige

Es genügt da nicht, mit anklagendem Finger auf Donald Trump zu zeigen und sich darüber zu mokieren, wie der 45. US-Präsident den Klimawandel leugnet. Deutschland wird, wie es aussieht, sein Ziel, den Ausstoß von Klimagasen bis 2020 um vierzig Prozent zu senken, drastisch verfehlen. Im Bereich Straßenverkehr sind die Emissionen in den vergangen 35 Jahren kaum zurückgegangen.

Der Porträt-Kopf vom Obdachlosen Jürgen, so dachte ich mir also beim Sinnieren über die Klimakonferenz, ist eine Anklage dagegen, wie fahrlässig unernst mit dem Thema Obdachlosigkeit umgegangen wird – mit der Obdachlosigkeit der Menschen und der Obdachlosigkeit der Welt; sie wird entweder verharmlost oder es wird so getan, als handele es sich um ein unabwendbares Schicksal.

Das hat Tradition: In der Literatur ist Obdachlosigkeit eine schöne Angelegenheit: Die Obdachlosen heißen dort Bettler. Der Bettler gehört Jahrhunderte lang zu den urigen Hauptpersonen der Komödie, und in Liedern und Balladen des 19. Jahrhunderts ist es so, dass man geradezu neidisch wird, wenn man kein Bettler oder Vagabund ist. Da wird das freie Bettlerleben gelobt und da macht man sich lustig über die Reichen und die Könige, mit denen sie angeblich nicht tauschen möchten, da wird die Freiheit und Unabhängigkeit gepriesen und das lustige Leben im Walde und auf der Landstraße besungen. Betteln ist angeblich schön. Und wenn es einmal nicht so schön ist, dann ist es wenigstens lehrreich: dann sitzt der gestürzte Feldherr, geblendet, auf einem Platz in Byzanz und bettelt.

Das Klima braucht Kümmerer

Und überhaupt muss man immer damit rechnen, dass sich im Gewand des Bettlers ein heimkehrender Odysseus, ein Gott oder ein König auf Recherche verbirgt: So ist es in Friedrich Dürrenmatts »Ein Engel kommt nach Babylon«: Da kontrolliert der König Nebukadnezar in Bettlerkleidern seinen Staat... So eine Kontrolle täte vielleicht der Weltklimakonferenz ganz gut.

Das Klima braucht Kümmerer – es braucht Kümmerer, wie Joachim Ritzkowsky einer war. Dieser Joachim Ritzkowksy war kein Bettler, kein Obdachloser, aber einer, der sie vielleicht besser kannte als sie sich selbst. Er war ein Pfarrer für Obdachlose. Und als er 52 Jahre alt geworden war, schrieb er auf, was er erlebte. Es war ein Bericht über das »Sterben auf Berlins Straßen«, von Menschen, die »völlig von Tieren zerfressen« waren – und von einer Bürokratie, die ohne Gnade mit den Obdachlosen umging. Ritzkowsky weigerte sich, den Alkohol in den Obdachlosen-Einrichtungen zu verbieten. Er legte sich mit der Deutschen Bahn an, die Obdachlose aus den Bahnhöfen vertreibt. Am meisten Aufsehen aber erregte er, als er mit der Justiz aneinander rasselte. Ritzkowsky hatte einem Obdachlosen einen Wohnsitz in seiner Kirche bescheinigt, damit der einen Personalausweis bekommen konnte, und wurde dafür bestraft. Ritzkowskys letztes Projekt war ein Grab, das dann auch sein Grab wurde. »Obdachlose werden am Ende möglichst billig entsorgt«, hatte er festgestellt: »Kein Stein, keine Tafel, auf denen der Name des Gestorbenen zu lesen ist, erinnern an den Menschen, der starb«. Er hat das geändert, hat einen Ort im Friedhof geschaffen, den er »ein Grab mit vielen Namen« genannt hat. Jetzt liegt er selber dort.

Die Welt braucht Kümmerer, wie Joachim Ritzkowsky einer war.

Aus dem Newsletter »Prantls Blick« vom 5. November 2017

24. Oktober: Tag der Bibliotheken

Bibliotheken sind keine Papiermuseen. Sie sind gehaltvolle und haltbare Wissens- und Kulturspeicher; sie sind Kommunikationszentren. Sie sind die stillen Orte der denkenden Erkenntnis. Bibliotheken sind zivilisierte Räume auch in unzivilisierten Zeiten.

Widerstand gegen das Vergessen

Der diskrete Charme der Bibliotheken

Der italienische Schriftsteller Italo Calvino hat einmal ein Interview mit einem »Herrn Neander« geführt. Dieses Interview geht eins zu null für den Neandertaler aus und zeigt, dass es mit dem Fortschritt der Menschheit seit Neandertalers Zeiten nicht so weit her ist. Die Ernüchterung, die einem bei dieser Geschichte überkommt, wird freilich von der Zuversicht behoben, die einem eine andere Geschichte von Italo Calvino spendet. Diese andere Geschichte handelt von einer Bibliothek, sie handelt von der Bibliothek als einer Schule der Humanität; sie erzählt nämlich, wie Soldaten durch Lektüre nicht nur klüger, sondern auch zu besseren Menschen werden.

Die fremde Welt des Wissens

Calvinos Geschichte heißt »Ein General in der Bibliothek«. Calvino berichtet darin von dem diktatorischen Regime eines Fantasielandes, das plötzlich von einem Verdacht beschlichen wird: Möglicherweise finden sich in Büchern Argumente gegen das Militär. Das Regime schickt eine Kompanie Soldaten in die Bibliothek mit dem Auftrag, sämtliche

Werke zu sichten, zu begutachten und alles Verdächtige und Gefährliche auszusortieren. Der zuständige General, seine Offiziere und Soldaten vertiefen sich in die Schriften; regelmäßig übermitteln sie Funksprüche über den Stand ihrer Arbeit, doch nach und nach zerbröckelt und zerbröselt ihr Dogmatismus. Die Soldaten werden von einem unbeugsamen Erkenntnishunger ergriffen, sie stürzen sich »mit dem missionarischen Eifer frisch entzündeter Novizen« (wie das der Deutschlandfunk schön beschrieb) auf die fremde Welt des Wissens und sie vergessen sogar die allabendliche Berichterstattung. Als das Regime die Ergebnisse der Bibliotheks-Expedition einfordert, hält der General einen wirren Vortrag über die Menschheitsgeschichte im Allgemeinen mit einer deutlich antimilitärischen Schlagseite und unverhohlener Kritik an der Diktatur – die Heeresleitung ist entsetzt und schickt die ideologisch ehemals so standfeste Kompanie aus Angst vor Skandalen klammheimlich in den Ruhestand.

Die zivilisierende Kraft des Buches

Das ist, wenn es gut geht, die zivilisierende Kraft des Buches; das ist, wenn es gut geht, der diskrete Charme der Bibliotheken. Bibliotheken sind zivilisierte Räume auch und gerade in unzivilisierten Zeiten.

Versuchen wir einmal, diese analoge Geschichte in digitale Zeiten zu transponieren. Also: Was würde passieren, wenn Soldaten in eine digitale Bibliothek geschickt würden? Würden sie auch dem Zauber der Bibliothek verfallen, in der die gedruckten Bücher allenfalls noch als Fototapete an der Wand kleben – oder würden die Soldaten einfach schnell auf die Löschtaste drücken? Wahrscheinlich funktioniert die ganze Geschichte dann nicht mehr, weil eine digitale Bibliothek eigentlich keine Bibliothek mehr ist. Auf digitale Texte kann man – also können das auch die Soldaten – überall zugreifen; man kann digitale Texte, so man die technischen Fähigkeiten dazu hat, von jedem Ort aus löschen, eliminieren, tilgen oder jedenfalls so verschwinden lassen, dass man die Texte kaum noch findet.

Vielleicht ist es dieses Gefühl der Volatilität von digitalen Texten, das zahllose Leserinnen und Leser bewegt, ein gedrucktes Buch zu leihen, zu kaufen, zu erwerben, in der Hand zu halten – statt die Lizenz für ein E-Book zu erwerben, die ihnen jederzeit wieder entzogen werden kann. Bücher sind auch haltbarer als Digitalisate, von denen man schon aus technischen Gründen nicht weiß, ob man sie in dreißig Jahren noch lesen kann. Bücher sind schließlich auch persönlichkeitsfreundlicher als Digitalisate, weil man beim Lesen von gedruckten Büchern nicht zum Datenlieferanten für die Konzerne des Informationskapitalismus wird. Bücher sind also ein zwar altes, aber zugleich ein sehr modernes, ein datenschützendes Kulturgut. Und Institutionen, die moderne Kulturgüter verfügbar machen, sind moderne Institutionen.

Macht das Internet die Bibliotheken überflüssig?

Es gibt die Propheten, die das Ende des gedruckten Buches und damit das Ende der Bibliotheken verkünden. Zu diesen Propheten gehört auch der frühere Leiter der Universitätsbibliothek in Regensburg, der jetzt die berühmte Bibliothek der ETH, der Eidgenössischen Technischen Hochschule in Zürich leitet. Rafael Ball hat Anfang Februar 2016 der *NZZ* ein Interview gegeben, das »Weg damit!« überschrieben und damit die Bibliotheken meinte. Das Interview warnte vor der Überbewertung der Bibliotheken und sprach davon, dass das Internet die Bibliotheken überflüssig mache. Die Bibliotheken müssten »ihr Geschäftsmodell radikal ändern«, forderte der Mann, oder sie würden ganz verschwinden. Früher hätte man so jemanden einen Radikalen im Öffentlichen Dienst genannt. Ich mag, das liegt gewiss auch an meiner journalistischen Profession, solche Leute – die komplett gegen den Strich bürsten und damit etwas erreichen, was in der Mediengesellschaft so schwer zu erreichen ist: Sie fallen auf; sie provozieren Diskussionen. Sie sorgen dafür, dass man sich den Wert von Bibliotheken wieder bewusst macht. Die Formulierung meines Dankes dafür entleihe ich mir bei Bert Brecht: Dafür sei Direktor Ball bedankt, denn der hat uns das abverlangt.

Wann hat zuletzt ein Bibliothekar so heftige Gegenreden ausgelöst? Sie erinnerten mich an die Reaktionen vieler Sozialdemokraten auf die Agenda 2010 des Kanzlers Gerhard Schröder: Da erging es – so sagte das damals der SPD-Abgeordnete Ludwig Stiegler aus Weiden – gerade den treuen und aktiven Genossen so wie braven Katholiken, die auf einmal feststellen, dass der Vatikan samt Papst protestantisch geworden ist. So ergeht es vielen Bibliothekaren und Buchliebhabern, wenn sie die Thesen von Rafael Ball hören.

Weil sie doch Steckdosen haben

In Regensburg, als Direktor der Uni-Bibliothek, war Rafael Ball noch nicht ganz so radikal gewesen; da setzte er aber immerhin durch, dass die Studierenden Wasserflaschen mit in die Uni-Bibliothek nehmen dürfen. Vor fünfunddreißig Jahren, als ich Studierender an der Uni Regensburg war, ging das noch nicht. Da musste ich, um einen Schluck zu trinken, in die Jura- oder Philosophie-Cafeteria gehen – was aber fast immer ein kommunikatives Erlebnis war ... so dass ich mich frage, ob so neue Ideen wie die mit den Wasserflaschen nicht der von ihrem Schöpfer propagierten Bibliothek als einem Kommunikationsraum auch ein wenig widersprechen... Die Reaktion auf die Forderungen und Prophezeiungen aus der Schweiz waren jedenfalls ebenso heftig wie sachkundig: Manfred Schneider, Literaturprofessor in Bochum, erwiderte beispielsweise mit einem Stück über den »Cyber-Analphabetismus« und stellte fest: »Wer behauptet, das Internet ersetze vollständig die Bibliotheken, gehört zu den Schildbürgern, die meinen, keine Elektrizitätswerke zu brauchen, weil sie doch Steckdosen haben«.

Mit diesem schönen Vergleich wird darauf hingewiesen, dass es ja vor allem und in erster Linie die Bibliotheken sind, die die Bestände digitalisieren. Wenn es sie nicht mehr gibt, wird auch nicht mehr ordentlich digitalisiert. Bibliotheken sind also quasi auch die Elektrizitätswerke. Die Staatsbibliothek Regensburg hat, gemeinsam mit der Bayerischen Staatsbibliothek in München und mit Google, siebzigtausend urheberrechtsfreie Druckwerke digitalisiert und über den Online-Katalog zur Verfügung gestellt. Sie ist Bibliothek und E-Werk zugleich.

Hirnlosigkeit ist kein gutes Geschäftsmodell

Wir leben in Zeiten elektronischer und digitaler Sintfluten. In diesen Sintfluten muss ein Archiv, in diesen Zeiten muss eine Bibliothek auch Arche Noah sein. Wir alle vergessen ungeheuer schnell – wir erachten oft auch als neu, was ein alter Hut ist. Ich selbst mache da fast jeden Tag Erfahrungen mit meinem Redaktionsarchiv, dem Medienarchiv in meiner Zeitung: Ich brauche es wie den Kaffee am Morgen. Es muss die Informationen auswählen und bewahren, die meine Redaktion braucht, um die Gegenwart richtig bewerten zu können. Wenn Redaktionen dieses Gedächtnis nicht mehr haben, schreiben und senden sie hirnlos. Hirnlosigkeit ist aber kein gutes Geschäftsmodell. Die Archive und Bibliotheken müssen mehr denn je darüber nachdenken, welche Informationen und Materialien sie wem, wo, wie schnell und auf welche Weise zur Verfügung stellen – und wie sie miteinander kooperieren. Sie müssen zeigen, dass kein Internet und keine x-beliebige Suchmaschine sie ersetzen kann.

Ein Archiv, eine Bibliothek ist nämlich nicht einfach eine Cloud, eine Wolke, die irgendwo schwebt und von der jeder irgendwie irgendwelche Daten massenhaft abrufen kann. Ein Archiv ist, wenn es gut ist und wenn man bei seiner Beschreibung mit himmlischen Bildern arbeiten will, eher so etwas wie der Heilige Geist. Streichen wir das heilig weg: Es ist jedenfalls keine Entität, die nur lagert, es ist eine, die denkt und berät; ein gutes Archiv ist keine bloße Datenbank, sondern eine Beratungsorganisation. Eine solche Beratungsorganisation kann man nicht einfach in toto in eine Wolke auslagern.

Ein Kosmos der Ordnung

Archive und Bibliotheken bewahren Vergangenheit für Gegenwart und Zukunft. Und Vergangenheit ist nicht einfach das, was irgendwie von ihr übrig bleibt. Vergangenheit ist keine Resterampe. Vergangenheit ist eine kulturelle Schöpfung – eine kulturelle Schöpfung der Gegenwart für die Zukunft. Der Raum für diesen Schöpfungsakt sind Bibliotheken und Archive – und zu den Hauptpersonen dieses Schöpfungsakts gehören die Archivare und Bibliothekare. Ihr Schöpfungsakt ist ein politischer Akt, weil er auswählt, weil er darüber urteilt, was zukunftsbedeutsam ist und was nicht. Der homo conservans ist also ein homo politicus. Seine Arbeit entscheidet darüber, welche Quellen versiegen und welche aus der Vergangenheit in die Zukunft fließen; seine Arbeit entscheidet darüber, welche Texte, Töne und Bilder später einmal die Erinnerung und das kollektive Gedächtnis stimulieren können. Der Archivar und der Bibliothekar formen aus einem Haufen von geschriebenen, gedruckten und gespeicherten Materialien einen Kosmos der Ordnung.

Es gibt Leute, die dazu raten, den »Mist«, der in den Regalen liegt, doch einfach auszusortieren, auch aus Gründen der Platznot. Das ist ein ziemlich törichter Rat: Das ist erstens deswegen töricht, weil es Hybris ist, etwas für Mist zu halten, nur weil es einige Jahrzehnte lang kaum ausgeliehen und nachgefragt wurde. Das ist zweitens deswegen töricht, weil das, was wir vielleicht sogar zurecht für »Mist« halten, etwas sehr Zeittypisches sein kann, weil es zeigen kann, wie die Zeitgenossen damals getickt haben.

Werden die Bibliotheken überflüssig? Es dürfte sich mit solchen Prognosen wohl so verhalten wie mit den Prognosen von Francis Fukuyama, der 2002, als das östliche Imperium und der Staatskommunismus zusammengebrochen waren, das »Ende der Geschichte« ausrief. Die Geschichte mochte sich dann nicht daran halten. Das Reden vom Verschwinden der Bibliotheken oder von ihrer notwendigen Umwandlung in reine Veranstaltungszentren verkennt die Zeichen der Zeit, ein solches Reden ist, wie das die Juristen sagen, eine protestatio facto contraria – weil die Fakten eine ganz andere Sprache sprechen: Weltweit gibt es einen irren Boom der Bibliotheken, es wurden und werden große neue Bibliotheken gebaut – in Stockholm und in Stuttgart, Berlin und sonstwo. Und die Bibliotheken werden nicht nur gebaut und stehen stolz da, die Leute gehen auch hinein, Bibliotheken sind Kult.

Die Theorie des guten Orts

Der amerikanische Stadtsoziologe Ray Oldenburg hat 1989 das Buch »The Great Good Place« geschrieben, in dem er die von ihm entwickelte »Theorie des guten Orts« darlegt. Menschen, so sagt er, brauchen nicht ihr Zuhause als den ersten und ihren Arbeitsplatz als ihren zweiten Ort, an dem sich ihr Leben abspielt, sondern auch einen dritten – an dem sie sich treffen und kommunizieren können. Ray Oldenburg hat bei den »dritten Orten« an Einkaufszentren, Bars und die Starbuck-Cafes gedacht. Ein solcher dritter Ort sind aber auch die Bibliotheken: Kaum ein Platz ist den Menschen lieber als die Bücherei. Die zehntausend deutschen Bibliotheken verzeichnen jährlich 210 Millionen Besucher; Kinos bringen es nur auf 146 Millionen; Fußballstadien auf 17 Millionen. Ist das nicht ein ziemlicher starker Beweis?

Ich bin nun kein Sachverständiger für das gedruckte Buch und seine Zukunft; ich bin ein Sachverständiger für die Zeitung. Aber da gibt es ja gewisse Verwandtschaften; und Bibliotheken sind auch ein großer Zeitungsspeicher. Ich habe in Bibliotheken immer gerne nach den alten Zeitungen gesucht. Im Zeitungswesen haben wir die große Diskussion über die Zukunft der gedruckten Zeitung schon einigermaßen hinter uns. Einige Jahre lang wurden da allenthalben schon die Todesanzeigen für die Zeitung entworfen: »Geboren 1603 in Straßburg/Elsass, gestorben 2020. Wir werden der Zeitung ein ehrendes Andenken bewahren.« Diese Beerdigungsredner redeten nicht von der Zusammenlegung von Redaktionen, auch nicht von entlassenen Redakteuren und nicht vom Outsourcing – sondern vom Internet.

Die Schwäche der Zeitungen

Seitdem der amerikanische Publizist Philip Meyer im Jahr 2004 ein Buch mit dem Titel »The Vanishing Newspaper« veröffentlicht, also das Verschwinden der Tageszeitung angekündigt hatte, hörten sich die Podiumsdiskussionen auf Medientagen über das Internet so an wie Vorbereitungen zur Beerdigung der Zeitungen. Für derlei Überlegungen war es aber schon deswegen ein bisschen früh, weil selbst Professor Meyer den Tod der Tageszeitung erst für das Jahr 2043 vorhergesagt hat.

Meyer hat natürlich recht damit, dass das Internet rasend schnell ist: Es ist schnell, es ist ubiquitär und es hat etwas sympathisch Antiautoritäres. Aber ein sympathisches neues Medium bedeutet mitnichten automatisch das Ende des sympathischen alten. Das Internet ist nicht das Ende der gedruckten Zeitung; es nimmt der gedruckten Zeitung nur eine Aufgabe ab, die sie bisher, so gut es halt ging, zu erfüllen versuchte. Bei der »Vermeldung« von Ereignissen kommt und kam die Zeitung bei allem Bemühen immer zu spät. Diese natürliche Schwäche war den Zeitungen seit jeher bewusst. Die *Zürcher Zeitung* stellte im Titelblatt ihrer Ausgabe vom 12. Januar 1780 nüchtern fest, dass es ihr bei allem Bemühen versagt bleiben werde, »die Weltbegebenheiten früher anzuzeigen, als sie geschehen sind.«

In der Hetze der Echtzeit

Der Vorsprung, die Vermeldung eines Ereignisses zumindest vor der gesamten Konkurrenz, war bis zum Internet Ziel jedes Unternehmens, das mit Informationen Geschäfte macht – erreichbar durch ein ausgebautes Korrespondentennetz; durch Ausnutzung aller technischen Hilfsmittel bei der Übermittlung; durch Erschließung neuer Nachrichtenquellen. Dank dieses Bemühens schrumpfte die zeitliche Distanz zwischen Ereignis und Öffentlichkeit immer weiter. Mit dem Internet ist das Ende dieser Entwicklung erreicht. Es erreicht das Publikum im Idealfall in Echtzeit. Es verfügt also über eine Fähigkeit, die eine Zeitung bei allergrößtem Bemühen nicht erreichen kann.

Der Tod Napoleons auf St. Helena am 5. Mai 1821 wurde in der *Londoner Times* als erster Zeitung zwei Monate später gemeldet, am 4. Juli 1821. Die *Vossische Zeitung* in Berlin druckte die Times-Meldung weitere zehn Tage später nach. Die Meldung über den Tod Mahatma Gandhis lief 1948 schon wenige Minuten nach dem Schuss des Attentäters in allen Orten der Erde ein; sie gilt in der Fachliteratur als das klassische Beispiel moderner Nachrichtentechnik. Der Fortschritt der Technik und ihr Einsatz im Nachrichtenwesen schlugen sich schon in Zeitungstiteln wie *Telegraph* nieder. Telefon, Funk, Satellit, Radio und Fernsehen machten aus einer distanzierten eine fast miterlebende Öffentlichkeit – aber nur fast. Das Internet beendete das »fast«.

Es wird davon geredet, dass Zeitungen und Internet sich ergänzen. Das stimmt dann, wenn jedes Medium seine spezifischen Stärken kennt. Die Stärke des Internets ist die Rasanz, die Stärke der Zeitung die Reflektion. Zeitungen, die sich darauf besinnen, werden interessanter, weil sie Uniformität und die Wiederholung des Immergleichen vermeiden. Weil es das Internet, weil es also nun bessere, schnellere Methoden bloßer Informationsvermittlung gibt, kann sich die Zeitung auf anderes konzentrieren – auf Analyse, Hintergrund, Kommentierung, auf Sprachkraft, Gründlichkeit und Tiefgang, auf all das, was sich in der Hetze der Echtzeit im Internet nicht leisten lässt.

Schlüssel zum Verstehen der globalisierten Welt

Die Zeitung kann Wegweiser sein im Wirrwarr; sie kann Informationen destillieren, konzentrieren, auswerten, bewerten. Für die Lokalzeitung und das überregionale Blatt kann das ganz verschiedene Gewichtungen bedeuten. Aber: Wenn eine Zeitung das gut macht, wird sie – ob digital oder gedruckt – immer genügend Leser haben, die sich an ihr festhalten, weil sie der Realitätsvergewisserung dient, weil sie ein Schlüssel ist zum Verstehen der globalisierten Welt, deren Abbild das Internet ist. Eine solche Tageszeitung wird dann eine Solidarität und eine Autorität haben, von der das Internet nur träumen kann.

Das Internet ersetzt nicht gute Redakteure, es macht gute Journalisten nicht überflüssig; im Gegenteil: Es macht sie noch wichtiger als bisher. Gegen Datentrash helfen, wie gesagt, nur kluge Analyse und Hintergrundbildung. Das muss die Zeitung bieten. Mit wertehaltigem Journalismus, nicht mit Billigjournalismus. Es gibt keinen Unterschied zwischen dem analogen und dem digitalen Journalismus. Es gibt nur guten und schlechten Journalismus; so einfach ist das.

Zeitung ist auch die digitale Zeitung

Dass die klassische, die alte, die gedruckte Zeitung stirbt: das werde ich nicht erleben, das werden Sie nicht erleben. Es wird halt so sein: Die einen Leser wollen die Zeitung, das Magazin und das Buch auf ihrem Tablet oder Smartphone lesen, die anderen wollen, dass die Zeitung als Druckerzeugnis vor ihrer Tür liegt oder im Postkasten steckt. Gewiss werden immer mehr Menschen die Zeitung auch online lesen; das soll mir recht sein, die Herstellungs- und Distributionskosten sind viel billiger. Hauptsache, die Leute lesen Zeitung, ob digital oder analog. Zeitung ist auch die digitale Zeitung. Aber das digitale Lesen wird der gedruckten Zeitung nicht den Garaus machen. Ganz, ganz viele Menschen wollen das Print-Leseerlebnis nicht missen – selbst den digital Natives geht es bisweilen so.

Bibliotheken als Kulturträger

Das Lesen auf Papier ist ein Erlebnis für Geist, Herz und Sinn; und ich bin davon überzeugt, dass sich zu unser aller Lebzeiten daran nichts ändern wird. Bei Büchern ist das nicht anders. Ich bin überzeugt davon, dass sowohl Journalisten als auch Bibliothekare eine gute Zukunft haben.

Eine Eisenbahn fährt gut auf zwei Schienen – der Journalismus auch. Die eine Schiene ist die digitale, die andere ist die analoge. Wenn man auf beiden Schienen fährt, erreicht man das Ziel. Bei den Bibliotheken ist das nicht anders.

24. Oktober: Tag der Bibliotheken

Die Bibliotheken als Kulturträger: Wie sehr das stimmt, lässt sich noch viel besser als in Deutschland, wo es ein wunderbares Bibliothekswesen gibt, dort feststellen, wo es ein solches Bibliothekswesen nicht gibt. Anders als in den autonomen Gebieten der Palästinenser und im Libanon, wo die Israelis 2006 die Nationalbibliothek beschossen haben, kann man in Afghanistan von einem Bibliothekswesen eigentlich nicht mehr reden.

Daher an dieser Stelle ein kurzer Blick nach Afghanistan: Massuma Jafari ist Anfang dreißig und Bibliothekarin in Kabul. Ihr Studium der Bibliothekswissenschaften absolvierte sie in Iran. Derzeit, erzählte sie der *Süddeutschen Zeitung* anlässlich einer Bibliotheksreise nach Deutschland, gebe es in ganz Afghanistan sieben ausgebildete Bibliothekare, fünf von denen leben im Ausland. Die Taliban haben die Bibliotheken nicht komplett zerstört. Letzteres wird dadurch wettgemacht, dass ein effizientes Katalogisier-System in Afghanistan nicht bekannt ist: Die größte Bibliothek befindet sich in Kabul. Sie umfasst etwa zwei- bis dreihunderttausend Bände. Das entspricht dem Umfang einer gut ausgestatteten Seminarbibliothek an einer deutschen Universität. Die Bücher in Kabul sind nicht verschlagwortet und tragen keine systematischen Signaturen, man hat sie grob nach Themen sortiert. Folglich ist es nachgerade unmöglich, ein bestimmtes Buch zu finden.

Gedruckte Bücher helfen der Vorstellungskraft

Es gibt einen Zusammenhang zwischen Bibliothekskultur und zivilisatorischen Standards. Das zeigt sich in der eingangs erzählten Geschichte von Italo Calvino. Das zeigt sich in der Realität von Afghanistan. Vielleicht wäre es besser, die Freiheit in der Bibliothek von Kabul zu verteidigen als in den Schluchten des Hindukusch.

Nein, das ist nicht einfach nur eine Verklärung des Buches und seiner Leserinnen und Leser. Gedruckte Bücher helfen der Vorstellungskraft sogar dann, wenn es sie gar nicht gibt. Lassen Sie mich das an einem Beispiel entwickeln – am Beispiel des größten Problems unserer Zeit. Das Flüchtlingsproblem ist das Problem des 21. Jahrhunderts. Stellen wir uns vor, es gäbe ein großes Flüchtlingsbuch; darin verzeichnet alle Schicksale, alles Leid, alles Elend, alle Hoffnung, alle Zuversicht. Stellen wir uns vor, es gäbe in diesem großen Flüchtlingsbuch eine Seite für jeden Flüchtling, eine Seite für jeden Vertriebenen, eine Seite für jeden, der seine Heimat verlassen und anderswo Schutz suchen musste. Eine Seite nur für Jeden; für alle Sehnsucht, für alle Enttäuschung, für alle Ängste, für das Leben und für das Sterben und für alles dazwischen.

Stellen wir uns vor, wie ein solches großes Buch aussähe: Die aktuelle Ausgabe hätte sechzig Millionen Seiten. So viele Flüchtlinge gibt es derzeit auf der Welt. Die Flüchtlinge, die über den Balkan und Österreich nach Deutschland kommen, sind ein kleiner Bruchteil der gigantischen Gesamtflüchtlingszahl.

120 000 Bände

Sie alle, all diese Flüchtlinge wären notiert in diesem Buch: diejenigen, die vor dem Krieg in Syrien fliehen; diejenigen, die dem Terror des »Islamischen Staates« mit knapper Not entkommen sind; diejenigen, die es nach Europa schaffen und dort von Land zu Land geschickt werden; diejenigen, die im Mittelmeer ertrunken sind; diejenigen, die durch die Wüsten Afrikas gelaufen sind und dann in Ceuta und Melilla, an der Grenze zu Europa, vor einem Stacheldrahtzaun stehen; diejenigen, die zu Millionen in ihrem Nachbarland in Notlagern darauf warten, dass die Zustände im Heimatland besser werden; diejenigen auch, die nach dem Verlassen ihrer

Heimat verhungert und verdurstet sind, die verkommen sind in der Fremde; die Kinder wären genauso verzeichnet in diesem Buch wie ihre Mütter und Väter, die Kinder also, für die es keinen Hort und keine Schule gibt. Es stünden in diesem Flüchtlingsbuch auch diejenigen Menschen, die aufgenommen worden sind in einer neuen Heimat – und wie sie es geschafft haben, keine Flüchtlinge mehr zu sein.

Die Kraft des Buchs

Es wäre dies nicht nur ein einzelnes Buch; es wäre ein Buch, bestehend aus vielen Bänden. Wenn jeder dieser Bände fünfhundert Seiten hätte – das Flüchtlingsbuch bestünde aus insgesamt 120 000 Bänden. Es wäre dies eine ziemlich große Bibliothek. Wenn man die Bände stapelt, wäre der Bücherturm höher als der höchste Berg der Erde. Es gibt dieses Buch nicht. Es gibt die Menschen, die der Inhalt dieses Buches wären: Flüchtlinge nennen wir sie. Nennen wir sie Menschen; es sind entwurzelte, entheimatete Menschen. Wenn wir uns vorstellen, dass ihre Schicksale so wie beschrieben verzeichnet sind – vielleicht ist das der Anfang für eine gute Flüchtlingspolitik. Wenn das so wäre, wenn das so ist, dann zeigt sich darin die Kraft des Buches und die Kraft einer Bibliothek – selbst als Fiktion.

Wie man eine Bibliothek organisiert

Umberto Eco hat, es ist schon ein paar Jahrzehnte her, eine Glosse darüber geschrieben, wie man eine Bibliothek organisiert: »Der Bibliothekar«, so schrieb er, »muss den Leser als einen Feind betrachten. Die Auskunft muss unerreichbar sein. Das Ausleihverfahren muss abschreckend sein. Die Zeit zwischen Bestellung und Aushändigung eines Buches muss sehr lang sein.« Die Staatliche Bibliothek Regensburg hat sich an diese Ratschläge nicht gehalten. Sie hat es schon damals nicht getan, als ich vor nun doch schon länger zurückliegender Zeit als Gymnasiast des Nittenauer Regental-Gymnasiums in der Staatsbibliothek für meine Referate in Deutsch, in Geschichte und Sozialkunde recherchiert habe.

Die Bibliothek als Paradies

Jorge Luis Borges hat einmal gesagt: »Das Paradies habe ich mir immer als eine Art Bibliothek vorgestellt«. Die Bibliothek als Paradies. Diese Vorstellung hatte ich damals noch nicht unbedingt, als ich als Gymnasiast mit dem Bus von Nittenau nach Regensburg in die Staatliche Bibliothek fuhr. Aber dieser Vorstellung habe ich mich seitdem sehr angenähert. Und ich denke mir heute: Borges könnte seinen Spruch nach einem Besuch in der Staatlichen Bibliothek Regensburg getan haben.

Festvortrag zum 200. Gründungsjubiläum der Staatlichen Bibliothek Regensburg am 13. Juli 2016 im Historischen Reichssaal des Alten Rathauses

6. November: Tag der Gefangenen

Ich wollte aus erster Hand erfahren, wie es im deutschen Justizvollzug aussieht. Also ging ich freiwillig hinter Gitter.

Häftling Nr. 103

Achteinhalb Quadratmeter, ein Schrank, ein Regal, eine Pritsche. Meine Tage im Gefängnis

Der Beamte ist sehr gründlich. Er filzt mich penibler, als ich das vom penibelsten Flughafen-Check kenne. In der Kleiderkammer nimmt er mir mit routinierter Freundlichkeit meine Privatsachen weg. Er lässt mich das Handy ausschalten, zählt mein Geld, sichtet meine Aktentasche, stopft das alles zusammen in die Plastikbox Nummer 103, die er mit der Plombe Nummer 92958 versiegelt. Knast ist registrierte Ordnung. Immerhin: Man ist dort keine Nummer, man hat einen Namen. Der Beamte sagt nicht »Häftling« zu mir, er sagt »Herr Prantl«. Trotzdem ist die Entkleidung und Neueinkleidung eine Prozedur der Selbstentfremdung. Es ist, als lasse man seine bürgerliche Existenz in der Kleiderkammer zurück.

Neben der Kostklappe

Neben den Zellentüren sind durchsichtige Plastikschilder an die Wand geschraubt, darunter Papierstreifen geschoben. Auf meinem steht nicht »Nummer 103«, sondern »Heribert Prantl«. Im Studenten- und im Altersheim sehen die Schilder ähnlich aus; aber es ist anders, seinen Namen neben der

15 Zentimeter dicken Stahltür zu lesen mit den vielen Riegeln und der Kostklappe. Man steht vor der beschrifteten Gefängniszelle wie vor dem eigenen Grabstein. »Ein Stück Tod mitten im Leben« sei die Haft, hat der Rechtsphilosoph Gustav Radbruch vor hundert Jahren geschrieben. Der moderne Strafvollzug soll aber nicht nur ein Stück Tod sein; er soll, so steht es im Gesetz, funktionieren wie eine Wiederauferstehung zu einem »Leben ohne Straftaten«. Tut er das? Kann er das?

Am Bauchfell des Schafs

Aufnahmestation, Zelle 5: Hierher werde ich, schon in schlabbrigen Anstaltsklamotten, von zwei Beamten geführt, ich ziehe das Wägelchen mit der Gefängnis-Grundausstattung und der Gefängniswäsche hinter mir her: ein billiges Besteck (»Messer ungehärtet«), ein Trinkbecher, ein Frühstücksbrettchen, ein tiefer Teller; Zahnpasta, Zahnbürste, Einwegrasierer, ein Stück Rasierseife, ein Pinsel mit wenigen harten Borsten; vier Paar Wollsocken, Handtuch, Geschirrhandtuch, ein abgetragener Trainingsanzug, ein Schlafanzug mit der Aufschrift »Baseball High 35«, Bettwäsche, Wolldecke, eine blaue Latzhose; Duschlatschen, Arbeitsschuhe, vier Unterhosen, vier Unterhemden, fein gerippt und mit dem ausgewaschenen Aufdruck »JVA Oldenburg«. Das ist meine neue Habe.

Ich bin im »Alcatraz des Nordens«, einem Männergefängnis der Hochsicherheitsstufe, 310 Häftlinge, die eine Hälfte Straf-, die andere Untersuchungsgefangene. Außen herum eine Mauer, fast zwei Kilometer lang, sechseinhalb Meter hoch; zwei Meter versetzt nach innen ein zweiter Zaun aus Gittergeflecht, sensorgesichert; 220 Videokameras innen und außen. Fluchtversuche zwecklos. Nur kurz nach der Eröffnung der Anstalt vor neun Jahren hat es ein Betrüger geschafft; er hatte sich an die Unterseite eines ausfahrenden Bollerwagens geklammert, so wie Odysseus an das Bauchfell eines Schafs, als er aus Polyphems Höhle entfloh. Der geflüchtete Häftling hatte einen Beamten bestochen; die Kollegen schämen sich heute noch.

Zwischen mir und der Freiheit liegen zwanzig Türen und Gitter. »Spüren Sie doch einmal am eigenen Leib, wie sich das anfühlt«, hat Gefängnisdirektor Gerd Koop im November 2008 zu mir gesagt. Da hatte ich auf der jährlichen Tagung der Gefängnisspezialisten in der Katholischen Akademie von Stapelfeld einen Vortrag gehalten; das Thema hieß, ein wenig neckisch: »Wohin fährt der Strafvollzug?« Ich habe die Einladung ins Gefängnis angenommen; nun sitze ich drin. Keine Sonderbedingungen für Prantl, hat der Direktor sein Personal angewiesen. Immerhin wissen die Vollzugsbeamten, dass ich nicht so richtig zu ihrer Klientel gehöre: kein Betrüger, kein Totschläger, kein Räuber, kein Drogist. Nur Journalist – der früher drei Jahre bayerischer Richter, dann drei Jahre bayerischer Staatsanwalt gewesen ist.

Wenn Wände reden könnten

»Neun Jahre« – das war das höchste Urteil, das ich einst als Richter gefällt habe; auf »13 Jahre« lautete mein höchster Strafantrag als Staatsanwalt. Länger als eine Stunde war ich damals, als Justizjurist, nie im Gefängnis gewesen – immer nur kurz, zu einer Anhörung, zu einer Vernehmung. Der Richter straft, aber er kennt die Strafe nicht, die er ausspricht. Jetzt, als Journalist, bin ich ein paar Tage lang da: zunächst als unechter Häftling und dann als Praktikant, der das Vollzugspersonal bei der Arbeit begleitet.

Wenn Wände reden könnten, die Zellenwände würden reden von Resignation, Wut, Gleichgültigkeit, von Melancholie, Misstrauen, Feindseligkeit, von Angst, Hass und Hoffnung. Gegen solche Gefühle hilft der Alarmknopf neben der Tür nicht. Der Knopf hat zwar neulich einem Strafgefangenen, der einen Herzinfarkt hatte, das Leben gerettet. Der Knopf löst aber keinen Alarm aus, wenn ein Untersuchungshäftling sich aus seinem Bettzeug eine Schlinge dreht. Die ersten Tage in U-Haft sind die schlimmsten. Der Untersuchungsgefangene gilt zwar vor dem Gesetz als unschuldig. Aber was hilft ihm das, wenn sein bisheriges Leben zusammenbricht, wenn seine Zukunft nach Gefängniskost schmeckt, wenn er nicht weiß, was aus ihm, Frau, Kind und Arbeit wird? Diese Gefühle lassen sich nicht auf Einladung des Gefängnisdirektors simulieren. Gut situierte Häftlinge, solche wie ich, quälen sich mit der Frage, ob sie sich werden freikaufen können. Meistens klappt es. Die Gefängnispopulation ist auch deswegen nicht ein Abbild der Gesellschaft, sondern ein Abbild ihrer Unterschicht. Das Gefängnis als Ort des sozialen Lernens?

Menschenwürde im Knast beginnt mit A

Meine »Hütte«, wie man im Jargon sagt, riecht verqualmt: Gefängniszellen gehören zu den wenigen Orten in Deutschland, wo geraucht werden darf. Aber die achteinhalb Quadratmeter sind viel sauberer als erwartet: gestrichener Betonfußboden, Schrank, Tisch, Pritsche, Regal, das alles nicht aus Metall, sondern aus Holz; eine hölzerne Wandleiste gibt es zum Bilderaufhängen, Bilder direkt an die Wand zu kleben ist streng verboten – als Verstoß gegen das erste Gebot dieses Gefängnisses: »Die Anstalt muss immer sauber sein.« Der Anstaltschef glaubt an den »unmittelbaren Zusammenhang zwischen Dreck und Aggression«. Die Wandleiste ist allerdings voll von weißen Flecken: Man nimmt hier Zahnpasta zum Ankleben der Bilder, meist herausgerissen aus der nur noch im Knast beliebten Erotikillustrierten *Coupé*. Kugelschreiber-Kritzeleien findet man auch auf der Bilderleiste: ein paar Zeichen auf Arabisch und auf Deutsch. Ein kleiner

Fernseher steht vor dem Bett, das ist Standard bei Untersuchungsgefangenen, das mindert die Selbstmordgefahr.

In einer Ecke der Zelle führt die Tür zum abgetrennten, 1,2 Quadratmeter kleinen Klosett mit Waschbecken. Menschenwürde im Knast beginnt mit A – wie Abort. Es riecht zwar etwas streng, aber es gibt fließend warmes und kaltes Wasser. Warmwasser ist Knastkomfort, in den älteren Gefängnissen nicht vorhanden. Die Justizvollzugsanstalt Oldenburg ist ziemlich neu, vor neun Jahren wurde sie eröffnet, und es steckt viel Erfahrung darin: Sie ist vom Direktor und dem Personal selbst geplant worden. 16 Stationen mit jeweils 21 Haftplätzen, jede Station eine Art Wohngruppe mit Freizeitküche, jeweils etliche Stationen von einer Wachstation aus gut einsehbar. Die alten Zuchthäuser waren Stein gewordener Irrtum. Dieses Gefängnis ist gemauerte Reform, es ist ein Vollzugsreformhaus.

Wegen was bist du da?

Ich lese die drei DIN-A4-Zettel an der Innenseite meiner Zellentür, eine Art Haus- und Zellenordnung: »Sie haben die Anordnungen der Vollzugsbeamten zu befolgen, auch wenn Sie sich dadurch beschwert fühlen.« Ich sitze in einer Zelle im Erdgeschoss, vergitterter Blick auf ein paar Masten mit Videokameras, auf vier Obstbäume und auf den martialischen, auch nach oben vergitterten »Bärenkäfig«. Das ist der Auslauf für die zehn besonders gefährlichen Häftlinge der Sicherheitsstation, deren Zellen 23 Stunden am Tag verriegelt sind. Ich werde eingeschlossen und bin nun froh drum. Ich kann zwar nicht hinaus, es kann aber auch keiner von denen herein, die draußen im Gefängnishof ihre letzten Runden drehen.

In diesem Gefängnishof haben fast alle Verbrecher ihre Runden gedreht, die man aus den Zeitungen kennt: der Holzklotzmörder; der siebenfache Mörder vom China-Restaurant in Sittensen; der Heimleiter, der die ihm anvertrauten Kinder missbraucht hat; der Vater von Kevin, der sein Kind verhungern ließ. »Wegen was bist du da?«, ruft einer mit russischem Akzent in meine Zelle. »Sag ich nicht«, sag ich. Am nächsten Tag, bei der Arbeit im Gefängnisbetrieb, lerne ich von Dimitri, wie man auf solche Fragen elegant antwortet. Er sitzt für sechseinhalb Jahre. »Wegen was?«, frage ich ihn. Er grinst: »Ohne Ticket gefahren.« Dimitri hat internationale Knasterfahrung, er kennt die russischen Gefängnisse. »Kein Vergleich«, sagt er, »eher Sport hier.«

Wortfetzen in Türkrussarabischdeutsch

Es klopft und rappelt an der Tür. Jemand hält ein Tablett mit dem Abendessen herein: drei Scheiben Brot, drei Scheiben Käse und zwei Scheiben Wurst. Dazu werden eine Packung Frühstücksmargarine gereicht, Marke Goldquelle, und 250 Gramm Marmelade Sauerkirsch extra, »fruchtige Qualität aus Mecklenburg«. Wie lange soll ich damit haushalten? Bevor ich fragen kann, ist die Tür schon wieder zu. Es wird Nacht, aber nicht richtig dunkel; das Licht vom Gefängnishof ist gleißend. Es hebt jetzt ein merkwürdiges Nachtleben an: Es klopft, hämmert, gluckert, es blubbert und furzt. Raue Rufe hallen über den Hof, von Gitterfenster zu Gitterfenster, Wortfetzen in Türkrussarabischdeutsch. Meine Zelle ist eine schützende Wabe.

Um halb sieben beginnt die Arbeit. Strafgefangene müssen, Untersuchungsgefangene können arbeiten; die zehn Häftlinge der Sicherheitsstation dürfen nicht. Ich komme in eine Halle mit langen Werkbänken: Eine Firma von draußen lässt hier Kabelbäume zusammenbauen, Stecker fürs Auto löten, Kleinteile für Pipelines montieren; an die sechzig Mann werkeln heute, es herrscht irritierend ruhige Geschäftigkeit. Mir schießt eine schauerliche Geschichte aus der JVA Uelzen durch den Kopf: Vor neun Jahren nahm dort ein Häftling, der Küchendienst hatte, das größte Messer – er schnitt damit dem Gefängnisdirektor, der das Mittagessen vorkostete, die Kehle durch und erstach dann den Küchenchef. Sicherheit im Knast ist immer prekäre Sicherheit, auch in der besten Anstalt.

Ich wäre lieber in die Tischlerei gekommen; aber die ist das Revier der Langzeithäftlinge, an den Fräs- und Sägemaschinen stehen ein paar hundert Jahre. Auch nicht schlecht wäre die gehobene Bastelatmosphäre der Schlosserei gewesen, wo der praktischste Grill hergestellt wird, den ich je gesehen habe. Die Ausbruchfantasien der Gefangenen sind in das »Modell Oldenburg« umgeleitet worden. 800 Vorbestellungen, der Verkaufsschlager der JVA, dank einer wunderbaren Höhenverstellung für das Grillgut.

50 Cent täglich

Aber ich bin zum Löten von kleinen Schaltern eingeteilt, das Soll liegt bei 1200 Stück am Tag, die Endabnahme ist streng, meine Brille hinderlich. Der Vorarbeiter – Räuber? Mörder? Betrüger? – weist mich bedächtig ein. Ich bin kein Meister des Lötkolbens, aber der Nebenmann, gefährliche Körperverletzung, erbarmt sich meiner mit freundlichem Akzent; ich produziere trotzdem nur Ausschuss. Das sei ganz normal, sagt mein Gegenüber, wegen Drogen in U-Haft. Er selbst habe eine gute Woche gebraucht, bis seine Arbeit brauchbar war.

Die Arbeit bringt durchschnittlich elf Euro am Tag – bei sehr sorgfältiger Produktion. Das ist wenig, aber besser als nichts. Drei Siebtel davon, an die 70 Euro pro Monat, dürfen für Einkäufe ausgegeben werden; der Rest dient als Rücklage, zur Schuldentilgung und für die Opferentschädigung. Ich habe das Gefühl, dass ich es auch nach zwei Wochen hier mit meiner Hände Arbeit nur auf 50 Cent täglich bringen würde.

An der Decke über den Arbeitsplätzen lugen, wie fast überall in der Anstalt, Kamera-Augen. Die Sicherheitszentrale passt auf, dass nicht nebenbei Gerätschaften produziert oder geklaut werden, die für eine Geiselnahme taugen. (Soeben hat im bayerischen Straubing ein verurteilter Gefangener die Psychologin in seine Gewalt gebracht: Der Vergewaltiger war irgendwie an ein Messer gekommen.) Geiselnahme – das ist die heimliche, die verdrängte Angst des Personals.

Frauen im Männerknast

Dagegen helfen Zellenkontrollen, Leibesvisitation und der »Sicherheitsblick«, den sich Vollzugsbeamte und Sozialarbeiter angewöhnt haben. Wenn sie jeden Tag mit schlotternden Knien zur Arbeit kämen, könnten sie hier nicht arbeiten. »Ich habe mehr Angst, wenn ich abends mit dem Fahrrad durch Oldenburg nach Hause fahre«, sagt Nikola Framme, eine selbstbewusste junge Frau, studierte Diplomverwaltungswirtin, Vollzugsabteilungsleiterin, Frauenbeauftragte im Gefängnis. Fast ein Drittel des Personals im Männerknast ist weiblich. Das hat den Ton und das Klima in der Anstalt verändert. Die Männer stehen nicht mehr im Unterhemd auf dem Flur. Und dass er seine »Bremsstreifen« im Klo wegbürsten soll, das lässt sich auch der Hartgesottenste von einer Frau nicht gern sagen. »Anmache« gibt es angeblich kaum.

Wie mit einer Stimmgabel

Nikola Frammes Arbeit beginnt, wenn sie sich den »Tauchergürtel« umbindet. So nennt man das Koppel, an dem das JVA Equipment hängt – dazu gehört tagsüber, wenn die meisten Zellen offen sind, keine Schusswaffe (»wäre viel zu gefährlich«), dazu gehört kein Schlagstock (»würde nur provozieren«); da hängen nur die vielen großen Schlüssel mit dem

Doppelbart; und da hängt vor allem das kleine schwarze Gerät mit dem roten Alarmknopf. Sechsmal wurde im vergangenen Jahr Hauptalarm ausgelöst, Raufereien unter den Gefangenen zumeist. Dann sind binnen drei Minuten ein halbes Dutzend Vollzugsbeamte da; Kampfsportnaturen, die das aber nicht raushängen lassen.

Der Sicherheitsbeamte Ralf Klein erinnert sich, wie er angefangen hat: »Ich stand da wie John Wayne, durfte aber nicht John Wayne sein.« Es habe lange gedauert, bis er wirklich begriffen hatte, dass es im Haftalltag nicht darum geht, Kraft zu demonstrieren, sondern darum, mit den Gefangenen ins Gespräch zu kommen. Die Vollzugsbeamten, die Abteilungsleiterinnen zumal, suchen den richtigen Ton wie mit einer Stimmgabel: freundlich-zugewandt, rustikal-mahnend, aber nie kumpelig. Im Vollzug herrscht zwar ein besonderes Gewaltverhältnis, aber das muss der Staat den Gefangenen gegenüber nicht dadurch demonstrieren, dass er sich selbst gewalttätig aufführt. Vor dreißig Jahren hat Anstaltschef Koop als junger Beamter erlebt, wie eine tobende Frau von den Kollegen an den Haaren in den »Sauerkrautkeller« geschleift, geschlagen und getreten wurde. Demütigung erzeugt Hass; Hass erzeugt Straftaten. Anstalten, die wie ein Brutkasten für Straftaten funktionieren – und die gibt es immer noch –, müssten daher als gemeingefährlich geschlossen werden.

Wo der Kopf liegen soll

Der Sauerkrautkeller von früher heißt heute »BGH« – nicht »Bundesgerichtshof«, sondern »Besonders gesicherter Haftraum«: eine gefliese Großzelle, in der Mitte eine Matte; ein roter Punkt markiert die Stelle, wo der Kopf liegen soll; im Boden verankert die Fesseln. Um zu gewährleisten, dass dieser BGH wirklich nur im extremen Ausnahmefall eingesetzt wird, hat Direktor Koop den »Händchenhalte-Erlass« ausgegeben:

Es muss ständig ein Beamter neben dem gefesselten Häftling sitzen. Das verhindert, dass ein Häftling »vergessen« wird. »Manche Leute draußen glauben ja, wir sollten die Gefangenen in der Haft besonders quälen«, sagt Koop. »Aber: Das hilft keinem Opfer.«

Drogenrückstände im Urin

Nur sechsmal Hauptalarm pro Jahr – das ist sehr wenig für ein Gefängnis, das (wegen der Untersuchungshäftlinge) auch eine Art Umschlagbahnhof ist. Das hat mit der verblüffend einfachen, aber klugen Vollzugsphilosophie des Gerd Koop zu tun: »Liberal und konsequent«, heißt sie. In vielen Gefängnissen ist es so, dass sich die Gefangenen die Vergünstigungen erst im Laufe der Zeit durch Wohlverhalten verdienen: den Aufschluss, also die Öffnung der Zellen tagsüber; das Telefonieren in der Telefonzelle; Radio und Fernseher in der Zelle, das absperrbare Fach im Kühlschrank auf der Stationsküche. In der JVA Oldenburg gibt es all diese Vergünstigungen von Anfang an. Das ist das Liberale. Und all diese Vergünstigungen fallen sofort weg, wenn etwas vorkommt – zum Beispiel Drogenrückstände im Urin. Das ist das Konsequente. In dieses System gehört auch die Sauberkeit: Die Zellenübergabe wird zelebriert wie eine Wohnungsübergabe. Der Gefangene hat das Recht, jeden Mangel zu rügen und beseitigen zu lassen. Das ist das Liberale. Jede Beschädigung der Zelle wird ihm vom Lohn abgezogen. Das ist das Konsequente.

Resozialisierung – hat mit »Re« oft nichts zu tun

Vollzugsplankonferenz – ich bin als »Praktikant« dabei. Vollzugsplankonferenz ist im Knast das, was in der Welt draußen »Mitarbeitergespräch« heißt. Hier im Knast reden die zuständigen Sozialarbeiter, Vollzugsbeamten und Psychologen erst über den Gefangenen, dann mit ihm; und ich bin erstaunt, mit welcher Gründlichkeit dies geschieht. Noch erstaunter bin ich darüber, mit welcher Sprache der Totschläger mit der gebrochenen Nase, der in der Haft neben der Arbeit eine Realschulausbildung macht, über sich spricht: »Schön, dass Sie sich für mich interessieren«, beginnt er das Gespräch und fährt dann fort, dass er »wieder mehr ich« sein und »den geraden Weg gehen« will. Es sind die Sozialarbeiter- und Psychologenphrasen, die er da übernommen hat. Seine Betreuer leugnen das nicht, geben aber zu bedenken, dass dieser Mann zum ersten Mal über sich und seine Probleme reden kann – er hat die Sprache dafür gelernt wie eine Fremdsprache. Die sogenannte Resozialisierung hat so oft mit »Re« nichts zu tun, viele Häftlinge waren nie sozialisiert. Und bei anderen ist die sogenannte Resozialisierung der Versuch, die weitere Desozialisierung zu verhindern.

Morgen sind sie wieder Nachbarn

»Wärter« sagt man landläufig zum Gefängnispersonal. Das ist nicht nur beleidigend, das ist auch grundfalsch. Im Gefängnis arbeiten keine Wärter, sondern Leute mit souveräner Leidenschaft und hoher Frustrationsschwelle. Leute, für die ein Tag gut ist, weil der renitente Gefangene sich endlich ein »guten Morgen« abquetscht. Hier im Gefängnis findet man einen Direktor, der begeistert ist, wenn er Häftlinge vom geschlossenen in den offenen Vollzug übergeben kann. Gerd Koop ist ein Haft-Manager (kein Jurist, sondern Sozialarbeiter mit Management-Ausbildung), der das Gefängnis als »Brücke ins Leben« betrachtet. Auf dieser Brücke steht er wie ein kleiner Franz von Assisi und spricht mit missionarischer Inbrunst. Er ersteigert eine Augenarztpraxis bei Ebay und staffiert eine Arrestzelle damit aus (die Gefangenen brauchen dann nicht in die Stadt »ausgeführt« zu werden, das ist riskant und teuer); er baut für eine Million eine neue Tischlereihalle (die Gefängnisprodukte sollen auf dem Markt bestehen können); er macht aus dem offenen Vollzug der Gefängnisaußenstelle Wilhelmshaven ein Resozialisierungs-Schmuckstück. Das alles funktioniert auch deswegen, weil die Gefängnisse in Niedersachsen »budgetiert« sind; das heißt: Sie können finanziell weitgehend selbstständig arbeiten. Das beflügelt, das bringt einen neuen Geist in die Gefängnisse.

Wenn Vollzugsbeamte gut sind, behandeln sie die Häftlinge als Staatsbürger hinter Gittern. Die allermeisten Gefangenen bleiben nicht ewig Gefangene. Morgen sind sie wieder unsere Nachbarn. Diese Erkenntnis kann Gefängnisse verändern.

Erschienen im Süddeutsche Zeitung Magazin
vom 30. April 2009

11. November: Sankt-Martins-Tag

Ist es gut, wichtige soziale Aufgaben den Stiftungen,
den Spendern und Spenden zu überlassen?
Ist es nicht besser, das, was Bedürftige nötig haben,
zu einem Recht der Bedürftigen zu machen?

Rabimmel, Rabammel

Sankt Martin als Widerständler und Vorbild für eine europäische Leitkultur. Es ist die Tugend des Teilens.

Wenn man nach einer europäischen Leitfigur sucht, stößt man auf einen, den die Kinder im Herbst mit Laternenumzügen, mit Rabimmel und Rabammel feiern. Und wenn man nach einer europäischen Leitkultur sucht, dann stößt man auf eine Tugend, die der so Gefeierte verkörpert: Sankt Martin ist der Heilige des Teilens; er ist einer, den Katholiken, Orthodoxe, Protestanten und Anglikaner gleichermaßen verehren, er ist eine Gestalt aus den Urtagen Europas. Martin Luther, der Reformator, ist nach diesem Sankt Martin benannt, weil er am Vorabend des Sankt-Martins-Tags, also am 10. November geboren wurde, und dann, wie damals üblich, den Namen des Heiligen des nächsten Tages, seines Tauftages, erhielt.

Ich bin nackt gewesen

Die Legende, die sich mit Sankt Martin verbindet, geht so: Bevor er, es war im vierten nachchristlichen Jahrhundert, Bischof von Tours wurde, war er römischer Soldat in der kaiserlichen Reiterei. An einem Wintertag begegnete ihm ein frierender Bettler. Weil Martin außer seinen Waffen, seinem

Militärmantel und seinem christlichen Glauben nichts bei sich trug, teilte er den Mantel mit dem Schwert und gab die eine Hälfte dem Armen. In der Nacht, so die Legende, sei ihm dann im Traum Christus erschienen – bekleidet mit dem halben Mantel, den Martin dem Bettler geschenkt hatte. Es ist dies eine Illustration zum Matthäus-Evangelium über das Weltgericht, in dem es heißt: »Ich bin nackt gewesen und ihr habt mich gekleidet (...) Was ihr einem von meinen geringsten Brüdern getan habt, das habt ihr mir getan.«

Eine europäische Zeitfigur

Martins Mantel, lateinisch cappa, gehörte dann seit der Merowingerzeit zum Kronschatz der fränkischen Könige und reiste mit ihrem Hof von Pfalz zu Pfalz. Der Name Kapelle leitet sich von der Räumlichkeit her, in der diese Cappa aufbewahrt wurde; und die Geistlichen, die die Cappa begleiteten, waren die Kapellane. Vielleicht wäre es gut, wenn die EU-Kommissare heute nicht Kommissare, sondern Kapellane heißen würden – um damit deutlich zu machen, was eigentlich essenziell zu Europa gehört oder gehören sollte: Die Kultur des Teilens, also soziale Gerechtigkeit.

Fast so schön wie im zitierten Matthäus-Evangelium vom Weltgericht ist die Kultur des Teilens an einer anderen Stelle formuliert. Dort heißt es: »Die Stärke eines Volkes misst sich am Wohl der Schwachen«. Der provozierende Spruch stammt aber aus der Präambel der Schweizerischen Verfassung. Bemerkenswert ist der Satz, weil die Stärke eines Volkes, die Stärke eines Staates regelmäßig an ganz anderen Faktoren bemessen wird: Die einen messen sie am Bruttosozialprodukt und am Exportüberschuss, die anderen reden dann vom starken Staat, wenn sie mehr Polizei, mehr Strafrecht und mehr Gefängnis fordern. Kaum jemand redet von der »Stärke eines Volkes«, wenn es darum geht, einen Mindestlohn von zwölf

Euro pro Stunde durchzusetzen. Kaum jemand sagt starker Staat oder starkes Volk, wenn er die Verknüpfung von Sozial- und Bildungspolitik meint oder eine humane Flüchtlingspolitik. Und noch niemand hat an die Stärke der mitteleuropäischen Völker appelliert, um so dafür zu werben, den armutsgeplagten Griechen die Schulden zu erlassen. Sankt Martin als europäische Leitfigur kann helfen, Stärke neu zu definieren.

Die Stärken des Unperfekten

Die Stärke des Volkes misst sich am Wohl der Schwachen: Das ist ein starker Satz, auch wenn die Bezeichnung »Schwache« infiziert ist von den Ausschließlichkeitskriterien der Leistungsgesellschaft. Ein starker Staat ist ein Staat, der für die Angleichung der Lebensverhältnisse sorgt, sich ums Wohl der Schwachen und Behinderten kümmert und dabei lernt, dass sie nicht so schwach sind, wie man oft meint, und dann ihre Stärken, die Stärken des Unperfekten, zu schätzen lernt.

Sankt Martin ist ein Heiliger unserer Tage – nicht nur, weil er sich rühren ließ von der Not des Bettlers. Aber auch das wäre ja schon viel. Deutschland ist ein Land, in dem in den vergangenen Jahren Woche für Woche Tausende bei den Pegida-Demonstrationen auf die Straße gingen, die sich nicht rühren ließen von fremdem Leid. Deutschland ist ein Land, in dem Häuser beschmiert und in Brand gesteckt werden, die für Flüchtlinge hergerichtet wurden. Deutschland ist aber auch ein Land, in dem Zehntausende Menschen Flüchtlingen zur Seite stehen. Deutschland erlebt einerseits Fremdenfeindlichkeit, es erlebt andererseits auch und noch immer eine hohe Zeit der Bürgertugend. Deutschland ist hin- und hergerissen.

Es gibt eine zweite wunderbare Sankt-Martin-Geschichte, die viel weniger bekannt ist als die von der Teilung des Mantels – die aber einer humanen Zivilgesellschaft Mut machen kann. Der Theologe und Sozialwissenschaftler Franz Segbers hat sie ausgegraben; Segbers ist vor dreißig Jahren, aus Protest gegen die Repression der lateinamerikanischen Befreiungstheologie durch den Vatikan, aus der katholischen Kirche ausgetreten und in die kleine alt-katholische Kirche eingetreten.

Feuer unterm Hintern

Diese zweite Sankt-Martins-Geschichte steht im »Goldenen Legendenbuch«: Es gab damals, zur Sankt-Martins-Zeit, bereits einen christlichen Kaiser, Theodosius. Er hatte das Christentum zur Staatsreligion gemacht und die Kirche reichlich mit Privilegien ausgestattet. Die Gegenleistung: Die Kirche sollte Stütze des Reiches und seiner Herrschaft sein. Doch nicht mit Martin. Er war zum Bischof von Tours gewählt worden – und er nahm seinen Bischofstitel ernst: »Vater der Armen«. Also wollte er sich beim Kaiser für die Armen einsetzen. Aber der Kaiser wollte nicht hören und nicht helfen. Er hielt die Tore seines Palastes fest verschlossen. Ein zweites und ein drittes Mal kam Martin zum Kaiser, vergebens. Danach streute er Asche auf sein Haupt und fastete und betete eine Woche lang. Dann ging er auf seines Engels Geheiß noch einmal zum Palast und kam, durch verschlossene Tore, bis vor den Kaiser. Der blieb trotzig auf seinem Stuhl sitzen.
Im »Goldenen Legendenbuch« heißt es dann wörtlich: »Da bedeckte plötzlich Feuer den königlichen Thron und brannte den Kaiser an seinem hinteren Teil, dass er voll Zorn musste aufstehen. Und der Kaiser bekannte, dass er Gottes Macht hatte gespürt. Er umarmte den Heiligen und bewilligte ihm alles, noch ehe er darum bat.« Diese Geschichte hat ihre eigene Wahrheit und Poesie. Sie besagt: Solchen Politikern soll man Feuer unterm Hintern machen. Es geht nicht nur um Almosen, es geht um Recht. Justitia wird mit einer Augenbinde dargestellt, weil

sie ohne Ansehen der Person urteilen soll. Das ist ein wichtiger Rechtsgrundsatz. Aber es tut diesem Rechtsgrundsatz gut, wenn er durch eine andere Rechtsvorstellung ergänzt wird. Die besteht darin, dass man das Elend sieht; dass man die Armen sieht, die zu ihrem Recht kommen sollen. Was ihr dem Geringsten getan habt: Dieser Satz ist ein zentraler Satz einer sozialen und humanen Politik. Er ist eine Realvision. Es sollte mehr real sein denn Vision.

Die problematische Eigenschaft der Gnade

Eine Politik des Teilens ist keine Politik der Gnade; sie ist viel mehr. Es geht nicht nur um ein bisschen Barmherzigkeit. Es geht um Recht. Gnade ist heilsam. Gnade ist ein Segen. Aber Gnade hat auch eine problematische Eigenschaft: Wo sie waltet, gibt es einen, der sie gewährt, und einen, der sie empfängt. Es gibt ein Oben und ein Unten. Für Gnade hat man dankbar zu sein. Wer von anderer Leute Gnade lebt, ist abhängig und unfrei. Gnade kann man nicht einfordern. Deshalb ist Gnade meistens schön für den, der gnädig sein kann, nicht immer aber für den, der auf sie angewiesen ist. Gnade adelt ihren Geber, aber sie erniedrigt ihren Empfänger. Mit Gnade kann man Menschen demütigen. Mit Gnade kann man beleidigen. Mit Gnade kann man jemanden gering machen.

Gnade als Prinzip des Rechts

Gnade kann nicht Recht ersetzen. Die beste Gnade ist die, die zum Prinzip des Rechts wird. Ist es gut, das, was Schwache nötig haben, der Gnädigkeit der Starken und der Besitzenden zu überlassen? Ist es gut, wichtige soziale Aufgaben den Stiftungen, den Spendern und Spenden zu überlassen – und ein Heer von Sponsoring-Trüffelschweinen auszubilden, die auf den Sozialmarkt geschickt werden, um sie auszugraben? Oder ist es besser, das, was Schwache nötig haben, zu einem Recht der Schwachen und Bedürftigen zu machen?

Ist es Recht, wenn dank der EU-Subventionen europäisches Geflügel und europäische Butter in Afrika billiger als die einheimischen Produkte sind? Ist es Recht, wenn Deutschland nach wie vor zu den größten Waffenproduzenten und Waffenexporteuren der Welt zählt?

Ja, es ist dies leider Recht, weil nationale und internationale Gesetze dieses Unrecht zu Recht machen. Es ist eine Aufgabe von Anwälten der Menschenrechte, die zu diesem Zweck nicht Juristen sein müssen, Kritik daran zu üben – und anzuklagen, wenn Recht dem Unrecht assistiert.

Verteilungspolitik, die für Ausgleich sorgt

Kritiker verwechseln soziale Gerechtigkeit oft mit absurder Gleichmacherei – oder mit Moral, die in der Politik nichts zu suchen habe. Eine Politik, die zugleich die schwarze Null und Steuersenkungen fordert, ist aber nicht unmoralisch, sondern dumm. Eine Verteilungspolitik, die für mehr Ausgleich sorgt, ist dagegen eine Sache der wirtschaftlichen und gesellschaftspolitischen Vernunft. Sie sorgt für mehr Wohlstand, für mehr Sicherheit und für mehr gesellschaftlichen Frieden. Das Übel, dass manche Leute ein schlechtes Leben führen, besteht nicht darin, dass andere Leute ein besseres Leben führen; das Übel liegt vor allem darin, dass schlechte Leben schlecht sind. Und das Gute ist, dass, auch mittels derer, die ein besseres Leben führen, denjenigen geholfen werden kann, deren Leben schlecht ist.

Ein Zipfelchen Mantel

Wie viel Mantel braucht der Mensch? Einen halben, einen ganzen? Genügt ein Topflappen? Es gibt Menschen, die für ein

Zipfelchen Mantel ihr Leben riskieren. Der Mensch braucht zumindest so viel Mantel, dass er Mensch sein kann. Das ist die Botschaft des Sankt Martin, das ist die Mahnung am Sankt-Martins-Tag.

Erschienen in der Süddeutschen Zeitung vom 11. November 2017

20. November: Tag der Kinderrechte

Janus Korczak war ein Weiser im Waisenhaus.
Er hat 1942 die ihm anvertrauten Kinder, es waren
zweihundert, ins Vernichtungslager Treblinka
begleitet. Er wollte sie nicht im Stich lassen, er
ist mit den Kindern gestorben.

Wie man ein Kind lieben soll

Das Kindergrundrecht muss endlich ins Grundgesetz geschrieben werden.

I ch erzähle Ihnen heute von Hänschen. Hänschen rief: »Sie haben vergessen, dass das Volk nicht nur aus Erwachsenen, sondern auch aus Kindern besteht.« Hänschen ist nicht einfach irgendein Hänschen, er ist »König Hänschen der Erste«. Also sagt er zu seinen Ministern: »Es soll zwei Parlamente geben, eines für die Erwachsenen, eines für die Kinder.«

Die Pädagogik der Achtung

Das sind Pläne, die in Sondierungs- und Koalitionsgesprächen allenfalls für ein kurzes Schmunzeln sorgen würden, bevor man sich wieder dem Soli und dem Ende des Verbrennungsmotors zuwendet. Die Geschichte vom König Hänschen ist eine Geschichte von Janusz Korczak, dem großen polnischen Pädagogen und Schriftsteller. Er erzählt darin, wie Kinder lernen, Streit auszutragen und Alternativen zur gewohnten Ordnung zu finden. Das Buch ist schon alt, es ist 1928 auf Polnisch und auf Deutsch 1988 erschienen. Aber es ist unglaublich modern: Es lehrt die »Pädagogik der Achtung«. Nicht nur in seinen Kinderbüchern, auch in seinen Waisenhäusern entwickelte Korczak ein System der Selbstverwaltung der Kinder, er baute demokratische Strukturen dort auf.

Geht nicht, sagen Sie? Es ging – und es geht. Warum und wie? Das ergibt sich schon aus dem Titel seines pädagogischen Hauptwerks, es heißt: »Wie man ein Kind lieben soll«. 1926 hat Korczak die erste Kinderzeitung ins Leben gerufen.

Die UN-Kinderrechtskonvention

»Alle Tränen sind salzig. Wer das begreift, kann Kinder erziehen, wer das nicht begreift, dem gelingt es nicht, sie zu erziehen.« In der Aula des Gymnasiums von Günzburg fällt einem dieser Satz von Janusz Korczak ins Auge. Der Lehrer Sigi Steiger – er ist ein Freund von mir aus Jugendtagen, er stammt wie ich aus der Nittenau in der Oberpfalz – hat den Satz dort anbringen lassen. Steiger ist der Vorsitzende der Deutschen Korczak-Gesellschaft. Für sie ist der 20. November ein besonderer Tag. Am 20. November 1989 haben die Vereinten Nationen in 54 Artikeln die Rechte der Kinder niedergeschrieben. Sie sollen für mehr als zwei Milliarden Mädchen und Jungen auf der ganzen Welt gelten. Im Mittelpunkt dieser UN-Kinderrechtskonvention steht der Artikel 3: Er verlangt, dass bei allen Entscheidungen, die Kinder betreffen, das Kindeswohl vorrangig zu betrachten ist, vor allen anderen Gesichtspunkten also, an alleroberster Stelle. Das geht über alle Abwägungskriterien hinaus, die in den deutschen Paragrafen des elterlichen Sorge- und Umgangsrechts formuliert sind.

Das Hauptwerk des Pädagogen Janusz Korczak trägt, wie gesagt, den neugierig machenden Titel: »Wie man ein Kind lieben soll«. Das könnte sich auch die deutsche Politik überlegen. Die deutschen Politiker müssen sich nämlich fragen lassen: Warum ist die Kinderrechtskonvention der Vereinten Nationen so wenig verankert hierzulande? Warum ist die

Kinderrechtskonvention gesetzgeberisch so wenig präsent? Warum muss nicht jedes neue Gesetz daraufhin befragt werden, wie es sich auf Kinder auswirkt? Warum gibt es kein »Kinder-Mainstreaming«? Die Antwort könnte lauten: Weil die Kinder im Grundgesetz nicht vorkommen, jedenfalls nicht als Inhaber von Rechten. Das Grundgesetz kennt keine Kinder, bis heute nicht. Das ist schade, das ist bedauerlich, das ist merkwürdig. Das Grundgesetz schützt zwar mittlerweile auch die Tiere und die Umwelt, aber die Kinder nicht.

Montessori, Pestalozzi und Korczak

Alle Anläufe, daran etwas zu ändern, alle Initiativen, ein Kindergrundrecht ins Grundgesetz zu schreiben, sind bisher gescheitert. Zwar hat das Bundesverfassungsgericht klargestellt, dass Kinder Wesen mit eigener Menschenwürde und eigenem Recht auf Entfaltung der Persönlichkeit sind; daraus entspringt, so sagt Karlsruhe, die Verpflichtung des Staats, den Kindern Schutz auch vor dem Missbrauch elterlicher Rechte und Schutz vor der Vernachlässigung durch ihre Eltern zu gewähren.

Das höchste deutsche Gericht hat 2008 »ein Recht des Kindes auf Pflege und Erziehung« zuerkannt und dieses ungeschriebene Grundrecht für Kinder dem Elterngrundrecht nach Artikel 6 des Grundgesetzes gleichgestellt. Das Gericht hat dabei den Bedürfnissen der Kinder den Vorrang vor den Interessen der Eltern eingeräumt. Aber der Gesetzgeber hat sich bisher geweigert, das auch so ins Grundgesetz zu schreiben. Das muss sich ändern. Vor ein paar Jahren habe ich deswegen ein Buch mit dem Titel »Kindheit. Erste Heimat« publiziert, es war ein Buch auch im Angedenken an Janusz Korczak, es war eine Werbung für das Kindergrundrecht: Das Grundgesetz muss zu einer Heimat für Kinder werden. Mit dem Kindergrundrecht kämen auch die großen Pädagogen, es kämen Maria Montessori, Johann Heinrich Pestalozzi und Janus Korczak ins Grundgesetz.

Eine Pflicht gegenüber den Kindern – und eine Hommage an Janusz

Gewiss: Als Sofortprogramm gegen Gewalt ist so ein Kindergrundrecht untauglich. Ein Kindergrundrecht ist nämlich leider kein Schutzschild, aber: Es ist ein Fundament, auf dem gute Kinderpolitik gedeihen kann. Ein solches Grundrecht nimmt den Staat anders in die Pflicht als das bisher der Fall ist – zum Beispiel bei der Unterstützung überforderter Eltern. Ein Kindergrundrecht wäre eine notwendige Selbstverpflichtung der Gesellschaft. Und ein Kindergrundrecht ist eine besondere Mahnung in flüchtigen Zeiten: Es ist die Mahnung, auch die elementaren Rechte von Kinderflüchtlingen und von Flüchtlingsfamilien zu achten. Flüchtlingskinder haben ein Recht auf ihre Eltern. Und Flüchtlingseltern ein Recht auf ihre Kinder.

Janusz Korczak, der Weise im Waisenhaus, hat 1942 seine Kinder, es waren an die zweihundert, ins Vernichtungslager Treblinka begleitet. Er ist mit den Kindern gestorben, ermordet von den Nationalsozialisten im Zuge ihrer Mordaktionen, die sie die »Endlösung der Judenfrage" nannten. Janusz Korczak wollte die Kinder nicht im Stich lassen.

Die Steine weinten

Der Schriftsteller Joshua Perle hat diese Szene in einer Aussage von Ende 1942 so festgehalten: »Die faschistischen Kindermörder waren von einer wilden Wut erfasst, sie schossen unaufhörlich. 200 Kinder standen zu Tod erschrocken da. Gleich würden sie bis auf das letzte erschossen werden. Und dann geschah etwas Außergewöhnliches: Diese 200 Kinder schrien nicht. 200 unschuldige Wesen weinten nicht, keines von ihnen lief davon, keines verbarg sich. Sie schmiegten sich nur wie kranke Schwalben an ihren Lehrer und Erzieher, ihren Vater und Bruder, an Janusz Korczak, damit er sie behüte und beschütze. Er stand in der ersten Reihe. Er deckte die Kinder mit seinem schwachen, ausgemergelten Körper. Die Hitlerbestien nahmen keine Rücksicht. Die Pistole in der einen, die Peitsche in der anderen Hand bellten sie ›Marsch!‹. Wehe den Augen, die dieses furchtbare Bild mit ansehen mussten. Janusz Korczak, barhäuptig, mit einem Lederriemen um den Mantel, mit hohen Stiefeln, gebeugt, hielt das jüngste Kind an der Hand und ging voraus. Ihm folgten einige Schwestern in weißen Schürzen, und dann kamen die 200 frischgekämmten Kinder (...) Die Steine weinten, als sie diese Prozession sahen.«

Das Kindergrundrecht

Dieser Mann, Janus Korzcak, hat als sein letztes Werk die »Fröhliche Pädagogik« (1939) hinterlassen. Es ist dies sein Vermächtnis. Dort findet sich sein Satz über den starken Willen: »Man muss wollen, stark und ausdauernd wollen.« Ja, man muss wollen: Dann kommt, endlich, auch das Kindergrundrecht ins Grundgesetz. Es wäre dies, es ist dies eine Pflicht gegenüber den Kindern und eine Hommage an den großen Janusz Korczak.

Aus dem Newsletter »Prantls Blick« vom 19. November 2017

**November, elf Tage vor dem 1. Advent:
Buß- und Bettag**

Ein Widerstandstag gegen die Rundum-
ökonomisierung des Alltags

Feiertage als Erinnerungs- und Widerstandstage

Warum man sich Feiertage nicht abschwatzen lassen darf.

Die Evangelische Kirche hatte fünfhundertsten Geburtstag. Luthers Thesenanschlag vom 31. Oktober 1517 war die Geburt des Protestantismus. Der Staat machte der Evangelischen Kirche zu diesem großen Anlass im Jahr 2017 ein kleines Geschenk: Der Reformationstag, der sonst nur in einigen Bundesländern ein gesetzlicher Feiertag ist, war es nun, ein einziges Mal, in allen Bundesländern. Das war nett, aber so billig sollte man sich zum Halbjahrtausendjubiläum doch nicht abspeisen lassen.

Korrektur einer peinlichen Fehlentscheidung

Die Protestanten hätten sich, das gehört sich zu runden Geburtstagen, etwas Gescheites wünschen sollen – am besten etwas, von dem nicht nur sie, sondern alle Bürgerinnen und Bürger etwas haben. Was wäre so etwas Gescheites? Am Gescheitesten wäre die Korrektur einer peinlichen Fehlentscheidung: Die Evangelische Kirche hat sich 1994 von Staat, Wirtschaft und der CDU/CSU-FDP-Regierung des Kanzlers Helmut Kohl einen traditionsreichen Fest- und Feiertag abschwatzen und abpressen lassen – den Buß- und Bettag als gesetzlichen

Feiertag. Seit 1995 ist dieser Tag in Deutschland kein arbeitsfreier Tag mehr, Sachsen ausgenommen. 1994, ausgerechnet zu Zeiten einer CDU/CSU-geführten Regierung, wurde dieser Feiertag gestrichen. Er wurde den Arbeitgebern zur Finanzierung der neu eingeführten Pflegeversicherung als Geschenk dargebracht, um, wie es hieß, die Mehrbelastung für die Arbeitgeber durch die Beiträge zur eingeführten Pflegeversicherung auf diese Weise auszugleichen. Dass der Staat für die Streichung des Feiertags die Sicherstellung der Pflege, also ein christliches Grundanliegen, als Grund vorschob – das war absolut perfide.

Verdampft wie ein Tropfen auf heißem Stein

Die Evangelische Kirche, damals neoliberal infiziert, beugte sich diesem frivolen Ansinnen, jedenfalls war der Widerstand nicht widerständig genug. Man entschuldigte sich dann so: Auf diese Weise solle die Pflegeversicherung stabil finanziert und gesichert werden. Aus heutiger Sicht und nach zahlreichen Beitragserhöhungen kann man da nur bitter lachen. Ein guter Feiertag, von der Verfassung geschützt als »Tag der Arbeitsruhe und der seelischen Erhebung«, verdampfte wie ein Tropfen auf dem heißen Stein. Genau genommen müsste der Feiertag schon aus rechtlichen Gründen wieder eingeführt werden: Der gewünschte Effekt, die stabile Finanzierung der Pflegeversicherung, war nämlich, anders als die Abschaffung des Feiertags, nicht von Dauer; es wurden, wie gesagt, immer wieder die Beiträge erhöht. Man kann also durchaus der Meinung sein, dass die Geschäftsgrundlage für die Streichung des Feiertags entfallen ist.

Im Übrigen wären gerade die Industrie und ihre Manager, die den Buß-und Bettag vertilgt haben, dieses Tages besonders bedürftig: Buße bedeutet nämlich Umkehr, also die kritische Überprüfung der Realitäten und die Bereitschaft, sich zu erneuern; das freilich muten Wirtschaftsfunktionäre gern exklusiv den Arbeitnehmern zu, die mit mickrigen befristeten Arbeitsverträgen und prekären Beschäftigungsbedingungen traktiert werden.

Unglaubwürdige Rechnungen

Dieser Text ist also ein Plädoyer für die Wiedereinführung des Buß- und Bettags als gesetzlicher Feiertag. Und man möge bitte nicht so tun, als gefährdeten die paar Feiertage, die es in Deutschland noch gibt, die Wirtschaft; dort wird einem gern vorgerechnet, was so ein Feiertag kostet (zumal Brückentage, oh Gott!, für Urlaub genutzt werden) und wie das angeblich die Wirtschaft lähmt und würgt. Zwei Milliarden Euro spare die Wirtschaft, so hat seinerzeit der Bundesfinanzminister Hans Eichel einmal ausgerechnet, als die Regierung Schröder die Feier des Tages der Deutschen Einheit vom 3. Oktober ablösen und auf den nachfolgenden Sonntag verschieben wollte. Besonders glaubwürdig sind diese Rechnungen nicht; Bayern hat die meisten Feiertage in Deutschland, ist aber bekanntlich nicht das Schlusslicht in der wirtschaftlichen Entwicklung.

Geschichts- und Traditionsverrat

Wer seine Geschichte und seine Traditionen aufgibt, dem sind sie nichts wert. Geburtstag feiert man am Geburtstag, Weihnachten am 24. Dezember und den 3. Oktober am 3. Oktober. Die Franzosen feiern den Tag des Sturms auf die Bastille an diesem Tag und nicht am Sonntag nach dem 14. Juli. Wer mit ökonomistischen Argumenten Feiertage streicht oder auf einen Sonntag verschiebt, begeht Geschichts- und Traditionsverrat. Feiertage sind Erinnerungstage, Gedenktage, Traditionstage, Heimattage und Identitätstage – sie sind auch Widerstandstage gegen die Rundum-Ökonomisierung des Alltags. Die Rundum-Ökonomisierung könnte gewiss auf den Maifeiertag verzichten: »Mehr Arbeit für mehr Arbeitsplätze« – mit so einem Motto ließe sich der Feiertag am 1. Mai streichen. Oder »Himmelfahrt für den Aufschwung« – so könnte man den kirchlichen Feiertag vierzig Tage nach Ostern gegen ein Zehntel-Prozent Bruttosozialprodukt eintauschen. Indes, dies lehrt das Schicksal des Buß- und Bettages: Ein Feiertag, der so aufgegeben wird, verschwindet spurlos. Und mit ihm verschwinden die Traditionen, die sich mit ihm verbinden.

Die Entankerung der Feiertage

Es sind ohnehin nur wenige Feiertage übrig geblieben: Aus dem großen deutschen Festtags-Kalender ist in den vergangenen dreihundert Jahren unendlich viel herausgerissen worden; was übrig blieb, verdient den Namen Festtags-Kalender kaum noch. Mit den vielen Apostel-, Marien- und Heiligenfesten sind die Traditionen dieser Tage verschwunden, ist kulturelle Identität verloren gegangen. Die allgemeinen Feiertage wurden abgelöst vom individuellen Urlaubsanspruch – und je mehr individuelle Urlaubstage gesetzlich verankert wurden, umso mehr allgemeine Festtage wurden entankert, das heißt: Ihr Schutz als staatlicher Feiertag wurde ihnen genommen.

Allerheiligen und der Wert der Trauer

Dem Reformationstag folgt der Allerheiligentag. Der Allerheiligentag eröffnet den Totenmonat November und steht im Katholizismus zusammen mit Allerseelen am Tag darauf für eine gute Kultur des Trauerns. Trauer ist der Widerstand gegen das Verschwinden; Friedhöfe sind Orte des Widerstands gegen den Tod. Sie bewahren das Leben des Toten. Wie? Indem dort seiner gedacht wird. Zugleich sind Friedhöfe auch Symbole dafür, dass der Tod zum Leben und ins Leben gehört. Das Leben lässt sich nicht stören durch den Tod und seine Präsenz. Das bestimmte lange Zeit auch die Dialektik des Trauerns: Widerstand und schmerzhaftes Einverständnis.

Der Widerstand gegen den Tod

Daran hat sich in der letzten Zeit einiges geändert. Vielleicht ist der Widerstand gegen den Tod schwächer geworden, seitdem die Friedhöfe nicht mehr so sichtbar sind, weil sie aus der Mitte der Städte verschwunden, weil die alten Friedhöfe zu Freilichtmuseen geworden sind und die neueren Friedhöfe an den Peripherien liegen – und die neuen Friedhöfe gar nicht mehr als solche erkennbar sind: es handelt sich um Friedwälder; an den Menschen, der dort sein Wurzelgrab hat, erinnert, wenn überhaupt, nur noch ein Holztäfelchen am Baum. Ist damit der Widerstand gegen das Verschwinden des Toten kleiner geworden? Und wenn es so wäre – hat das dann womöglich damit zu tun, dass die Menschen länger leben und deshalb die Trauer kürzer wird? Vielleicht ist die anonyme Bestattung ja auch das finale Symbol einer Migrationsgesellschaft, die im Tod ihre Wurzeln sucht: die der Bäume.

Heimat ist da, wo das Grab ist

Für mich war und ist der Allerheiligentag ein wichtiger Tag: In der Kindheit war das der Tag, an dem sich die riesige Verwandtschaft traf, an den Gräbern der Vorfahren. Es wird ja derzeit viel über Heimat geredet. Vielleicht ist Heimat auch und vor allem da, wo das Grab ist – das Grab der Eltern, das Grab der Menschen, die einem lieb waren und lieb sind. In meiner Kindheit war die Zahl der Angehörigen, die an unseren Gräbern auf dem Friedhof von Nittenau standen, so groß, dass die Tante Sophie nicht bis zum Grab vordringen konnte.

Sie verrichtete deshalb ihr Trauerwerk, das im Benetzen des Grabes mit Weihwasser bestand, auf pfiffige Weise: Sie hatte das Weihwasser in eine leere Spülmittel-Flasche gefüllt, spritze dann damit das geweihte Wasser in hohem Bogen über die Köpfe der Vorstehenden hinweg aufs Grab des Großvaters. Auch solche Erinnerungen verbinden sich mit einem Feiertag. Und auch die Erinnerungen ans große Verwandtschaftsessen mit einem speziell für diesen Tag hergestellten Gebäck aus Hefeteig, das sich »Allerheiligen-Spitzl« nannte.

Ein Zentralfeiertagsgesetz?

Wem an solchen Erinnerungen, auch wenn sie so klein sind, nichts liegt, der kann sich ja dafür einsetzen, dass die Bundesregierung ein »Zentralfeiertagsgesetz« im Bundestag einbringt, mit einer Formulierung wie folgt: »Zur Intensivierung und Konzentrierung des nationalen und religiösen Gedenkens sowie zur Förderung von Wirtschaft und Aufschwung werden alle deutschen Feiertage auf den ersten Sonntag im Mai zusammengelegt.« Ich möchte so etwas nicht.

Aus dem Newsletter »Prantls Blick« vom 29. Oktober 2017

10. Dezember: Tag der Menschenrechte

»Bis hierher und nicht weiter« – das war ein Satz meines akademischen Lehrers im Völkerrecht. Er fällt mir ein, wenn es um Flüchtlingspolitik, wenn es um Menschenrechts-Politik geht. Aber die Politik hält sich nicht daran.

Mahnung und Auftrag

Das vermeintlich Sichere ist nicht sicher.

Der Tag der Menschenrechte, der alljährlich am 10. Dezember begangen wird, erinnert daran – dass an diesem Tag im Jahr 1948 in Paris die Allgemeine Erklärung der Menschenrechte verabschiedet wurde. Das Europäische Parlament verleiht den Sacharow-Preis, die Organisation Reporter ohne Grenzen verleiht ihren Menschenrechtspreis, das norwegische Nobelkomitee überreicht den Friedensnobelpreis.

Im ersten Semester

Ich weiß nicht, wer mit diesem Tag etwas Besonderes verbindet oder ob er halt so einfach vorbeigeht, wie so viele Gedenktage vorbeigehen. Mir kommt da mein Lehrer Otto Kimminich in den Sinn. So hieß der Rechtsprofessor, der mich, es ist schon ewig her, für das Völkerrecht, für die Menschenrechte und das Asylrecht begeistert hat. Es war im ersten Semester des Jura-Studiums; Kimminichs Vorlesungen waren für mich das Spannendste, was die Juristerei zu bieten hatte. Der Ordinarius war ein leidenschaftlicher Humanist, einer, der sich wunderbar in Rage reden konnte, wenn es um Menschenrechte ging, einer, der Vertreibung und Flucht am eigenen Leib erlebt hatte.

Er stammte aus dem Egerland, den jungen Gymnasiasten Otto hatte es nach dem Krieg nach Erlangen verschlagen, er erlernte erst einmal den ehrbaren Beruf des Konditors, studierte dann Jura und Wirtschaft unter anderem in Charlottesville/Virginia. Er wurde einer, der reden und schreiben konnte wie ein weiser Berserker – fast hundert Bücher hat er publiziert. Und sein »Asylrecht« von 1968 und sein »Humanitäres Völkerrecht« von 1972 gehörten zu den ersten juristischen Texten, die bei mir im Regal standen.

Im zweiten Semester

In Erinnerung sind mir die Vorlesungen dieses Mannes nicht nur, weil die Themen so aufregend und der Vortrag so erregend waren; in Erinnerung sind sie mir auch wegen der fast absurden Szenerie, in der die Vorlesungen stattfanden. In einem der ganz großen Hörsäle der Universität Regensburg, es war einer von den Sälen mit steil ansteigenden Sitzreihen, einer Mikrofonanlage und Overhead-Projektor mit Folienrolle, verlor sich ein kleines Häuflein von Studierenden – mehr als ein Dutzend waren es nie. Ich wunderte mich stets, warum da so wenig Interessenten waren, bis mir im zweiten Semester ein Kommilitone ausführlich erklärte, dass das »Menschenrechts-Zeug« zwar gut und schön, aber »nicht klausurrelevant« sei – und ich solle doch schleunigst in die Vorlesungen über den Allgemeinen Teil des Bürgerlichen Gesetzbuchs gehen und in die Vorlesungen über das Vertragsrecht, in denen man lernt, wie der Kauf einer Zahnbürste rechtlich funktioniert.

Ich fand dergleichen zwar mediker, sah aber ein, dass die ersten »Scheine« in diesen Disziplinen abzulegen waren. Es war der kleine Abschied von einer großen Illusion über den Gehalt und den Wert der Rechtswissenschaft. Und zum Abschied von dieser Illusion gehört eine Vorlesung Otto Kimminichs, in der er am frühen Vormittag über die Geschichte des humanitären Völkerrechts dozierte, als eine Putzfrau durch die Tür neben der großen Tafel den Hörsaal betrat. Sie spähte etwas unsicher nach oben in die Sitzreihen, sah nur ein paar vereinzelte Studenten im riesigen Hörsaal – begann dann, sorgfältig zu wischen und die Kreidereste einzusammeln. Otto Kimminich stutzte, stockte, erstarrte, verstummte – und sprang dann der Frau, die sich allmählich seinem Pult näherte, mit ausgebreiteten Armen entgegen und rief: »Bis hierher und nicht weiter«. Die arme Frau machte einen Satz und floh panisch durch die Tür, durch die sie gekommen war. Kimminich brauchte ein paar Minuten, bis er sich wieder gefasst hatte.

Der Geist der Brüderlichkeit – eingemauert?

»Bis hierher und nicht weiter« – das ist seitdem der Satz, der mir einfällt, wenn es um Flüchtlingspolitik, wenn es um Menschenrechts-Politik geht. Aber die Politik hält sich nicht daran. Wir leben in einer Zeit der negativen Renaissance, einer Zeit der Wiedergeburt von alten Wahnideen und Idiotien.

»Alle Menschen sind frei und gleich an Würde und Rechten geboren. Sie sind mit Vernunft und Gewissen begabt und sollen einander im Geist der Brüderlichkeit begegnen.« So heißt es in Artikel 1 der Allgemeinen Erklärung der Menschenrechte. Schon lange hat man diese Worte nicht mehr so zaghaft und so sehnsüchtig gelesen. Der Geist der Brüderlichkeit – hat Donald Trump ihn eingesperrt und eingemauert?

Stéphane Hessel erinnert sich

Die Welt wird, diese Angst packt einen bisweilen beim Hören der täglichen Nachrichten, bodenlos. Der Glaube daran, dass Demokratie und Rechtsstaatlichkeit sich, und sei es langsam,

weiterentwickeln, der Glaube an den Fortschritt der Aufklärung ist erschüttert; er hat tiefe Risse.
Der 2013 verstorbene Diplomat Stéphane Hessel, einst französischer Résistance-Kämpfer und Überlebender des Konzentrationslagers Buchenwald, Begleiter der Vereinten Nationen von ihrer Gründung an, schreibt in seinen Lebenserinnerungen: »Es geschah in den eilig hergerichteten Sälen des Palais Chaillon zu Paris. Wir saßen als Mitglieder des Sekretariats auf den hinteren Rängen. Als der Präsident die Abstimmung eröffnete, überkam uns ein beklemmendes Gefühl. Würde die UdSSR dagegen stimmen? Würde sie sich der Stimme enthalten? Was würde Saudi-Arabien tun? Der Präsident verkündete 43 Stimmen dafür, 0 dagegen, 8 Enthaltungen. Vielleicht einer der bewegendsten Augenblicke meines Lebens. Gewiss einer der letzten Momente des Konsenses innerhalb der internationalen Gemeinschaft.«

Die Kraft der Hoffnung

Damals war die Allgemeine Erklärung der Menschenrechte nicht mehr als ein Postulat. Heute baut darauf ein System von Konventionen auf, das verbindliche Rechte und Pflichten formuliert. Es gibt keinen Staat, der nicht wenigstens ein paar Konventionen des Menschenrechtsschutzes ratifiziert hätte. Die Menschenrechte stehen in fast allen Verfassungen, sie finden sich in fast jeder staatsmännischen Rede, sie gehören zum Völkergewohnheitsrecht. Die Papierform der Menschenrechte ist vorzüglich. Die Realität sieht ganz anders aus. Es gibt ein alljährliches Register dieser Realität: den Jahresbericht von Amnesty International. Er liest sich wie eine Ansammlung von Todesanzeigen für die Menschenrechte: Vergewaltigung, Mord, Rechtlosigkeit und erschlagene Freiheit auf Hunderten Seiten. Um die Menschenrechte steht es so schlecht wie lange nicht, und mit der Vorbildrolle der USA ist es vorbei.

Was bleibt? Wie groß ist »Die Kraft der Hoffnung«? Die Kraft der Hoffnung – sie hat am 10. Dezember 1948 die Allgemeine Erklärung der Menschenrechte geschrieben; und sie hat, zur gleichen Zeit, das deutsche Grundgesetz geschrieben. Von der Hoffnung, von der Stéphane Hessel und von der die Mütter und Väter des Grundgesetzes getragen waren, kann man heute wieder einiges brauchen.

Lernen und streiten, immer wieder

Das vermeintlich Sichere ist nicht sicher. Demokratie und Aufklärung, Rechtsstaatlichkeit, Grundrechtsbewusstsein, die Achtung von Minderheiten und der Respekt für Andersdenkende sind nicht vom Himmel gefallen und dann für immer da. Das alles muss man lernen, immer und immer wieder. Dafür muss man streiten, immer und immer wieder. Man muss die Allgemeine Erklärung der Menschenrechte als Mahnung und als Auftrag lesen. Schon lang war diese Mahnung nicht mehr so laut wie heute.

Aus dem Newsletter »Prantls Blick« vom 3. Dezember 2017

18. Dezember: Internationaler Tag der Migranten

Die Flüchtlinge fliehen, solange sie noch fliehen können, weil sie nicht warten wollen, bis sie es nicht mehr können. Es fliehen diejenigen, die noch das Geld zusammenkratzen können und noch nicht am Verhungern sind. In dieser perversen Welt ist selbst die Fliehkraft ein Privileg.

Wie viele Flüchtlinge haben Sie schon aufgenommen?

Nachdenken über ein journalistisches Lebensthema

Dem damaligen Bundesinnenminister Fritz Zimmermann von der CSU verdanke ich es, dass das Ausländer- und Asylrecht schon früh zu einem meiner journalistischen Lebensthemen geworden ist. Es war 1988: Zimmermann war ein politischer Haudegen nicht nur im Auftreten, sondern auch in der Art, wie er Gesetze machte. Sein Gesetzentwurf zu einem neuen Ausländerrecht war ein gefährlicher Paragrafen-Irrgarten: Vor dem Betreten Deutschlands wird gewarnt.

Verzicht auf die Homogenität

Die Zuwanderung von Ausländern, so hieß es in der Gesetzesbegründung drohend, bedeute »den Verzicht auf die Homogenität der Gesellschaft. Die gemeinsame deutsche Geschichte, Tradition, Sprache und Kultur verlören ihre einigende und prägende Kraft. Die Bundesrepublik Deutschland würde sich nach und nach zu einem multinationalen und multikulturellen Gemeinwesen entwickeln.« Mit solchen Sätzen hätte man damals auch das Programm einer Rechtsaußen-Partei schreiben können.

»D'Leut wollen es so«, erklärte die CSU: Es sei »das Akzeptanzproblem«, das die Politik zu solcher Härte greifen lasse; würde die Ausländerzuwanderung nicht streng gesteuert, schlage »in vielen Bevölkerungskreisen die gegenüber Ausländern an sich aufgeschlossene Einstellung in Reserviertheit um«. So redete man die Nichtakzeptanz gerade herbei.

Akteure einer globalen Tragödie

Nachdem dieser Gesetzentwurf in der *Süddeutschen Zeitung* publiziert worden war, wurde er, der öffentlichen Empörung wegen, zurückgezogen; aber der Geist des Gesetzentwurfs blieb präsent, zumal in der CSU. Der nächste Bundesinnenminister, es war Wolfgang Schäuble, musste 1990 ein neues Gesetz schreiben; es war besser, aber nicht gut. Die Politik der Regierung Kohl sperrte sich gegen jeden Versuch, Einwanderung mittels Einwanderungsgesetz klar zu regeln. Das Asyl blieb für Menschen, die nicht EU-Bürger waren, die einzige Tür nach Deutschland; davor und dahinter stauten sich die Migranten. Es begann die Zeit der furchtbaren Ausschreitungen gegen Flüchtlinge. Die Reaktion darauf? Die alte große Tür wurde per Grundgesetzänderung durch eine neue kleine Tür ersetzt. Der Asylartikel 16 Absatz 2 Grundgesetz wurde abgeschafft. Ich habe dagegen angeschrieben; ich tue es immer noch.

Die Zahl der Flüchtlinge, die 2015/2016 nach Deutschland drängte, war allerdings so hoch wie nie; das machte beklommen. Und es war und ist wohl so, dass angesichts der Flüchtlingskrise die alte Fritz-Zimmermann-Botschaft von der zu erhaltenden »Homogenität der Gesellschaft« auf einmal nostalgische Kraft hat und manchen wie eine neue Verheißung klingt.

Die Zahl der Flüchtlinge war so hoch, dass viele Landkreise und Kommunen, zumal die in den bayerischen Grenzregionen, nicht mehr aus noch ein wussten. Landräte und Bürgermeister waren auf einmal Akteure einer globalen Tragödie – und fühlten sich, als seien sie in einem falschen Fernsehprogramm gelandet, das man aus- oder umschalten möchte.

Der Film, den sie da sahen und sehen, handelt von sechzig Millionen Flüchtlingen weltweit, von ihrem Leben und Sterben und dem Elend dazwischen. Nur wenige von ihnen haben es geschafft, keine Flüchtlinge mehr zu sein. An solcher Beheimatung mitzuwirken, ist eine gigantische Aufgabe, die von Politik und Gesellschaft ein gewaltiges Umdenken verlangt. So ein Wort wie »gewaltiges Umdenken« sagt sich leicht; das Umdenken zu realisieren, ist schwer. »Wir schaffen das«, hat die Kanzlerin gesagt. Aber wie schaffen wir das – und was schaffen wir?

Abwehr und Ausschreitung

Das Elend der Flüchtlinge ist im Herbst 2015 so nahe gerückt und es hat so viele Menschen hierzulande ans Herz gefasst. Es ist aber auch die Sorge groß, dass die Stimmung kippt, dass sich Angst Luft macht in Abwehr und Ausschreitung. Man kann dieses Kippen der Stimmung auch herbeireden, herbeischreiben und herbeisenden; ich glaube, das geschieht gerade. Es geschieht dies so ähnlich, wie zuvor die Betroffenheit herbeigeschrieben und herbeigesendet werden konnte. Wenn Stimmungen nur Stimmungen sind und keine Überzeugungen, schlagen sie schnell um. Mit einem Gezeitenspiel von Emotionen, im Wechsel von Hui und Pfui, lässt sich freilich verlässliche Flüchtlingspolitik nicht gut machen.

Natürlich können »wir« in Deutschland nicht alle Flüchtlinge aufnehmen. Und natürlich werden nicht alle, die kommen, bleiben können. Das war schon bisher so, das ist nichts Neues. Die Herzlichkeit, mit der so viele Flüchtlinge im Spätsommer 2015 an den Bahnhöfen empfangen wurden, löst nicht die gewaltigen Probleme, die Staat und Gesellschaft bevorstehen; aber sie hilft, diese Probleme anzupacken.

Leuten wie mir, die seit vielen Jahren für einen humanen Umgang mit Flüchtlingen werben, wird gern und fälschlicherweise unterstellt, sie würden die unbeschränkte Einwanderung und die unbeschränkte Aufnahme propagieren. Das tue ich nicht. Das schöne Lied »Macht hoch die Tür, die Tor macht weit« – ich singe es an Weihnachten ganz gerne, aber es ist kein politisches Motto für die Migrationspolitik. Ich werbe für eine differenzierte, pragmatische und rechtsstaatliche Einwanderungspolitik.

Das Leid der Welt

Ich weiß, dass »wir« nicht »alles Leid der Welt« aufnehmen können. Das tun wir auch nicht. Aber: Ich war und bin dagegen, Flüchtlinge absichtlich schlecht zu behandeln, um auf diese Weise »Anreize« zu begrenzen; Flüchtlinge sind keine Pawlowschen Hunde. Ich war und bin dagegen, Flüchtlinge als Menschen dritter Klasse zu sehen. Ich bin dagegen, weil solche politische Rohheit sich verbreitet; sie wird dann demnächst auch andere Gruppen treffen. Ich war und bin dagegen, dass Asylpolitik, dass Politik überhaupt gemacht wird nach dem Motto »Wo gehobelt wird, da fallen Späne«; Flüchtlinge, Flüchtlingsfamilien sind keine Späne. Und falsche Politik wird nicht richtig, wenn und weil die Zahl der Flüchtlinge ansteigt. Ich war und bin dagegen, dass über Menschen mit juristischen Fiktionen entschieden wird. Senegal und Ghana als sichere Herkunftsländer? Die Türkei als sichereres Drittland? Unsichere Staaten kann man nicht per Definition für sicher erklären. Definitionen ändern nichts an der Realität. Wenn Definitionen die Realität leugnen, sind sie Lüge.

Es gibt die Leute, die mich in Mails und Briefen fragen: »Wie viele Flüchtlinge haben Sie denn schon aufgenommen in Ihrer

Dreihundert-Quadratmeter-Wohnung, Herr Prantl?« Erstens habe ich keine Dreihundert-Quadratmeter-Wohnung. Zweitens antworte ich: Darf sich für eine humane Behandlung von Flüchtlingen nur derjenige einsetzen, der einen Flüchtling in seinem Arbeitszimmer einquartiert hat? Drittens sollten, denke ich, staatliche Aufgaben nicht privatisiert und der Wohltätigkeit einzelner Bürger überantwortet werden – ob bei der Bildung, ob bei der Armutsbekämpfung oder bei der Unterbringung von Flüchtlingen. Natürlich bedarf es aber des persönlichen Engagements; hier sollte jeder tun, was er gut kann. Wenn einer oder eine die Möglichkeit hat, bei sich Flüchtlinge aufzunehmen, wunderbar! Der eine spielt Fußball mit syrischen Jungs; die andere bringt Albanern Deutsch bei, der Tüftler repariert Fahrräder für Flüchtlinge; der Handwerker baut kostenlos Bäder in Wohnungen.

Gesetzentwürfe studieren

Und ich? Ich kann verheimlichte politische Pläne öffentlich machen, Gesetzentwürfe studieren, zerlegen, beschreiben und in Vorträgen kritisieren. Ich kann recherchieren und analysieren und kommentieren. Mir sind unglückliche und glückliche Flüchtlinge begegnet, an den Außengrenzen, in den Flüchtlingslagern; gut integrierte Flüchtlinge und solche in Abschiebehaft. Wir haben geredet und geredet und gegessen und manchmal gesungen. Manchmal fehlten mir auch die Worte; manchmal weiß man nicht mehr, was man sagen soll.

Nun ist es einfacher zu sagen, was nicht geht, als zu sagen, was geht. Dies ist so, weil es »die« Lösung für eine Bewältigung der Flüchtlingskrise nicht gibt. Es gibt nur eine Vielzahl von einzelnen Maßnahmen, die sich aber alle messen lassen müssen an dem, was nicht geht. Eine Verletzung des Maßstabs der Menschenwürde geht nicht. Das gilt für die Beschleunigung der Asylverfahren, das gilt für beschleunigte Abschiebung.

Verschiedentlich wird die Wiedererrichtung von Grenzen in Europa gefordert und die Einrichtung von Transit- und Haftzonen, die Renationalisierung also – um dann so, mit dem Verzicht auf das grenzenlose Europa, der Flüchtlinge angeblich besser Herr zu werden. Das gilt als Pragmatismus, als Realismus gar. Aber was soll pragmatisch daran sein, dass jeder Staat einfach dichtmacht und die Probleme dem Nachbarstaat aufhalst? Ist Sankt-Florians-Politik pragmatische Politik?

Pragmatische Politik ist es, anzupacken und Probleme menschlich zu lösen, so wie das die Kommunal- und Bezirksverwaltungen in München getan haben. Pragmatische Politik ist es, sich nicht mit Paragrafen die Augen zuzuhalten. Wenn ich gefragt werde, wie denn die Flüchtlingskrise bewältigt werden soll, dann lautet meine allererste Antwort: mit dem Münchner Elan. Das ist die Haltung, die ich mir auch in der bayerischen Staatskanzlei, die ich mir auch in Berlin und in Brüssel wünsche.

Wie Integration beginnt

Es gibt den Knopf nicht, um das Flüchtlingsproblem wieder auszuschalten. Darum war ich gegen die Änderung des Asylgrundrechts im Jahr 1993 und bin es immer noch; Gesetzesänderungen ändern nichts an den Fluchtgründen. Das alte Asylgrundrecht war auch eine Mahnung zur Fluchtursachenbekämpfung. Zu den Grundirrtümern der vergangenen Jahrzehnte gehört der Glaube, dass man Flüchtlinge gerecht sortieren könne: in »gute« Flüchtlinge, die allein aus politischen Gründen, und in »böse«, die allein aus wirtschaftlichen Gründen kommen. Die Unterscheidung ist lächerlich angesichts der Realität, dass in Afrika, im Nahen und Mittleren Osten Staaten reihenweise im Terror untergehen. Alle Anstrengungen wurden auf das Sortieren verwendet, alle sind gescheitert. Weniger anstrengend und pragmatisch wäre jetzt dies: Flüchtlinge, die mit großer Wahrscheinlichkeit in Deutschland bleiben dürfen, also die aus Syrien und Afghanistan, werden aus dem Asylverfahren genommen und erhalten eine Aufenthaltserlaubnis ohne lange Prüfung. Die so entlasteten Behörden können die übrigen Asylanträge dann viel rascher prüfen. Die Zeit der Unsicherheit für Flüchtlinge wird dann kürzer. Damit beginnt Integration.

Eine Politik, die das, was sie »illegale Einwanderung« nennt, zu verhindern sucht, kann ohnehin nur dann erfolgreich sein, wenn sie ein gewisses Maß an legaler Einwanderung zulässt. Wenn keine Einwanderung zugelassen wird, wenn es auch keine nachhaltigen Versuche gibt, die Verhältnisse in den Fluchtländern zu verbessern: Dann wird die Politik von Menschenschmugglern gemacht.

Zerstörungen, Verwüstungen

Migration ist Tatsache in einer Welt, in der Kriege und Globalisierung Lebensräume und materielle Existenzen zerstören. Natürlich ist Fluchtursachenbekämpfung das Allerwichtigste; man darf die Zerstörungen und Verwüstungen nicht als gottgegeben hinnehmen. Im Irak ist ja auch nicht der liebe Gott einmarschiert; es waren die Amerikaner. Natürlich muss man alles tun, um Fluchtländer wieder zu Ländern zu machen, in denen Menschen leben können. Im Fall Syrien heißt das, dass Kanzlerin Merkel mit dem russischen Präsidenten Putin reden muss und der US-Präsident mit den Machthabern in Teheran etc. etc. Der Westen, zumal Deutschland, wird aufhören müssen, die Saudis zu unterstützen, die dann die Waffen an den IS liefern.

Mehr als 400 000 syrische Kinder in libanesischen Flüchtlingslagern sind im Schulalter. Sie sind unterversorgt, weil Hilfsgelder ausbleiben. Je länger diese Kinder nicht in die Schule gehen, desto mehr verdüstern sich ihre Zukunftschancen, desto größer ist auch die Wahrscheinlichkeit, dass die Kinder und Jugendlichen Gewalt ganz gut finden und lernen, mit Bomben statt mit Büchern ihr Selbstbewusstsein zu stärken. Für sie Schulunterricht zu organisieren – das ist Fluchtursachenbekämpfung und Terrorprävention.

Zur Fluchtursachenbekämpfung gehört eine restriktive Waffenexportpolitik und eine neue Handelspolitik. Wir lassen unsere Kleidung unter erbärmlichen Umständen in Asien herstellen, was der deutschen Textilindustrie nicht eben guttut. Die in Asien billigst hergestellte Kleidung geht dann später als Secondhand-Spende nach Afrika, wo dann wiederum die dortige Textilindustrie den Bach heruntergeht. Die EU-Subventionspolitik und der aggressive Freihandel sind eine Politik, die Fluchtursachen schafft. Gegen diese falsche Politik helfen keine Flüchtlings-Auffanglager.

Fliehkraft als Privileg

Selbst wenn die Politik das alles endlich anpackt, wird es dauern, bis es sich auswirkt. Bis dahin wird Deutschland mit der Flucht nach Deutschland und den Flüchtlingen in Deutschland gut umgehen müssen. Diese Flüchtlinge fragen nicht danach, ob die Deutschen ihr Grundgesetz geändert haben, ob sie es womöglich noch mal ändern und noch mal einschränken wollen, sie fragen nicht danach, ob EU-Staaten sich aus der Genfer Flüchtlingskonvention hinausschleichen.

Die Flüchtlinge fliehen, weil sie in ihrer Heimat nicht mehr leben können. Sie fliehen, solange sie noch fliehen können, weil sie nicht warten wollen, bis sie es nicht mehr können. Es fliehen diejenigen, die noch das Geld zusammenkratzen können und noch nicht am Verhungern sind. In dieser perversen Welt ist selbst die Fliehkraft ein Privileg.

Mit Mauern und Stacheldrahtzäunen aber sind noch nie Probleme gelöst worden. Der Schweizer Schriftsteller Max Frisch hat ein Drama geschrieben, das »Die chinesische Mauer« heißt: Der Kaiser von China verkündet an einem Festtag – »zur Friedenssicherung«, wie er sagt – den Bau der chinesischen Mauer. Die soll, so erklärt er, den Zweck erfüllen, »die Zeit aufzuhalten« und die Zukunft zu verhindern.

In einem Europa mit einer chinesischen Mauer möchte ich nicht leben.

Erschienen in der Süddeutschen Zeitung
vom 17./18. Oktober 2015

28. Dezember: Tag der unschuldigen Kinder

Kinder dürfen vom Staat nicht bestraft werden, das
Strafrecht lässt sie in Ruhe, bis sie 14 Jahre alt sind.
So steht es im Gesetz. In der Realität ist es aber anders:
Das Strafrecht lässt die Kinder keineswegs in Ruhe.

Im Gefängnis

Kinder als mitbestrafte Dritte

Zum Abschied hat sich Gerd Koop vor einem Schild fotografieren lassen, das er einmal vor der Gefängnismauer hat aufstellen lassen. Darauf steht ein Satz von Gustav Radbruch: »Es gibt kein besseres Mittel, das Gute in den Menschen zu wecken, als sie so zu behandeln, als wären sie schon gut.« Gustav Radbruch war ein großer Rechtsphilosoph, der zu Zeiten der Weimarer Republik Justizminister war. Und Gerd Koop war 27 Jahre lang Chef der Justizvollzugsanstalt Oldenburg, einem Hochsicherheitsgefängnis; er ist im Mai 2018 in Pension gegangen.

220 Überwachungskameras

Ein Hochsicherheitsgefängnis: Koop hat es trotzdem oder gerade deswegen zu einem Reformgefängnis gemacht, dessen Grundrezept »konsequent und liberal« heißt. Die Häftlinge bekommen dort von Anfang an viele Freiheiten eingeräumt: fünf Stunden Besuch im Monat, auf jeder Station einen Fitnessraum, Duschen, Waschmaschine, Küche für selbständiges Kochen, Freizeitraum mit Flatscreen-Fernseher, Kicker-

und Billardtisch. Aber bei jeder Verfehlung wird mindestens eine Vergünstigung gestrichen. 220 Kameras überwachen die Anstalt.

Die Väter von einhunderttausend Kindern

Der Strafvollzug ist heutzutage kein Thema mehr, das sich aufdrängt – nicht an Weihnachten, nicht am Ferienbeginn, eigentlich gar nicht mehr. Er interessiert nur noch, wenn etwas schiefläuft; wenn ein Gefangener ausbricht oder wenn es zu Unruhen oder Verbrechen hinter Gittern kommt.

Aber in einer Zeit, in der ganz Deutschland feiert oder in die Ferien fährt, ist es gut, auch einmal an die Leute zu denken, die das nicht tun oder nicht tun können – und an ihre Kinder: Die Väter (meist sind es Väter, Mütter nur sehr selten) von einhunderttausend Kindern sitzen derzeit in Haft. Und die Pensionierung des Gefängnisdirektors, in dessen Gefängnis ich selber einmal in Haft war (siehe Seite 301 ff), ist ein guter Anlass, daran zu erinnern. In einer Zelle des Gefängnisses in Oldenburg hat ein Insasse einen bezeichnenden, ordentlich gereimten Zweizeiler auf die Bilderleiste gekritzelt: »Der Papa sitzt im Zuchthaus – wie / im Hühnerstall das Federvieh.«

Die Kinder als mitbestrafte Dritte

Kinder dürfen vom Staat nicht bestraft werden, das Strafrecht lässt sie in Ruhe, bis sie 14 Jahre alt sind. So steht es im Gesetz. In der Realität ist es aber anders: Das Strafrecht lässt die Kinder keineswegs in Ruhe. Es sperrt sie zwar nicht im Gefängnis ein – und Jugendliche auch nur selten. Aber die Kinder sind, wenn Vater und Mutter inhaftiert werden, mitbestrafte Dritte. Davon handelt ein höchst empfehlenswertes Kinderbuch über das »Leben hinter Gittern«, das soeben erschienen ist. Geschrieben haben das Buch Monika

Osberghaus und Thomas Engelhardt, beraten von Susanne Jacob, der stellvertretenden Leiterin und Gefängnispsychologin der Justizvollzugsanstalt Uelzen. Das Buch, sorgsam bebildert von Susann Hesselbarth, publiziert von Klett-Kinderbuch, heißt ganz schlicht: »Im Gefängnis«. Man liest es auch als Erwachsener mit Gewinn, und selbst ein Jurist lernt beim Lesen noch ein paar Dinge, die er bei der Lektüre eines Lehrbuchs des Strafvollzugs nicht erfährt.

Gilt Artikel 6 Grundgesetz, der die Familie schützt, nicht mehr, wenn Vater oder Mutter eingesperrt sind?

Eine Lobby haben die Kinder, deren Vater oder Mutter hinter Gittern sitzen, nicht. Im Vollzugsalltag kommen sie allenfalls in den kärglichen Besuchsstunden vor: Statt einer Stunde im Monat, das ist der gesetzliche Mindestanspruch, gewähren die meisten Haftanstalten, um den Kontakt zur Familie zu erleichtern, eine Stunde in der Woche – unter Aufsicht. Eine psychosoziale Betreuung der Kinder von Gefangenen durch den Strafvollzug existiert nicht. Ob sich Jugendämter oder Schulpsychologen um sie kümmern, bleibt dem Zufall überlassen. »Ehe und Familie stehen unter dem besonderen Schutz der staatlichen Ordnung«, heißt es im Artikel 6 Grundgesetz. Gilt das eigentlich nicht mehr, wenn ein Vater oder eine Mutter eingesperrt ist?

Die verbleibenden Familienmitglieder geraten, so nennen das die Experten, in einen »desorganisierten Zustand«. Fast die Hälfte der Mütter versucht dann, die Kinder zu täuschen: Sie erzählen also, der Vater sei »auf Montage«, »im Krankenhaus« oder »auf Kur«. Der Zeitpunkt der Rückkehr wird dann immer weiter hinausgeschoben. Die Kinder zweifeln an der Zuverlässigkeit des Vaters, viele werden psychisch auffällig.

Strafvollzug war und ist der Versuch, an Menschen, die man kaum kennt, unter Verhältnissen, die man wenig beherrscht,

Strafen zu vollstrecken, um deren Wirkung man nicht viel weiß. Wie ein guter Strafvollzug aussehen könnte, das war einmal ein großes Thema in Deutschland. An den Universitäten gab es vor Jahrzehnten »Knastfeste«, die auf Missstände in den Gefängnissen aufmerksam machen wollten. Der Geist der 68er-Jahre rüttelte an den Gittern, oft und gern wurde von den »Unterprivilegierten« gesprochen und über die fehlende Kommunikation »von draußen nach drinnen«. Der Bundespräsident Gustav Heinemann sprach damals vom »Staatsbürger hinter Gittern«. Und in dem Reformgesetz, das damals in Kraft trat, stehen höchst anspruchsvolle Sätze, zum Beispiel: »Im Vollzug der Freiheitsstrafe soll der Gefangene fähig werden, künftig in sozialer Verantwortung ein Leben ohne Straftaten zu führen.« Lachhaft? Nein, aber es ist schwer, wenn im Gefängnis »aus demotivierenden Umständen sozialkonstruktives Verhalten entstehen soll«, wie es der Kriminologe Heinz Müller-Dietz einmal formuliert hat. Die Debatte darüber, wie die Zustände in der Haft motivierender werden könnten, ist fast verstummt. Das liegt nicht an der Höhe der Gefängnismauern. Gewiss: Mauern verhindern nicht nur den Ausbruch der Gefangenen, sondern auch den Einblick der Öffentlichkeit.

Warum über den Strafvollzug kaum noch geredet wird

Aber das war immer so. Geändert hat sich, dass für den Strafvollzug nicht mehr der Bund, sondern die Länder zuständig sind. Das hat die Föderalismusreform gegen den Protest der gesamten Fachwelt im Jahr 2006 verfügt. Die Bundesländer haben sodann ihre jeweils eigenen Strafvollzugsgesetze geschrieben, und die sind gar nicht so schlecht geworden, wie das seinerzeit befürchtet worden war. Der Wettlauf der Schäbigkeit, von vielen Wissenschaftlern vorhergesagt, hat nicht stattgefunden. Aber: Es gibt seit der Föderalismusreform einen Quantitäts- und einen Qualitätsverlust in der öffentlichen Diskussion über den Reformbedarf im Strafvollzug. Es fehlen Diskussionsanstöße, weil das nationale Forum fehlt, wenn Bundestag und Bundesrat für dieses Thema nicht mehr zuständig sind. Es fehlen Diskussionsanstöße, wenn der Bundesjustizminister sich zum Strafvollzug nicht mehr zu Wort meldet – und der Bundespräsident auch nicht. Die Debatte über den Strafvollzug ist leider zerstückelt und damit minimalisiert, sie findet und fand zwar noch in den einzelnen Ländern statt, aber sie findet nicht mehr zusammen. Die Föderalismusreform hat damit etwas Schlimmes angerichtet: Sie hat die Wissenschaft vom Strafvollzug marginalisiert – und sie hat die gesellschaftliche Debatte über den Strafvollzug gekillt.

Und so ist es dazu gekommen, dass ein Kinderbuch sagen muss, wo es im Strafvollzug fehlt.

Auf der Basis des Newsletters »Prantls Blick« vom 22. Juli 2018

Jeder Sonntag, ein Widerstandstag

Der Sonntag will lehren, dass es jenseits
des Mehr und immer Mehr ein Genug gibt.

Ein Widerstandstag

Der Sonntag ist wichtig, weil er den Zwang zur Arbeit bezwingt.

Charly Chaplins Film »Moderne Zeiten« ist schon alt, er stammt aus dem Jahr 1936. Lehrreich ist er noch immer. Also: Charlie arbeitet am Fließband, er schraubt und schraubt und schraubt. In der Mittagspause kommt ein Tross aus der Führungsetage in die Fabrikhalle. Ein Ingenieur stellt seine neueste Erfindung vor, eine Maschine, die die Arbeiter am Fließband ernähren soll. So können sie gleichzeitig essen und arbeiten. Charlie ist das Versuchskaninchen und soll die Maschine ausprobieren. Die läuft wie geschmiert. Die Manager sind begeistert. Doch auf einmal dreht das Gerät durch. Der arme Charlie steckt in den Klauen der Maschine und keiner kommt ihm zu Hilfe. Alle wollen nur den Maschinenschaden beheben.

Das Unheil nimmt seinen Lauf

Als Charlie endlich aus seiner Gefangenschaft befreit ist, dreht er durch. Mit seinen Schraubenschlüsseln jagt er der Sekretärin des Chefs nach, gerät auf die Straße, will dort an einer üppigen Passantin weiterschrauben. Und so nimmt das Unheil seinen Lauf.

Vor solchem Unheil warnt der Sonntag. Der Sonntag, der erste Tag der Woche und der Auferstehung Jesu, hat im Christentum den siebten Tag der Woche, den jüdischen Sabbat als Ruhetag abgelöst. Im hebräischen Schabbat wurzelt die Idee des kollektiven wöchentlichen Feiertags, schabat – das heißt aufhören, ruhen. Ein Tag in der Woche ist ein Ruhetag, an dem keine Arbeit verrichtet werden sollte. Das Schabbatgebot aus dem Buch Exodus der Lutherbibel (Ex 20,9) geht so: »Sechs Tage sollst du arbeiten und alle dein Ding beschicken. Aber am siebenten Tage ist der Sabbat des HERRN, deines Gottes. Da sollst du keine Arbeit tun, auch nicht dein Sohn, deine Tochter, dein Knecht, deine Magd, dein Vieh, auch nicht dein Fremdling, der in deiner Stadt lebt«. Der Ruhetag verweist darauf, dass nicht rund um die Uhr Alltag und Werktag sein darf.

Wider die grenzenlose Ökonomisierung

Der Sabbat, der Sonntag, sie sind anders als andere Tage. Es geht nicht nur um Tradition, um Religion und um eine soziale Errungenschaft. Es geht darum, der grenzenlosen Ökonomisierung zu widerstehen. Das ist der Inhalt der Schabbatgebote aus dem Alten Testament, das ist der Inhalt des Sonntagsgebots, das ist der Inhalt von Chaplins Film über die angeblich modernen Zeiten.

Die Chaplin-Szene hält uns den Spiegel vor, was aus uns wird, wenn das einzige Maß des Lebens das der Maschine ist und der Mensch nur noch Rädchen in ihrem Getriebe; wenn nur der Mensch etwas wert ist, der verwertet werden kann; wenn Erwerbsarbeit Lebenszweck und Existenzberechtigung wird. Die Hartz-Gesetze haben das festgeschrieben. Auch wer keine Chance hat je eine Arbeitsstelle zu finden, muss dauernd unter Beweis stellen, dass er bereit ist zu arbeiten. Sonst bekommt er kein Geld zum Leben.

Sonntage und Feiertage sind Freiräume und Schutztage des Menschen vor pausenlosem Schaffen, sie sind viel sicherer verankert als Urlaubstage. Der Mensch soll Ruhe haben vor der Arbeit, gegebenenfalls auch vor der eigenen Arbeitssucht. Die Gewerkschaften haben das jüdisch-christliche Erbe erweitert und das freie Wochenende erkämpft. Die regelmäßige Arbeitsniederlegung bezwingt den Zwang zur Arbeit und setzt den Unterschied von Herren und Knechten aus.

Das früheste Sozialgesetz der Menscheitsgeschichte

Sechs Tage sollst du arbeiten und alle deine Werke verrichten, doch der siebte Tag gehört Gott, da sollst du keinerlei Arbeit verrichten, steht in den Zehn Geboten. Dies ist wohl das früheste und wichtigste Sozialgesetz der Menschheitsgeschichte. Ein Tag ist frei von Schaffen und Geschäften; und zwar nicht dann, wenn es gerade wirtschaftlich passt; er ist also unprofitabel. Er will lehren, dass es jenseits des Mehr und immer Mehr ein Genug gibt. Man sollte daher der Versuchung widerstehen, den arbeitsfreien Sonntag aufzugeben.

Auszug aus einer Fastenpredigt in der Basilika St. Emmeram zu Regensburg am 22. März 2018

HERIBERT PRANTL

Dr. jur., gelernter Richter und Staatsanwalt, ist Mitglied der Chefredaktion der Süddeutschen Zeitung. Er war dort 25 Jahre lang Chef der innenpolitischen Redaktion, seit Januar 2018 leitet er die neue SZ-Redaktion Meinung. Prantl ist Honorarprofessor an der juristischen Fakultät der Universität Bielefeld und Ehrendoktor der Theologie an der Universität Erlangen.

Er wurde unter anderem mit dem Geschwister-Scholl-Preis, dem Kurt-Tucholsky-Preis, dem Erich-Fromm-Preis, dem Theodor-Wolff-Preis und dem Brüder-Grimm-Preis ausgezeichnet.

Zuletzt erschienen:
»Im Namen der Menschlichkeit: Rettet die Flüchtlinge« (2015),
»Was ein Einzelner vermag« (2016),
»Die Kraft der Hoffnung« (2017).

Die Kraft der Hoffnung
Denkanstöße in schwierigen Zeiten
ISBN: 978-3-86497-423-6 | 288 Seiten
24,90 €

HERIBERT PRANTL

WAS EIN EINZELNER VERMAG

POLITISCHE ZEITGESCHICHTEN

Süddeutsche Zeitung Edition

Was ein Einzelner vermag
Politische Zeitgeschichten
ISBN: 978-3-86497-352-9 | 416 Seiten
24,90 €

Denkanstöße zu den Feiertagen

Der Zorn Gottes – Denkanstöße zu den Feiertagen
ISBN: 978-3-86615-888-7 | 168 Seiten
14,90 €

Der Zorn Gottes – Denkanstöße zu den Feiertagen
Hörbuch (inklusive 12 Seiten Booklet)
ISBN: 978-3-86497-130-3 | Spielzeit: 70 Minuten
9,90 €

Weitere Denkanstöße zu den Feiertagen

Alt. Amen. Anfang. – Neue Denkanstöße
ISBN: 978-3-86497-167-9 | 184 Seiten
14,90 €

Kindheit. Erste Heimat. Gedanken, die die Angst vertreiben
ISBN: 978-3-86497-302-4 | 176 Seiten
14,90 €

Die besten Seiten der **Streitkultur**

Wir sind viele
ISBN: 978-3-86615-999-0
48 Seiten
4,90 €

Der Zorn gegen den Finanzkapitalismus, der die Menschen gepackt hat, ist mehr als Wut. Zornige Menschen wollen nicht akzeptieren, dass es angeblich keine Alternative gibt. Sie stellen zornige Fragen – und damit beginnt Veränderung.